誰もが自分の

「いのちにありがとう」と言って生き合う社会へ

遠藤滋とともに歩んだ45年

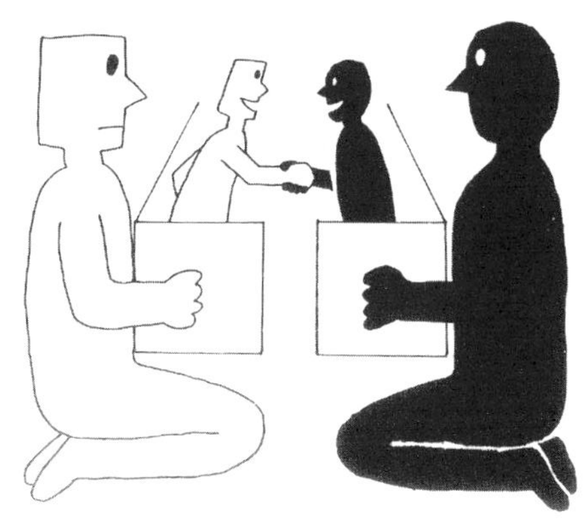

白砂巖 著

社会評論社

まえがき

本書『誰もが自分の「いのちにありがとう」と言って生き合う社会へ』では、「災害」が起こることを前提に暮らして来た列島人が、現代に至って、「安心・安全」を謳い文句にする与党議員や官僚の口車で、いつの間にか「災害」を国も企業も想定外にして、根本的な対策を怠り、人々は見せかけの対策を容認し、これまで個人の枠の中だけの生活の満足でやり過ごしてきた。

だから、日本列島が、どのように形成されたのかも知ろうとしないで、自民党政府は、原発のゴミを、日本列島の沿海地域に埋めればすむと勝手に思い込んで、諸個人は、自分の棲んでいる大地の下がどうなっているかなんて関係ないと思い、断層という亀裂地帯の上に家を建てて暮らすケースさえ生んでいた。

そもそも、いのちは傷つきやすいもの。その傷ついたいのちに対して、これまで「(健常者)」に対して「(障害)」といわれ、表記されてきた。だが、その自らの「(障害)」と言われてきた後遺症を伴った、傷つきやすく傷ついたいのちが、健気に自分を支えてくれていることに、私たちは気づくことができた。そして、私たちは、自らを支えてくれている「いのちにありがとう」と生きている。そして、翻って見てみると、これまでの「(障害)」ならびに「(障害者)」という表記は、(健常者)目線で、(健常者)と同じようにふるまえない「(障害)」を持っている者、というところから表現された言葉であることを、改めて認識した。そこで、私たちは、「いのちにありがとう」を自覚して生きる人間であることを公言する、「いのちにありがとう」人間宣言をすることにした。

ところが、現代の地球において、日本列島のほとんどの(健常者)だけでなく、欧米や中東の多くの「ひと」が、「いのちのありがとう」とはっきりと自覚して生きていない現実がある。だから、逆恨みによる「人殺し」が繰り返される。

その一方で、日本でも無実の人間を犯人に仕立て、証拠を隠したり、証拠を偽装したり、犯行したとする供述調書に署名させて、裁判で裁判官をだまして死刑判決を出させても平然としていられる警察や検察組織を構成する人間のやりたい放題が、誰からもチェックされない裁判制度。これは

日本だけでなく、アメリカでも起きていた（ヨーロッパは？）こと。

どちらも、他人のいのちを殺めることに変わりはない。こんなことができるのは、自分のいのちを自分でも否定し、他者に否定されていると思い込んで生きているから、他者のいのちをないがしろにして憂さを晴らして来た。また、警察や検察は、証拠の偽装を暴かれても、自己保身を繰り返し間違ったことをしたと認めることなく、痛みすら感じなくなっている。戦後、４人の死刑囚の冤罪が暴かれた時、警察・検察の反省は、隠匿している証拠を、最後まで隠し通すことによって、冤罪が暴かれないようにしようというものだった。こうした裁判制度に象徴される不条理の解決策は？

少なくとも私たちは、この日本の現状を前に、自分の生き方、いのちに対する向き合い方を変えて、いのちを否定しないで、「いのちのありがとう」といって生きていく世界や社会を手にしたいと考えている。「いのちにありがとう」といって生きることは、「いのちを否定しない限り」自分と他人の間に壁を設けないで、一緒に解決策を模索し、実現するということ。

こうした事態に対して私たちの解決策は、いのちの有りようを否定したことで招いたあらゆる不条理を抜本的に是正し、「災害」が起こることを前提に、あらゆる社会の仕組みを組み直すために、後遺症を伴う者や高齢者も含めた支え合いを前提に、生ごみ発電や太陽光発電・風力発電を組み合わせた多世代型の集合住宅をつくること。だから、私は、今回の私の著作物の使用の許諾の権利を使って、不条理をただし、「支え合い型の集合住宅」を作る資金を手にしようとしています。

あなたは、いままで通り、蟻とキリギリスの例えではないが、自分や自分の家族だけが、幸い安全地帯にいて無事だからと、自分たちだけは問題の枠の外において、一緒の解決策を模索することなく、ひとごととして知らん顔ですか。それとも、日々「いのちにありがとう」と思い暮らし始めるのですか。

注　本書に出て来る一連の「障害・障害者・健常者・健全者」という単語の対象は本来存在しないと私は考えるようになったので、私としては使いたくないが、あえて表記しているという意味で（）や「」でくくって書いていく。なお本書に登場する人の多くは何らかの後遺症に出会った人です（敬称は省略）。

目次

第１章　戦後の保守政治の「自己責任論」

はじめに

私が30代の頃、出会った少女は、言葉を発せず、手も足も自由に動かせなかった。でも、その少女は人に出会うと、満身の笑顔を返してくれた。同様の少年や少女たちに出会っても、彼らは心からの笑顔を魅せてくれる。言葉をしゃべらない彼らは、自分の生きている状況を恨んではいない。寝たきりであっても彼らは、生きていることに喜びを持っている、というのがその時からの私の解釈。

人は、顔の表情で自分の意思や感情を伝えあって、その積み重ねの中で、言葉を発明することができたのだから、言葉を発しないからといって、何の思いや感情を伝える能力がないと思うのは間違いだ。言葉をしゃべらないと、「もう人間としてダメな存在」と思ってしまう人もいるが、そういう当人が、寝たきりの生活を余儀なくされている彼らよりも、いま自由に行動できているのに、満身の笑顔を顔に満たして、日々生活しているのだろうか。少なくとも私は、そういう人に出会ったことがない。苦み面をかみ殺していて、笑顔になっていない。笑顔を作っても、なんとなくぎこちない。どうして？

人の自由の幅は、その人の体の条件と知的能力や運動能力によって、大きな差が出る。それは何故か。「いのち」というものが、その人の育った食べ物や体の使い方によって違いが出るからだ。しかも、病気や怪我をすると、「いのち」が傷ついて、痕(あと)が残ることがある。そして、体の一部が機能しなくなり、能力が落ちたりする。

私の場合、生まれて１歳４か月たった頃、ポリオウイルスに襲われ、体の中で暴れられて、40度の熱に４日間くらいうなされて、生死の境を脱したら、それまで歩き始めていた私は、歩けなくなったと聞く。1948年10月のこと。その時から私は、「足が悪い」と言われ、世の中の「身体障

害者」と呼ばれていた人たちの仲間入りをした。

戦後からというより、戦前から、身体や心に傷をもつようになると、「障害者」と呼ばれ、その「障害者」は、戦争の役に立たない「非国民」とされ、「障害者」はいわゆる五体そろっていて「健常者」と呼ばれた「普通の人」とは「住む世界が違う」とされてきた時代で、私が、成人して29歳になった時にも、「住む世界が違う」と言われ続けていた。

私が病気になって、山梨県白州町で生活していた時、1948年に24歳の母は、私を歩けるようにするために、山梨市の母の実家に行って鶏の卵をもらい、それをお礼にして、電気で筋肉を刺激する機械を持っている人の家を訪ね、幾度となく私と一緒に今でいう電気風呂に入れてもらったという。

当時、山梨での仕事がうまくいかず、戦前から運転手の仕事をしていた父は、東京に出てトラックの運転手の職を見つけて働いていたが、1950年か51年には、東京に住む家を確保して、姉と両親と私の4人の生活が始まり、母の、電気風呂通いは無くなった。その甲斐あってかどうかは判らないが、少年の私は小石につまずいて転ぶことはあっても、なんとか自力で歩けるよう育った。

でも、物心ついてからの私は、「足が悪いけれど、勉強を頑張れば普通の人に負けない」と、親や親の兄弟姉妹からさんざん言われ続けたために、自分は「足は悪い」、劣っている足を持っていると思い込まされて「劣等感」を持つようになった。だから、「足」のことで「びっこびっこ」などと言われて、嫌な思いをするたび、中学生の時までは「なんでこんな体で生んだんだ」と幾度となく母をなじったこともあった。年を重ねてからは、「酷なことを子供の時に言っていた」と思ったけれど。

ところが、人が病気や怪我で、足や手などの片方が自由に使えなくなっても、私の体に残った後遺症の「筋力が弱く、短く細い変形した左足」が、時々右足と交代で悲鳴をあげることがあっても、私の「歩く」を70年以上も支えてくれた。つまりは、私の後遺症は、私の「生きる」を支えてくれている。だから、後遺症は、私にとって「障害」ではない。私にとって「障害」ではないものは、他のどんな「後遺症」であっても、その人にとって「障害」ではないし、立派にその人の「生きる」を支える重要な一部だと、今では理解している。

また、向こうから、杖をついたり、車いすに乗ったりした高齢者がやって来た時に、人は、この高齢者を、「障害者」と呼ぶのだろうか。多くの人が、

おそらく「障害者」とは呼ばないだろう。ただ、高齢者の中には、「能力」の落ちた自分を、他の言葉を使った経験がないから自ら「自分は障害者だ」という人はいる。何故なのか。考えたことがあるのだろうか。

一方で、「能力」に差があることで、それを「障害」と呼び、一方で「能力」が落ちて差が顕著になった高齢者の「能力」を「障害」とはあえて言わないし、その高齢者を「障害者」とも言わないだろう。でも、いわゆる「健常（五体がそろっている）」の人に対して、五体の一部が使えず、異形を表している人を「障害者」と呼んでいる。こんな矛盾が、「障害」や「障害者」という言葉にはある。

それでも、「住む世界が違う」と、平然と差別してきた言葉を使い続けるのですか。もう、卒業しようではないか。少なくとも「後遺症」をともなって生きる者として、私は、過去に使っていた言葉として登場する時以外は使わないと決めた。誤った言葉使いだと考えるから。

また、五体にまだ傷を受けていない人が、ずば抜けた能力を持ち合わせていないのからといって、いのちが傷つかずにすんでいる「いのちにありがとう」と言える自分に気づかずに、ひがんで、ふてくされて、自暴自棄に陥って、人生を半分あきらめている人もいる。まだ傷ついていないのに、自分への欲求不満から乱暴な、ふてくされた暮らし方をして、病気や事故にあって、自分の体が壊れて傷ついて、後遺症を抱えて生きる羽目に陥ることもある。後悔しませんか。自分に身についていた、それなりに何かが出来る能力を、目いっぱい使い切らずに、もてる力と時間を、気晴らしで浪費して、人生を終わらせてしまっても。

そうなると、ますます「いのちにありがとう」といって生きることができなくなっていく。そして、歳を重ねても、自分の境遇を「人のセイ」にして、「愚痴」をこぼすと、自分の人生すべてを「愚痴ってしまう」ことになると、私は思う。それにしても、どうして人は、最初から（物心つくころから）「いのちにありがとう」と言って、生活できなかったのか、考えたこと、ありますか。

ところで、日本社会のほとんどの人が、病気や事故などで負うことになった後遺症を「障害」と呼び、後遺症を伴って生きる人を「障害者」という言葉を、過去からの習慣で、自分が自分に対して使ったり、自分が他人（ひと）に対して使ったりしてきた。けれど、この二つの言葉で自分には「障害」があるから「障害者」だ、と言ってしまうと、自分の「後遺症」を負った身に対して「いのちにありがとう」という言葉が出てくるだろうか。

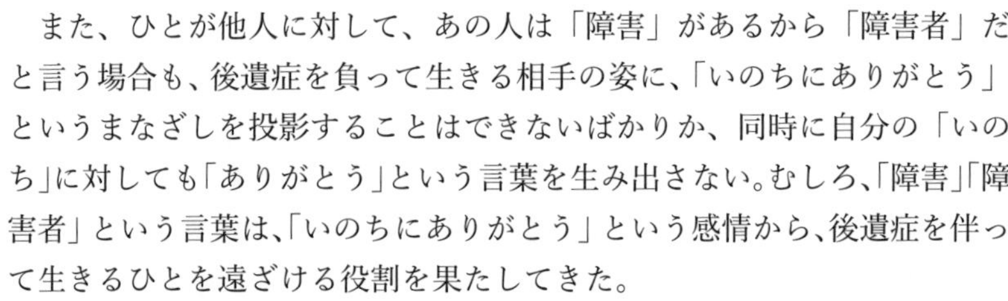

また、ひとが他人に対して、あの人は「障害」があるから「障害者」だと言う場合も、後遺症を負って生きる相手の姿に、「いのちにありがとう」というまなざしを投影することはできないばかりか、同時に自分の「いのち」に対しても「ありがとう」という言葉を生み出さない。むしろ、「障害」「障害者」という言葉は、「いのちにありがとう」という感情から、後遺症を伴って生きるひとを遠ざける役割を果たしてきた。

しかも、「障害」「障害者」という言葉を使うたびに、ひとは、「いのちにありがとう」と言って生きようとしない人間関係や社会を再生産して、戦後の保守政権が掲げた、いのちが傷つき壊れるのは本人や家族が劣っている、「障害」を持ち劣っている者は子孫を残す権利がないとした人権も、再生産していることになる。どういうことかという、人権を口にする人が、人権を主張しながら、自分では気づかぬまま、人権の質をないがしろにして、おとしめる役割も果たしていたのだ。

だから、これまで「人権はすべての人に与えられた権利だ」とくくれば、本当にすべての人を網羅してきたのかと言えば、日本の戦後はそうではなかった。この事実への検証と反省なしに、憲法が言う「人権」という言葉がすべての国民を網羅していると思い込むのは間違いだ。それでは、すべての人を網羅できる人権の質とはどういうものなのか、戦後の保守政権の人権とは明確に異なる、人権の質を獲得するにはどうすればいいのか。

それに対して私は、「いのちは傷つき壊れやすい」。けれど、いのちが傷つきその一部が例え壊れても、それでもそのいのちが自らをささえてくれているのであれば、すべての人がいのちにありがとうと言って、生き合う人間関係（社会）を築いていけば、その答に辿りつけると、私や遠藤滋や私たちと後遺症を伴って共に生きてきた仲間たちは言いたい。

1.「いのち」をめぐる戦後の政策　優生保護法

戦後の保守政権は、「いのちは傷つき壊れやすい」という当たり前の事実にふたをして、「いのちが傷つき壊れるのは本人や家族のセイ」で、「傷つくいのちは劣っている」「劣っているいのちは、断ち切らなければならない」として1948年施行の「優生保護法」や「らい予防法」や「精神衛生法」などの法律を制定した。

戦後、保守政権とそれを支持した日本国民は、患者や配偶者の断種、堕胎を明記した（2005.3.2 朝日新聞参照）「優生保護法」を1948年施行し、存続させてことで、ハンセン病患者同様に、幼い本人に無断でこっそり約

26500 人（最近は根拠も示さず 25000 人と訂正）に及ぶ少年少女の生殖機能を奪う手術をして、人生の営みを奪い、後遺症を伴って生きる人々を社会の片隅に追いやってきた。

1859 年に「種の起源（進化論）」を発表したチャールズ・ダーウィンの功績に嫉妬した、母方の年上のいとこのイギリス人のフランシス・ゴルトン（人類学者・統計学者・探検家などと言われている）は、功を焦って「人の才能がほぼ遺伝によって受け継がれるものである」と主張し、「優生学」を提唱した。その後、大学に寄付をして、「優生学」の講座を設けさせ、この考えを受け継いだ者たちが、「いのちが傷つき壊れる」ことへの恐れから、「いのちは傷つき壊れやすい」ことに目をつぶり、「いのちが傷つき壊れるのは本人が劣っている」と決めつけて、市民社会から隔離して、抹殺すれば、「優秀な人間が残り、優秀な民族になる」という幻想を抱いた「優生思想」にまで引き継がれた。

1907 年には、アメリカ・インディアナ州で、「優生思想」の考えで「堕胎・断酒法」を制定。1923 年までに全米 32 州が同調した。カリフォルニア州などは、梅毒患者や性犯罪者も対象にしたという。

1930 年代には、ドイツや北欧諸国で「断種法」が制定されたという。ナチスドイツでは、優生政策が断種にとどまらず、後遺症者の大量殺害に向かい、優生思想の偏執的独断が明るみになった。また、多くの疾患・後遺症の遺伝性が科学的に疑問視され、第二次大戦の終わりを境に、世界的には、優生政策は後退したというが、日本では、戦後も看板を塗り替えて、「劣っているいのちは子孫を残す資格も権利もない」という人権侵害の法律と政策を維持してきた。

優生保護法　昭和 23 年 7 月 13 日交付　昭和 23 年 9 月 11 日施行　平成 8 年、「母体保護法」に改題**（この法律の目的）第一条**　この法律は、優生上の見地から不良な子孫の出生を防止するとともに、母性の生命健康を保護することを目的とする。

（医師の認定による優生手術）第三条　医師は、左の各号の一に該当する者に対して、本人の同意並びに配偶者（届出をしないが事実上婚姻関係と同様な事情にある者を含む。以下同じ。）があるときはその同意を得て、優生手術を行うことができる。**但し、未成年者、精神病者又は精神薄弱者については、この限りでない。**

一　本人若しくは配偶者が遺伝性精神病質、遺伝性身体疾患若しくは遺伝性奇形を有し、又は配偶者が精神病、精神薄弱を有しているもの。

二　本人又は配偶者の四親等以内の血族関係にある者が遺伝性精神病、遺伝性精神薄弱、遺伝性精神病質、遺伝性身体疾患又は遺伝性奇形を有しているも

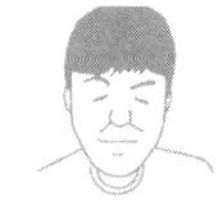

の

三　本人又は配偶者が癩疾患に罹り、且つ子孫にこれが伝染する虞れのあるもの

四　妊娠又は分娩が、母体の生命に危険を及ぼす虞のあるもの

五　現に数人を有し、且つ、分娩ごとに、母体の健康度を著しく低下する虞れのあるもの

2　前項第四号及び五号に掲げる場合には、その配偶者についても同項の規定による優生手術を行うことができる。

3　第一項の同意は、配偶者が知れないとき又はその意思を表示することができないときは本人の同意だけで足りる。

（審査を要件とする優生手術の申請）第四条　医師は、診断の結果、別表に掲げる疾患に罹つていることを確認した場合において、その者に対し、その疾患の遺伝を防止するため優生手術を行うことが公益上必要であると認めるときは、都道府県優生保護審査会に優生手術を行うことの適否に関する審査を申請しなければならない。

（精神病者等に対する優生手術）第十二条　医師は、別表第一号又は第二号に掲げる遺伝性のもの以外の精神病又は精神薄弱に罹つている者について、精神保健法（昭和二十五年法律第百二十三号）第二十条（後見人、配偶者、親権を行う者又は扶養義務者が保護義務者となる場合）又は同法第二十一条（市町村長が保護義務者となる場合）に規定する保護義務者の同意があつた場合には、都道府県優生保護審査会に優生手術を行うことの適否に関する審査を申請することができる。

（医師の認定による人工妊娠中絶）第十四条　都道府県の区域を単位として設立された社団法人たる医師会の指定する医師（以下指定医師という。）は、左の各号の一に該当する者に対して、本人及び配偶者の同意を得て、人工妊娠中絶を行うことができる。

一　本人又は配偶者が精神病、精神薄弱、精神病質、遺伝性身体疾患又は遺伝性奇形を有しているもの。

二　本人又は配偶者の四親等以内の血族関係にある者が遺伝性精神病、遺伝性精神薄弱、遺伝性精神病質、遺伝性身体疾患又は遺伝性奇形を有しているもの

三　本人又は配偶者が癩疾患に罹つているもの

四　妊娠の継続又は分娩が身体的又は経済的理由により母体の健康を著しく害するおそれのあるもの

五　暴行若しくは脅迫によつて又は抵抗若しくは拒絶することができない間に姦淫されて妊娠したもの

2　前項の同意は、配偶者が知れないとき若しくはその意思を表示することができないとき又は妊娠後に配偶者がなくなつたときには本人の同意だけで足りる。

3　人工妊娠中絶の手術を受ける本人が精神病者又は精神薄弱者であるときは、

> 精神保健法第二十条（後見人、配偶者、親権を行う者又は扶養義務者が保護義務者となる場合）又は同法第二十一条（市町村長が保護義務者となる場合）に規定する保護義務者の同意をもつて本人の同意とみなすことができる。

「優生保護法」で子孫を持つ資格も権利もないとされた人は、別表（第四条、第十二条関係）「一　遺伝性精神病として、精神分裂病・そううつ・てんかん。二　遺伝性精神薄弱。三　顕著な遺伝性精神病質として、顕著な性慾異常・顕著な犯罪傾向。四　顕著な遺伝性身体疾患として、ハンチントン氏舞踏病・遺伝性脊髄性運動失調症・遺伝性小脳性運動失調症・神経性進行性筋い縮症・進行性筋性筋栄養障がい症・筋緊張病・先天性筋緊張消失症・先天性軟骨発育障がい・白児・魚りんせん・多発性軟性神経繊維しゆ・結節性硬化症・先天性表皮水ほう症・先天性ポルフイリン尿症・先天性手掌足しよ角化症・遺伝性視神経い縮・網膜色素変性・全色盲・先天性眼球震とう・青色きよう膜・遺伝性の難聴又はろう・血友病。五　強度な遺伝性奇形として、裂手、裂足・先天性骨欠損症」をあげていた。

この事実に関して、1989年に国連で採択され、日本政府が1994年に批准した『児童の権利に関する条約』の第23条〔障害児の権利〕では、『1 締約国は、精神的又は身体的な障害を有する児童が、その尊厳を確保し、自立を促進し及び社会への積極的な参加を容易にする条件の下で十分かつ相応な生活を享受すべきであることを認める。2 締約国は、障害を有する児童が特別の養護についての権利を有することを認めるものとし、利用可能な手段の下で、申し込みに応じた、かつ、当該児童の状況及び父母又は当該児童を擁護している他の者の事情に適した援助を、これを受ける資格を有する児童及びこのような児童の養護について責任を有する者に与えることを奨励し、かつ、確保する。3 障害を有する児童の特別な必要を認めて、2の規定に従って与えられる援助は、父母又は当該児童を擁護している他の者の資力を考慮して可能な限り無償で与えられるものとし、かつ、障害を有する児童が可能な限り社会への統合及び個人の発達（文化的及び精神的な発達を含む。）を達成することに資する方法で当該児童が教育、訓練、保健サービス、リハビリテーション・サービス、雇用のための準備及びレクリエーションの機会を実質的に利用し及び享受することができるように行われるものとする。』と規定し、

『児童の権利に関する条約』第24条〔健康および医療に関する権利〕では、『1 締約国は、到達可能な最高水準の健康を享受すること並びに病気の治療及び健康の回復のため便宜を与えられることについての児童の権利を認める。締約国は、いかなる児童もこのような保健サービスを利用する権利が奪われないことを確保するために努力する。』と定めている。

また、2006.12.13に国連総会で採択され、2008.5.3に発効（日本は2014.2.19発効）した『Convention（国家間の協定）on the Rights（正常な、正義、権利）

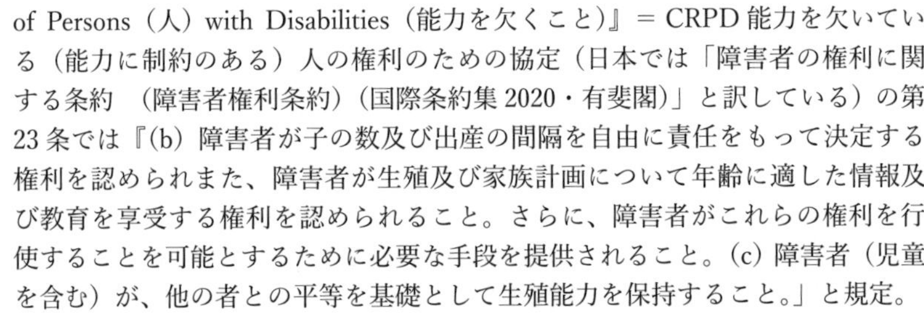

of Persons（人）with Disabilities（能力を欠くこと）』＝CRPD能力を欠いている（能力に制約のある）人の権利のための協定（日本では「障害者の権利に関する条約　(障害者権利条約)（国際条約集2020・有斐閣)」と訳している）の第23条では『(b) 障害者が子の数及び出産の間隔を自由に責任をもって決定する権利を認められまた、障害者が生殖及び家族計画について年齢に適した情報及び教育を享受する権利を認められること。さらに、障害者がこれらの権利を行使することを可能とするために必要な手段を提供されること。(c) 障害者（児童を含む）が、他の者との平等を基礎として生殖能力を保持すること。」と規定。

また、第二五条〔健康〕では、『締約国は、障害者は障害に基づく差別なしに到達可能な最高水準の健康を享受する権利を有することを認める。締約国は、障害者が性別に配慮した保健サービス（保険に関連するリハビリテーションを含む）を利用する機会を有することを確保するための全ての適当な処置をとる。(以下略)』と規定している。

さらに、第二六条〔ハビリテーション（適応のための技能の習得）及びリハビリテーション〕 では、『1　締約国は、障害者が、最大限の自立並びに十分な身体的、精神的、社会的及び職業的な能力を達成し、及び維持し、並びに生活のあらゆる側面への完全な包容及び参加を達成し、及び維持することを可能とするための効果的かつ適当な処置（障害者相互による支援を通じたものを含む。）をとる。このため、締約国は、特に、保健、雇用、教育及び社会に関わるサービスの分野において、ハビリテーション及びリハビリテーションについての包括的なサービス及びプログラムを企画し、強化し、及び拡張する。(以下略)
2，3は略。(国際条約集2020・有斐閣)』と定めている。

これらの条約のどこに、後遺症の子供たちの生殖機能を奪っていいと書いてあるのか。日本で保守政権が成立させた法律「優生保護法」の名のもと、国家による子供たちの生殖機能を奪う行為を、人権侵害＝犯罪と呼ばずして、何というのか。権力をつかさどる官僚や政治家は、いまだに法律が……と言い訳をし、国として政府として自ら加害した人たちを探し出し謝りに行こうとしていない。

この「優生思想」の考えは、現在でも、「アメリカがナンバーワン」「ロシアは偉大だ」「中華民族は最強だ」などの言葉の中に貫かれている。

2.「いのち」をめぐる戦後の政策　らい予防法

一方、1873年、ノルウェーのアルマウエル・ハンセンの「らい菌」発見に始まった「ハンセン病」は、1897年、第1回国際らい会議で「隔離が最上の方法」と採択。日本では､1917年､法律「癩予防ニ関スル件」公布。1909年、瀬戸内海の大島療養所（現在大島青松園）など全国5カ所に公立

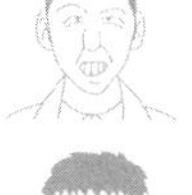

療養所（収容監獄）を設置。1928年、日本癩学会設立。1929年、愛知県で無癩県運動始まる。1931年、「癩予防法（旧法）」制定、隔離を強化。1936年、無癩県運動が全国に広がる。1947年、日本で治療薬プロミンによる治療が始まった（2005.3.2朝日新聞参照）。

だが日本は、「らい菌」が強烈な伝染力を持つという医師の主張を鵜呑みにした保守政権は、1951年、隔離強化を主張した3人の療養所園長を参議院厚生委員会に呼んで、1953年「らい予防法（新法）」を制定し、隔離政策を維持。当時の保健所やマスコミは、らい病への過度の恐怖を市民の間にあおり、市民を患者狩りに動員して、患者への差別を煽動・維持し、患者の人権を奪っていった。

それに加えて、親を連れ去られて生き場を無くした患者の子供たちを、一時（いっとき）、ハンセン病収容所に収容するに飽き足らず、あろうことか、子供たちに「らい菌」注射までする始末。挙句の果てに、子供たちを施設から放り出して、知らん顔。子供たちが親と生活する権利を奪ってきた。

私の知る限りでは、「らい菌」注射の結果、ハンセン病を発症した子供はいなかったし、そもそも、「らい菌」の保菌者であった親から生まれた子供は、ハンセン病になっていない。このことからも、ハンセン病収容所に強制収用された妊婦の女性から胎児を奪う堕胎を強制する必要はなかった。さらに、収容所の患者同士が夫婦になっても、生殖機能を奪う必要がなかったにもかかわらず、かつての厚生省と収容所の医者、並びに日本という国と日本社会は、患者の生殖機能を奪っていた。

こうした事態を招いた原因は、「らい菌」とその病理を調べつくした上で対処するのではなく、「いのちが傷つき壊れるのは本人や家族が劣っているからだ」という勝手な決めつけのもとで、病気への恐怖心をあおって招いた暴挙。「らい病」に真正面から立ち向かって研究していたら、日本人なら特効薬も開発できたかもしれない。だが、患者を隔離し閉じ込める（隠蔽する）ことで、諸外国に後れをとって開発できなかった。できなかったらできなかったで、1947年の治療薬プロミンによる治療によって、患者が無菌状態になってからも、強制隔離を続けた医師と保守党政治家。1956年、患者の保護や社会復帰に関する国際会議（ローマ会議）で差別法の廃止、入院医療の制限と社会復帰への援助の奨励が決議され、1958・1968年の「国際らい会議」で各国に強制隔離の全面廃棄が勧告されたあとも、日本は、1996年の「らい予防法」廃止まで、強制隔離を維持してきた。

おまけに、ハンセン病患者の子供たちの訴えに、わずかな見舞金で事足

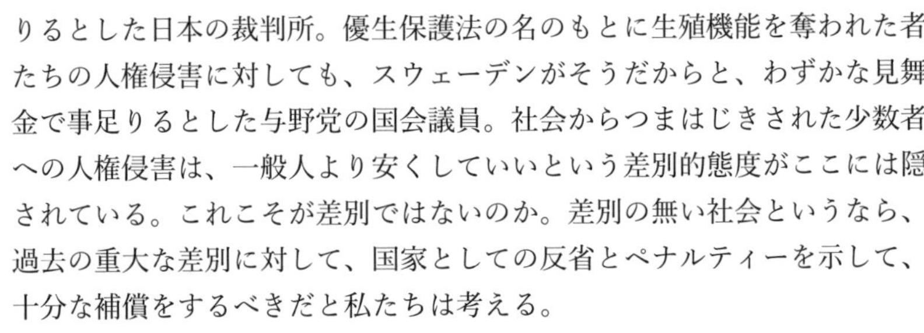

りるとした日本の裁判所。優生保護法の名のもとに生殖機能を奪われた者たちの人権侵害に対しても、スウェーデンがそうだからと、わずかな見舞金で事足りるとした与野党の国会議員。社会からつまはじきされた少数者への人権侵害は、一般人より安くしていいという差別的態度がここには隠されている。これこそが差別ではないのか。差別の無い社会というなら、過去の重大な差別に対して、国家としての反省とペナルティーを示して、十分な補償をするべきだと私たちは考える。

3.「いのち」をめぐる戦後の政策　精神保健法

強度のストレス＝強迫観念が生まれるメカニズムは、人から「あなた太っているわね」などと言われたり、自分の容姿を鏡を見たりして、「太っちゃいけない」と思い、食事制限を始めたり、過食に陥ったりして、体重計のメモリや容姿が目に入ることが、ストレスになり、脳内に過剰反応する神経群(2022年11月3日のテレビで、脳の神経細胞の繊毛が短くなったり無くなったりする現象があると放送）を生んでしまうことにあると、私は理解している。だから、親や他人からのいじめや虐待の言葉、また、仕事で過度の要求を押し付けられることで受けるストレスでも、同様の現象を引き起こしていると、私は思う。

例えば、自分の子どもが「いのちは傷つき壊れる」ことに、強い不安や「落ちこぼれる」ことに恐怖を抱いた親などが、育児で本人の「やる気」を引き出すことを忘れ、一方的に、「他人に負けるな」「成績が悪い」「もっと頑張れ」などと言って、強度のストレスを子供に与え、追い詰めることや、親の意に沿わないと逆に虐待を繰り返えすことで、神経細胞の繊毛が短くなったり無くなったりすることで、子供の心に恐怖心や強い反発心を生んで、新たにストレスに出会うたびに過剰反応する神経細胞の回路を作ってしまうのだ。

それらが、パニックストレス（障害）だったり、統合失調症だったり、自己防衛のために他人を攻撃することだったり、異空間を脳内に作り出して、現実世界を認識しない異空間の住人になってしまうことだったりする自己喪失を引き起こすのだと思う。

こんなことすら理解出来なかった医師や政治家だから、「いのちは傷つき壊れやすい」ことに気づかず、「いのちが傷つき壊れるのは本人が悪い」、だから何をやっても許されると、人の人権を奪い、閉じ込めた上で、自我を奪い、生きようとする意欲を殺す薬漬けにする処置を治療だとして、永

年続けてきた。

しかも、「優生保護法」では、「精神分裂病（現在は統合失調症）・そううつ・てんかん。精神薄弱。顕著な性慾異常・顕著な犯罪傾向」などを、遺伝性の病気だと決めつけて、子孫を持つ資格も権利もないとした。これを支えたのが、「いのちが傷つき壊れるのは本人のセイ」という、保守政治が戦後生み出した日本社会の精神風土であることも疑いようもない。

これも、物心つくころから、「いのちにありがとう」という気持ちを持って生きることを教えられていないうえに、「いのちが傷つき壊れるのは本人のセイ」「本人が劣っているからだ」といって、感受性の強い心の持ち主などの心を「不安のどん底」に落とし込めることしかできずに、本人の興味ややる気を引き出すことを忘れた、人への対応に原因があり、その結果、心を壊してしまう人を作り出したのだ。

太平洋戦争後、日本は、憲法で高らかに「圧迫と偏狭を地上から永遠に除去しようと努めてゐる国際社会において、名誉ある地位を占めたいと思ふ」とうたった。ところが、戦後の日本を見ると、日本をけん引した官僚や企業経営者や保守党政治家が選んだ道は、戦後復興を旗印に経済規模の拡大を優先させるため、「いのちが傷つき壊れるのは、本人や家族が悪い」として、その結果は「自己責任だ」という考え方に基づいて、社会を組み立て、運営してきた。

私が、「いのちにありがとう」と言って生活するようになったことで、この戦後の保守政権が「いのちが傷つき壊れるのは、本人や家族のセイ」だとした考えが、ひとが自分を支えてくれている「いのち」に「ありがとう」と思って生きることを阻んで来たと気付いた。

何故かと言えば、自分が自分で自分の「いのちにありがとう」と言えるようになるには、「いのちは傷つき壊れやすい」。けれど、それでも「いのち」は、「自分を支えてくれている」と気付くことが前提だからだ。でも、「いのちが傷つき壊れるのは、本人や家族のセイ」と切り捨てられる身になると、そこからは、「いのちにありがとう」と言えるという発想は生まれないからだ。

「優生保護法」で子供をもうけられなくなった人26500人やハンセン病患者の人たちや精神病院に閉じ込められて人生を奪われた人たちが、すべて結婚して子供を二人もうけたと仮定すれば、その子供たちは53000人＋ハンセン病患者数×2＋精神病院に閉じ込められた人×2の数にのぼり、その子供たちがすべて結婚して子供を二人ももうけたとすれば、106000人＋ハンセン病患者数×4＋精神病院に閉じ込められた人×4の孫が生

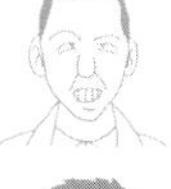

まれ、さらにこの孫がすべて結婚して子供を二人ももうけたとすれば、212000人＋ハンセン病患者数×8＋精神病院に閉じ込められた人×8のひ孫が生まれることになる。

結婚相手を最初の段階で内々の仲間同士で見つけたとしても、ひ孫の世代では、106000人＋ハンセン病患者数×4＋精神病院に閉じ込められた人×4人の生まれたであろう人の人生を亡き者にしてきたことになる。

戦後「優生保護法」「らい予防法」「精神保健法」の悪法三法を施行して、いのちが傷つき壊れてしまった人たちが「いのちにありがとうとう」と言って生きる機会をつぶして、彼らの人生を奪い、基本的人権を奪ってきただけでなく、生まれる可能性をもてた子や孫の世代の未来のいのちも抹殺したのだ。これは日本の隠された戦後の集団殺戮（ジェノサイド）でないのか。そうでないというなら何と呼ぶのか。

コロナ禍で、当初、患者狩りをする主張が見られたことも、ハンセン病患者に対して、かつて国や地方自治体、マスコミ、市民が動員されて「患者狩り」をした誤りに対する反省が、国民としてなされていないから、繰り返されるのだ。

このことに対して、保守政権を支えることにかかわってきた人間も、それをながい間見過ごして許してきた野党の政治にかかわった人間も、行政にかかわった人間も、一般国民も、根本的な反省をしていない。だから、いまだに日本の基本的人権は、社会のあらゆる場面でおろそかにされている。

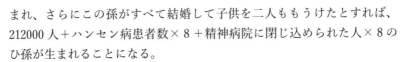

4．基本的人権を歪めた保守政治の「自己責任論」

戦後、日本は経済復興を旗印に、五体満足な人間を大量動員する必要に迫られたが、戦後のベビーラッシュで、労働に従事させる人間の補充がいくらでもできたから、製造過程の事故で後遺症を負う労働従事者は、当然のように「ケガや病気になるのは本人の不注意のセイ」だと責任を本人に押し付けた上で、使い物にならないと切り捨ててきた。本来、「いのちは傷つきやすく壊れやすい」。だから、最初から安全対策を考慮して工場の設計・運営をするのではなく、安全対策を無視して、製造設備や製造機械の開発を行ってきた。その方が､時間が早く､安上がりに製品を作れたから。

しかも、「いのちは傷つき壊れやすい」との認識に立って、そうならない為の対策をした産業活動を、日本の企業はしてこなかった。そして、保守政権は、それを黙認してきた。

始まりは、足尾銅山の鉱毒。1890年の鉱山の操業停止を求める吾妻村会の決議から。主なものをだけでも、1955年頃から薬害スモン。1956年5月、被害が公式に表面化した水俣の有機水銀。1959年から政治問題化した四日市市の工場の排煙。こうした企業活動が、人々に重大な被害をもたらし、死者まで出した。また、有害な化学物質を使った製造装置の故障で、有害物質を食品に混入させ、そのまま市場に出して、人に健康被害をもたらしたのが、1955年6月頃に発覚した森永ヒ素ミルク中毒と、1968年のカネミ油症事件と続いた製造物工害に始まる。

だが、小さな事件を拾い集めたらきりがないだろう。その中でも、目に見えない害を多大にもたらしたのが、企業は利益を優先して、工場の排煙や廃液の中に、有害な物質が含まれていると、例え知っていても素知らぬ顔をして、重金属や化学生成物が紛れ込んだ工場の廃棄物を、そのまま大気や川や海に垂れ流し、利益をあげる、その顕著な例が、水俣の海に工場廃液として有機水銀を垂れ流し続けた化学肥料チッソの生成に始まった化学生成物の製造企業チッソだった。

利権や既得権に群がる利益者集団と国の財政を奪い合う先端にいた保守政治家は、税収を増やすことを目的に、日本の企業が、廃棄物処理に手を抜いても、利益をあげることに手を貸し、企業の廃棄物規制を長い間おこたり、これを黙認してきた。その結果、高度経済成長期（1954年12月から1,973年11月）以降の日本列島は、大気や川や海岸（海水）を有害物質で汚染して、自然界の動植物を害し、有害物質が混入した海産物や農産物を食べることで、周り回って知らぬ間に人々に害を及ぼしてきた。

しかし、化学生成物の害は工場廃液にとどまっていない。それなのに、政府や社会をリードする企業人は、相変わらず隠して無かったことにするという轍（わだち）を踏み、経済活動という名の有毒の化学物質や放射能の毒を垂れ流し、日本列島の大気や土壌、海に蓄積させてきたし、ともすると日本政府は、これらの化学生成物の完全な製造禁止と使用禁止に踏み込まず、日本の化学メーカーは、現在も製造と使用を続けているのかもしれない。私の記憶では、そうした法律を制定したという認識がない。

5. 企業が日本列島にまき散らした有害物質に汚染されている生活環境

有害な化学物質の筆頭は、遺伝子や男性の生殖系や女性の子宮などに影響を与えるダイオキシン類。大気中に放出されると分解されずに土壌に堆積して残っているという。除草剤などに含まれるダイオキシンと、ゴミ焼

却場などで塩化ビニール類を300°台で燃やすと最高に発生し、600°で燃やしてもダイオキシンは発生するという。

このダイオキシン類は、工場の製造従事者に塩素座瘡（にきび状の吹き出物）や肝臓障害を引き起こし、ベトナムでは、流産・胞状奇形・先天異常の増加と肝臓がんの発生を増やし、ベトナム帰還兵のガンや子供の先天異常・男性の生殖系に影響を与えた。ベトナムでは、1975年に戦争終結したが、遺伝子が傷ついて手足の欠損や内臓の奇形などをともなった赤ちゃんが、2022年の現在も生まれている。また、アメリカの枯葉剤製造工場周辺の土壌や水質汚染、魚介類汚染が1976年頃から発覚。イタリアの化学工場の爆発事故で飛散し、小動物や家畜を多数死亡させ、被爆住民の皮膚障害、クロロアクネ（塩素座瘡）や肝臓障害、後の流産と先天異常を増加させた。

また、過去に、環境ホルモンの働きを示す化学物質に、BHC（酸化防止剤）、DDT（殺虫剤）、DDE（DDTが分解して生成）、DES（合成エストロゲン＝発情ホルモンとして働く物質の総称＝日本は環境ホルモンと命名）、悪名高いPCB（ポリ塩化ビフェニル）、殺虫剤のエンドスルファン・クロルデコロン・ケルセン・ディルドリン・トキサフェン・ヘプタクロル・メトキシクロルなど、果実・野菜の防腐剤フェニルフェノールなどが判明。加えて、プラスチックの可塑剤などとして使用され、プラスチックから染み出ていたビスフェノールAやノニルフェノール（広くはプラスチックの酸化防止剤だが、洗剤や避妊用の殺精子剤にも使用）やフタル酸エステル（あらゆる種類のプラスチックに広く使用）などが見つかっている。

自然界に放出されたダイオキシン類も、ベトナムを見れば長期間残留していることが分かる。しかも、現在は使用されていないとされる海水に流れ出たPCBは、海水の中に残留しつづけ、海水に含まれている廃棄されたプラスチックが細かくなったマイクロプラスチックに吸着して、海を漂っている現実がある。

かつて、米ぬか油に混入したPCBが、油とともに口から体内に入って、腸で吸収され、血管を通って内臓や筋肉や体全体の細胞に入り込み、環境省発表は「吹出物、色素沈着、目やになどの皮膚症状のほか、全身倦怠感、しびれ感、食欲不振など多様」というだけで、肝心の内臓や胎児への影響については一言もふれていない。だが、水俣の胎児への影響を見るまでもなく、ダイオキシンやPCBやが、母親から胎児へと影響を与えていることは確か。

女性ホルモンの働きをする化学生成物も、自然界に放出された後、微量

ながら検出されているという報告（徳島県）があるように、分解せず拡散していることになる。また、自然界の大気や水の循環を通して、空中を浮遊するマイクロプラスチックが、雨水に取り込まれ、これらのダイオキシンやPCBを始め女性ホルモンの働きをする化学物質類が、水に溶けだし、周り回って農作物の畑に降り注ぎ、農作物に取り込まれたり、川の水になって飲料水に混入したり、食物連鎖の結果、魚介類に濃縮したものを人が食べたり、水俣の有機水銀の例をあげるまでもなく、本人が口にしなくても、母親の体内に蓄積した化学物質を胎児の時に受け継いでしまったりすることもあるのではないだろうか。それに遭遇したいのちが、生殖系の細胞が傷を負い、遺伝子が傷つくことも起こっていると、私は疑っている。

2022年9月現在、ニュースの話題にのぼらないので、こうした化学物質の生産と使用が過去の話かどうかは現在のところ私には不明だが、これらのダイオキシンやPCBを始め女性ホルモンの働きをする化学物質類が、現在の日本でも、無精子症になった男性がいることが報告されている現状では、精子が減少している男性が多数いることは想像に難くない。

6．化学物質の放置が人体に与える影響

しかも、こうした現象を促進させてしまうもう一つの原因として、「いのちは傷つき壊れやすい」と考えない化学生成物を製造する企業や保守党政治家が、化学物質が人体へどんな影響をもたらすのかまったく検証することなく、遺伝子や人体の免疫や細胞を傷つける物質を含んだ製品を市場にバラまき、それを疑いもせず消費者が使い続けて、人の生活圏や自然界に充満させてきたことが無関係だと思えない。

自然界の動物が、環境ホルモン系の化学物質に晒されて、雌化や無精子卵の発生などに影響を受けてきた。それに加えて、人が晒されると、女性は乳がんの増殖や子宮内膜症の発生に晒されている。女性に女性ホルモンの作用をする物質が、体の中に入り込むのであれば、女性は、自分の女性ホルモンと併せてホルモンの作用する物質が増えるのだから、普通に考えれば、女性の女性らしさが強調されていてもおかしくはない。

だが、エストロゲン（環境ホルモン）は、女性だけが持っている子宮の内部で特に悪さを引き起こし、男性に対しては、精子を製造する細胞の製造を左右するセリトル細胞を傷つけていると言われてきた。

子宮頸がんが発症する女性は、女性のすべてではない。しかも、子宮頸がんのワクチンで、アナフィラキシー反応を引き起こすことが、一部の女

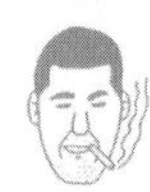

性に起こっている。子宮頸がんワクチンでアナフィラキシー反応を引き起こした女性は、すでに免疫細胞を傷つけられていてアレルギーを持っていたことになる。つまり、おそらく人類全員が体に住み着かせているウイルスに感染する前に、免疫細胞を傷つけられた女性が、女性の免疫細胞に反応する子宮頸がんワクチンの成分によって、アレルギー反応に見舞われたのではないのか。

つまり、環境ホルモンによって免疫細胞が傷ついていたから、子宮頸がんの引き金になったとされたウイルスが、免疫細胞に殺されることなく子宮の頸部組織に入り込んで住み着き、増殖することでガン化するシナリオが一つ考えられる。そうであれば、体内に侵入した女性ホルモンの作用をする化学物質は、免疫細胞に異物として認識されていることになる。

そうであれば、なぜ、エストロゲン（女性ホルモン）の作用をする化学物質（日本ではこれを環境ホルモンと言い換えた）が、女性の女性らしさを強調する作用をしないで、女性の体内で癌の増殖などに力を発揮しているのも、うなずけるというもの。つまり、「環境ホルモン」と呼ばれる化学物質は、体内に入ると、異物として免疫細胞に認識されているのではないだろうか。この時、環境ホルモンは生物体ではないので分解することが出来ず、逆に環境ホルモンが免疫細胞の繊毛を傷つけているから、傷つけられた免疫細胞が、人体の各所にめぐり廻った先で、細胞のガン化などを引き起こしたりしているのではないだろうか。

しかも、2022年に研究者から、「統合失調症」といわれる患者の脳の、ある部分の神経細胞の繊毛が、ストレスの影響を受けて短くなっているという報告があった。人が感情の過度の反応を起こすのは、この神経細胞の縮小化した繊毛と他の神経細胞との情報伝達が、新たなストレスを受けた時に過敏な反応を起こしているのではないのか。しかも、繊毛の損傷が大きくなればなるほど反応が過激になり、さらに、当人にいじめや虐待の体験があれば、そのことへの怒りが記憶としてため込まれていて、怒りやすく切れやすくなっているのだと思う。

同様に、人体のあらゆる細胞には繊毛が付いていて、他の細胞と情報のやり取りをしていることから想起すると、精子を作る細胞の増殖を働きかけるセルトリ細胞を、女性ホルモンの働きをする化学物質が、増殖段階で阻害するということは、人体に化学物質が取り込まれたとき、セルトリ細胞の繊毛を直接傷つけるか、異物として認識した免疫細胞が逆に傷つけられて、セリトル細胞を傷つけるかして、その結果として、セリトル細胞の働き（情報伝達）を阻害して、大人になってから精子の生産に影響を与える精子を作る細胞の分裂を低下させているのではないだろうか。

でも、エストロゲン（環境ホルモン）物質が直接、セルトリ細胞の繊毛を直接傷つけるにしろ、子宮を構成する細胞の一部を、細胞の繊毛か細胞自体を傷つけて、細胞自体をガン化させるケースも考えられるが、このケースでは、人体の他の組織の細胞もストレートに傷つけられて、たちまち、ガンが全身で発症することになるが、そのようなケースは見られない。

ところが、化学物質過敏症という症状に悩まされる人もいる。花粉症を今年、いままで問題がなかったのに発症したという人もいる。花粉は微生物のように生きた微細な細胞だ。化学物質であれ、花粉であれ、その人がそれらを体内に取り込んだ時に起こる、免疫細胞の反応が、人により個体差はあるが、ある一定の限度（許容量）を越えると起きて来る。つまり、化学物質の体内の反応が、一過性のものではないことを示している。

反応が体内に蓄積されているのだ。それを、厚生労働省などの言いなりになった科学者は、許容範囲をかってに提示して、「安全だ」「無害だ」と言い出す始末。化学物質などが体内に入った時の反応が蓄積されることを考慮していない。もちろん、こうした反応に一過性のものもあるかもしれない。ところが、「どんな人が一過性ですむのか」、また、「どの物質が一過性なのか」まったくわかっていない。

だから、レンジで食品を温めたりする時、無知から、塩化ビニール系のラップを使い続け、塩化ビニールに含まれる可塑剤（性ホルモンを攪乱する環境ホルモン物質）の溶け出したエキスをさんざん浴びせられた食品を口にして、「自分は食品の衛生・安全に気を付けている」とうそぶき、高齢になって病気になった時、「なんで自分が」などと嘆く始末。

だから、「環境ホルモン（エストロゲン）」といわれる化学物質が、性の混乱をきたして病気を発症させているだけでなく、免疫細胞を傷つけ、その影響が蓄積されることも（何もわかっていないのだから）考慮しなければならない。害が発生すると見られる化学物質は、自然界のものであれ、人間が作りだしたものであれ、極力、吸い込まない、口から呑み込まない、肌と接触させない注意が必要だ。しかも、人間が作った化学物質が、食品と接触する可能性のある使い方は、ゼロにすべきで、混じる可能性があるものについては使用禁止にすべきなのだ。

人体の免疫細胞に、化学物質がこうした影響を与えているのであれば、遺伝子や内臓の器官だけでなく、脳にも侵入して脳細胞の生育時や成人になってからも傷をつけて影響を与えていないとは言えない。若い年代の人が認知後遺症を発生しているのも、いわゆる「認知症」は年を重ねて高齢

になって起きる病気（後遺症）ではなく、脳内にあるマイナスの要素になるものが蓄積して、その蓄積したものが一定量を超えた時、脳神経を阻害するたんぱく質が溜まるなどして、発症しているとも考えられる。このマイナスの要素こそが、化学物質によって傷ついた免疫細胞だと考えれば、若い人が「認知分断症」を発症してしまうのも頷けるのではないだろうか。

そうであれば、「ダウン症」と言われる遺伝子を傷つけたり、「発達障害（私は「発達後遺症」という）」とされる脳の神経細胞の一部の信号の伝達回路を壊したりして、行動や認識に制約を受けている子供が生まれる時期を疫学調査して見れば、環境ホルモンとされる化学物質の使用が、より人の身近な環境に大量に入り込んで使用されてきた実態と比例しているのではないだろうか。

ところが、現在の「精神衛生法」は、閉じ込めて薬で神経を破壊して、人のやる気をそこなってきたことから未だに脱却していない。人が子育てや人間関係を通した人の関わりの中で、なぜ、神経の一部の働きが停止したり、暴走したり、退化してしまうのか、人の考え方や関わり方の何がよくて、何が悪いのか、そこから学ばなかったから、いまだに、神経の暴走で暴力的になり、子殺しや親殺しまで起きている。

人は、親からの遺伝子を受け継ぐとき、一部の遺伝子を変異させて、親の遺伝子と異なる多様性を手にしてきたという。また、遺伝子を働かせるか眠らせたままで過ごすのか、スイッチになる遺伝子も見つかっているという。

マイクロプラスチックに吸着したPCBや他の化学物質が、川底や海底に住む貝や魚をはじめ、海の生物の口に入り、それらの体内の蓄積されたPCBなどが、回りまわって人間の口から体内に取り込まれる可能性が高いことになる。そうすると、PCBを含め女性ホルモンの作用をきたす化学物質の影響を強く受ける、赤ん坊から成長期の子ども時代には、特に川底や海底で生息する魚介類を頻繁に食べることは、極力避ける注意が必要になる。子宮頸ガンの誘発や精子の減少を少しでも抑えるためには。

また、災害時にもてはやされるビニールシートや塩化ビニール系のラップに使われている可塑剤（柔軟性をもたせるために使用）に、環境ホルモン系のものが現在も使用されているのであれば、注意が必要だ。食品に覆いかぶせて使用して、電子レンジを作用させると、可塑剤が溶け出して直接、食品に付着し、太陽光の熱や紫外線に晒されたビニールシートから可塑剤が溶け出し、水に含まれれば、それをそのまま口に入れてしまうからだ。

ところが、出生前診断という遺伝子検査で、遺伝子の異常が見つかると、当事者に責任をおしつけて、当事者の決断だからと堕胎を容認して、公然と命を消していく医療従事者と政府・行政機関。

また、女性の乳がんの増殖や子宮内膜症の発生に影響を与えているだけでなく、子宮頸がんにも影響を与えているのではないのか。そうであれば、ワクチンを打つまえにやることはあるだろう。日本人男性の精子数の減少傾向（これも少子化を加速させる原因になっている）が、いまも続いているのだから、なおさらだ。それだけでなく、この20年位の間に、生殖器異常をきたした児童のことが、私の耳にも届いていた。

「いのちは傷つき壊れやすい」という事実に立って、傷ついたいのちも含めた子育てを応援する社会の仕組みを公的なものとして作らず、産むか産まないかの決断を、若い当事者の責任に押し付けている。これでは、若者の間に子育ての不安を撒き散らし、出産を躊躇する人を増やして、経済的理由以外の理由で、右肩下がりに少子化が加速するのも当然といえる。

こうした状況を作ってきた根源は、戦争では兵士に成れない者を「非国民」扱いし、戦後も一貫して「いのちが傷つき壊れるのは当事者の責任」として、「自己責任論」のもとで日本社会を食い物にしてきた保守政権と経済界のまさに成果なのだ。

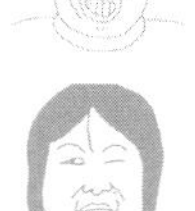
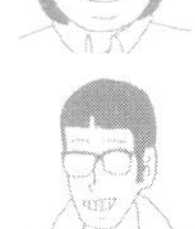

こうした環境に曝されているが故に、病気になって生き残ることができても、重いダメージを受けて、後遺症が元で幼くしていのちを失い、また、夢や希望を実現できずに亡くなる少年少女が、少なからず出現しているのが現実だ。戦後の日本では、「いのちが傷つき壊れる」ことのすべてが「本人のセイ」だとして「自己責任」ですべて片づけられてきた。

本来は、遺伝子の暴走が、なぜ繰り返し起きてしまうのか、原因究明のための疫学調査や、あらゆる化学物質の定点観測を日本列島で継続してやり、原因物質の特定と発症のメカニズムを解明し、残留している有害な化学物質の検査と公表、製造の禁止や使用の制限をする。そして、生活の中で、害を避けるための方法の告知・教育が必要だ。これまで政府を介して保守政権は、それをやってきただろうか。私には、やってこなかったとしか思えない。やっていたとしても広く公表されないから、一般国民は検証もできず、防ぐ手立てをして回避することすらできない。

すべてが、「いのちが傷つき壊れるのは当人が劣っているセイ」だとして。その人権を、日本人の基本的人権から除外して、日本人社会の多様性を切り捨ててきたが故に、人が遺伝子を引き継ぐときに現れる「多様性」をも切り捨ててきたから、社会の中から優秀な人材が誕生する可能性も失って

きたことになる。

7.「自己責任」と現代人が思い込んだ「不安や悩みや劣等感」

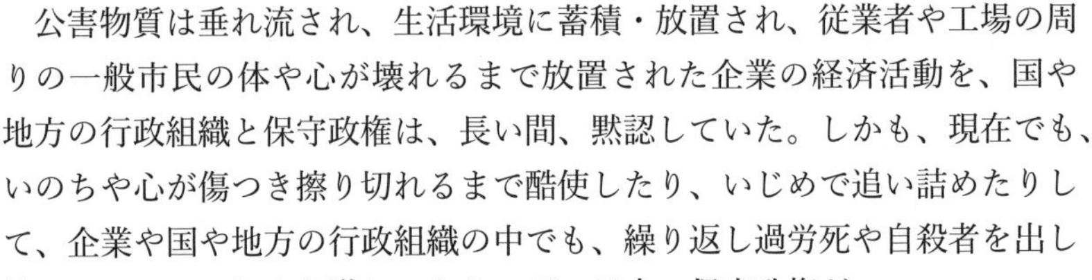

公害物質は垂れ流され、生活環境に蓄積・放置され、従業者や工場の周りの一般市民の体や心が壊れるまで放置された企業の経済活動を、国や地方の行政組織と保守政権は、長い間、黙認していた。しかも、現在でも、いのちや心が傷つき擦り切れるまで酷使したり、いじめで追い詰めたりして、企業や国や地方の行政組織の中でも、繰り返し過労死や自殺者を出し続けている。これを主導してきたのが、日本の保守政権だ。

近年では、「安心・安全」を謳い文句に、技術開発を行い、公害を抑える方向で努力している企業がまったくない訳ではない。しかし、「安心・安全」をことさら強調して政権運営をするが、「心の安心」は放置され、多くに人が「不安」を口にしている。

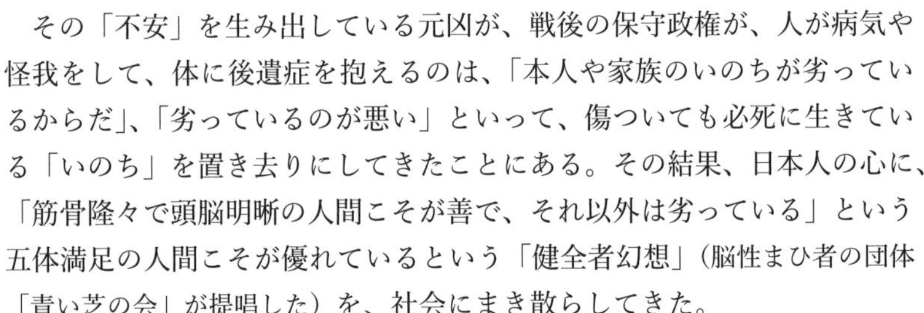

その「不安」を生み出している元凶が、戦後の保守政権が、人が病気や怪我をして、体に後遺症を抱えるのは、「本人や家族のいのちが劣っているからだ」、「劣っているのが悪い」といって、傷ついても必死に生きている「いのち」を置き去りにしてきたことにある。その結果、日本人の心に、「筋骨隆々で頭脳明晰の人間こそが善で、それ以外は劣っている」という五体満足の人間こそが優れているという「健全者幻想」（脳性まひ者の団体「青い芝の会」が提唱した）を、社会にまき散らしてきた。

おまけに、教育現場などで、「何歳になったのにこんなことも判らないのか」など、教える側の手抜きや学ぶ本人の意欲を引き出すこともせず（そもそもそうした能力を教師が持ち合わせていない）、教える能力不足も棚にあげて、生徒の能力が劣っているセイにされてしまう。だから、自分の能力が、人と比べて少しでも劣ると、「自分は劣っている」と「劣等感」をいだくようになって、心にキズをため込む人を生み出してきた。

でも、こうした考えをはびこらせたのは、コロナ禍で菅（すが）元首相が「感染するのは自己責任だ」と漏らした「自己責任論」を、戦後、一貫して保守政権が、一般国民に思い込ませてきたからだ。保守政権は、「傷つくのは本人のセイ」だとして、これまで日本人のいわゆる「健常者」に「傷つくことへの恐れ」から、「ああなったらおしまいだ」「ああならなくて良かった」という感情をいだかせ、いのちが傷つくことへの不安や恐れの感情を、国民に蔓延させた。ところが、後遺症をともなう人の「いのち」は、傷ついても健気に本人を支え続けている「いのち」だ。

だから、例え人の「いのちが傷つく」ことがあっても、その「いのち」はたくましい「いのち」だし、生きている限りは「いのちにありがとう」と思える見方ができる。人はそれを学べたはずなのに、「いのちが傷つき壊れるのは本人のセイ」という保守政権の主張を鵜呑みにして、多くの人が、「いのちが傷つき壊れるのは本人が劣っているセイ」という見方を「常識だ」と鵜呑みにしたまま、「不安や悩みや劣等感」に縛られている現状に疑問を挟まず、反発のもとで異なる認識を探ろうとしてこなかった。

逆に、自分と他人を比べて自分を評価し、「自分は劣っている」や「誰々よりはましだ」などの「思い込み」をし、その結果、後遺症をともなう者は、「劣等感」を持たされてきた。同様に、「いわゆる健常者」も、他人からの強い影響を受けたからと、周りの人間に他人と比べられて言われる言葉を鵜呑みにして、いまだに「不安や悩みや劣等感」を、自分で自分の脳裏に深く刻み込むことで自分の心の中に根付かせてきた、と 2022 年の今になって、はっきりと書ける。

そのため、人は、自分自身（いのち）に自信を持てなくなって、ことあるごとに不安をいだき、不安から引き起こされる悩みを抱え、また、成績優秀の人やスポーツに長けている人と比べて、自分にそうした飛びぬけた能力がないと、ひがんで自分は劣っていると思い込み、劣等感を抱えてしまう。

人がこうした「不安や悩みや劣等感」を思い込み、「もやもやした感情」を抱え込んでいる、自分の弱みを他人に知られたくないという思いや、こうした悩みを持っていることが恥ずかしいという思いで、互いに他人（ひと）と心の内をあけすけにさらけ出し合ってこなかった。

「個人情報」を探り出した犯罪の横行が、「プライバシーの公表」に対する恐れを生んで、「プライバシー」が漏れる不安を感じさせている状況の中で、こうした「不安や悩みや劣等感」を持たされてきた原因を見つけて解消しようとする気運を委縮させる引き金になったと、私は思っている。もちろん、他人が本人の了解なしに勝手にその人の正しい情報もニセ情報も、公開することは許されない。でも、「個人情報保護法」という法律の成立で、自分の、しかもマイナスに思っている「個人情報」＝自分が不安や悩みを抱えていることを他人に知られたくないという思いも重なって、さらに他人に明かせないと思い込む風潮を生んでいる。人々に「自己責任論」が、日本人の心を抑圧してきた源だと気付かせないように働いていると、私には思える。

だから、「個人情報保護法」という法律は、自分の内面をさらけ出すこ

とに委縮して、一人ひとりが心に抱えている「思い込み」の構造や背景を、人々が探り出さない方に、誘導する働きをしてきたと、勝手に私は思っている。

8.「いのちにありがとう」と思わない暮らしの「生きざま」

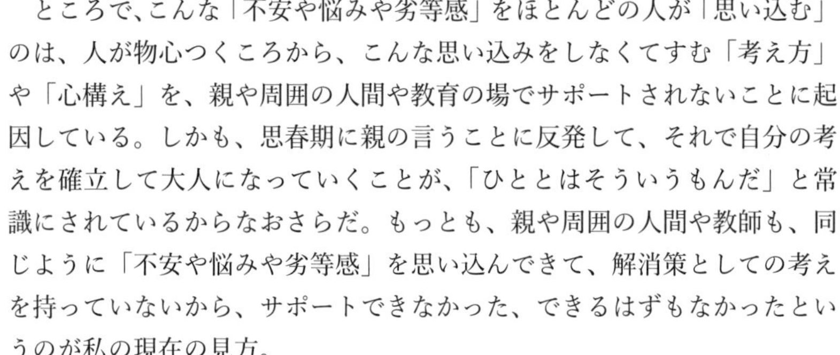

ところで、こんな「不安や悩みや劣等感」をほとんどの人が「思い込む」のは、人が物心つくころから、こんな思い込みをしなくてすむ「考え方」や「心構え」を、親や周囲の人間や教育の場でサポートされないことに起因している。しかも、思春期に親の言うことに反発して、それで自分の考えを確立して大人になっていくことが、「ひととはそういうもんだ」と常識にされているからなおさらだ。もっとも、親や周囲の人間や教師も、同じように「不安や悩みや劣等感」を思い込んできて、解消策としての考えを持っていないから、サポートできなかった、できるはずもなかったというのが私の現在の見方。

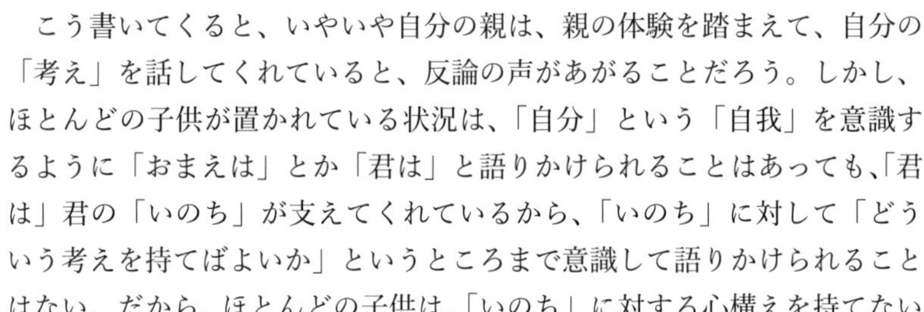

こう書いてくると、いやいや自分の親は、親の体験を踏まえて、自分の「考え」を話してくれていると、反論の声があがることだろう。しかし、ほとんどの子供が置かれている状況は、「自分」という「自我」を意識するように「おまえは」とか「君は」と語りかけられることはあっても、「君は」君の「いのち」が支えてくれているから、「いのち」に対して「どういう考えを持てばよいか」というところまで意識して語りかけられることはない。だから、ほとんどの子供は、「いのち」に対する心構えを持てない、持たされない「空白の心」のまま、世間に放り出され、おおむね次にあげるケースに遭遇して、様々な「思い込み」を持つようになる。

例えば、親の期待や親の引いたレールを出された場合、親の思い通りの期待に沿うように頑張る。また、親から女だから・男だから・長男長女だからと言って言われる言葉に縛られる。けれど、親の期待から外れると、親の言葉や自分の思い込みで、劣等感を持たされる。それとは逆に、親の希望や期待に反発したり、独自の道を自分で模索したりする。

また、親の死亡・親の言い争い・離婚など家庭環境の影響を受け、親の病気で生活崩壊や、親からの虐待や冷遇を受けたりする子もいる。

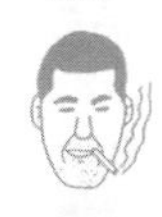

こうした家庭環境・成績・運動能力・容姿・家系などで、人によっては、他人から評価されると優越感に浸ったり、自分で他人と比較して優越感を持ったりする以外、根っこに「劣等感」を抱えて他人に対していじめや差別を繰り返すことで優越感を持つ人もいる。

それに対して、社会や周りから評価されない、また自分が他人より劣っていると自覚して、劣等感・ひがみ・妬み、恨みを持ち、また、周囲からのいじめや差別や虐待をされ、絶望・恨み・怒りを生み、そうした感情を蓄積することも起きている。

こうした、個々人を取り巻く環境が、子供の時からだけでなく、大人になってからも、「不安や悩みや劣等感（あるいは優越感）」を培養する土壌になって、親や宗教的な教えを飛び越えて、人それぞれに「思い込み」、この「思い込み」がそれぞれの人の思考の中で繰り返し湧きあがり、その「思い込み」に支配されて、自由な心持ちと発想を奪う壁となって、「もやもやした感情」の轍（わだち）に人を引きずり込んできた。

ところが、まだ大きなダメージを受ける事態に出会っていないだけなのに、完全無欠なるものが、優れているなんて幻想を抱いて、優越感にそっくり返る人もいる。しかし、高齢になって「こんな年寄りになるとは思わなかった」と吐露する人もいたが、いずれは皆、傷つき、いのちを終える。だからこそ、どんな姿でいても、いま、生きていることが幸運なのに、「生きていられることをありがとう」と思わないから、どこまでいっても「自分は不幸だ」と、勝手な思い違いをして生きることになる。

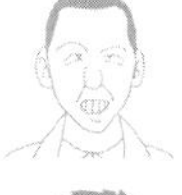

私の母の姉は、90歳を数えて、愚痴ばかりこぼしていた。江戸時代に生きた木喰五行上人に言わせれば、「あさましや　理も非もしれぬ　ぐちとぐち　にてもやいても　くわざりけり」という和歌をあげるまでもなく、その「愚痴」を聞かされた私は、それまで太平洋戦争の間に、結婚相手が両親と共に、朝鮮で商売をしていた経緯もあり、戦後、朝鮮半島からの引き上げを挟んで幾多の波風を乗り越えて自分を支えてくれた「いのち」に「ありがとう」と思わず、人生の最後に「愚痴」を聞かせて終わるのかと、あきれ果てて一言も返さなかった。もっとも、この伯母も、子供の私に「勉強で頑張れば普通の人に負けない」と言い続けた大人の内の一人だったと記憶している。

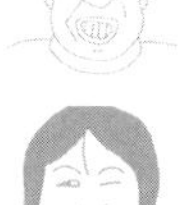

要は「いのち」とはどういうものなのか。自分以外の人の体験の中から何かしら学んで、その「いのち」にどう向き合うのか、答えはそこらへんに存在していた。けれども、ほとんどの人は、「不安や悩みや劣等感」などの思い込みをするのは、「人間とはそういうもの」と、親から子へ言葉の伝言ゲームをして伝えあってきたから、気づくことなく、「いのち」に対して、無自覚でいるばかりか、むしろ自分への不満から、ないがしろに扱い、拒食症になったり暴飲暴食をしたり、不安に取り囲まれる不満をぶつける対象として向き合ってきた。

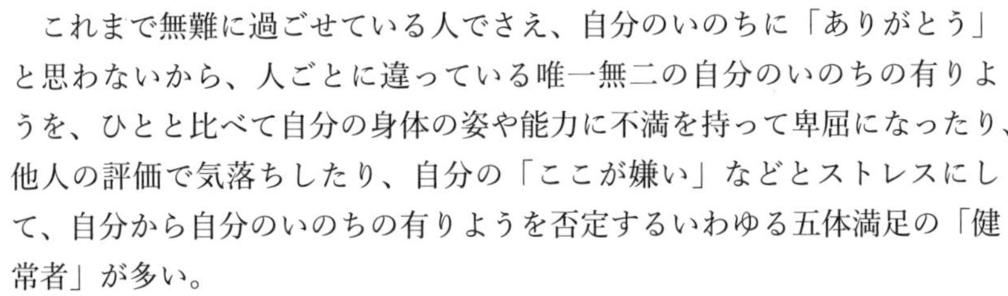

これまで無難に過ごせている人でさえ、自分のいのちに「ありがとう」と思わないから、人ごとに違っている唯一無二の自分のいのちの有りようを、ひとと比べて自分の身体の姿や能力に不満を持って卑屈になったり、他人の評価で気落ちしたり、自分の「ここが嫌い」などとストレスにして、自分から自分のいのちの有りようを否定するいわゆる五体満足の「健常者」が多い。

否定するってことは、いのちそのものの否定に直結していることに気づかず、五体満足でいられる自分を自分から否定するから、今の自分は「本当の自分」ではないと、絶えず幻の姿を追い求めてしまう。ありのままの自分から逃げ回っているから、自分には「居場所がない」と思い込む。常にそこ（唯一無二の自分自身）に居場所はあるのに。

「いのちにありがとう」と言おうなんて思いもよらず、居場所がないからと不安になり、孤立し、孤独にむしばまれ、依存症という病（やまい）にはまって、例えば繰り返し着飾っても満足できない、こっけいなピエロを演じてしまう。

「健常者」の中には、過去に、ひとから浴びせられた言葉や態度がトラウマになって、「いのちにありがとう」なんて気持ちになれないという人もいる。怒りや不安・恐怖の感情がよみがえってくるからと。それは、私の経験からいえば、後遺症を悪いものといわれ、「(障害)」を抱えているから「自分は劣っている」と、劣等感を思い込んだように、「○○が悪い」といって落とし込められた、他人からの言葉や態度に自分の心を支配される、トラウマにしばられているだけのこと。自分の「いのち」に接する心の構え方を、もともと自分の意志で貫くことが出来なかったから、うかつにも自分の意志が自分の「いのち」に及んでいない、心の空白を作っている。だから、他人の影響を受けたトラウマや劣等感などに支配されてしまう。

そこで、過去の他人からの言葉や態度の幻影や、トラウマに心を支配されたままでいいのかとたずねたい。あなたは、自分の心を他人に明け渡したまま、これまでと同じように生きていくのですかと。

9.「思い込み」が生む軋轢と犯罪

自分で自分を否定する「みじめさ」と劣等感を心にため込むと、その劣等感のウサを晴らし、自分（自分たち）は優れていると思い込むために、子供から大人まで、自分より弱い者や体力的に劣っている者、逆に自分よりも優れている者を、気に食わないと落とし込めている。

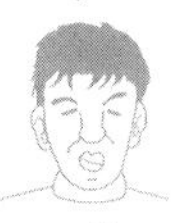

また、自分のいのちの有りようを自分で否定して、自分の「いのち」に「ありがとう」と思って生きていないから、自分の「思い込み」があつれきを起こす源になっていて、同様の「思い込み」を持ってあつれきを起こす源を持っている人と出会うから、ふとした言葉の行き違いなどから衝突を生んでいると、私には思えてしまう。

おまけに、自分は「他人よりも優れている」と他人を見下す者もいる。でも、優越感を持とうとすることは、その人の深層心理の中に、実は自分が「劣等感」の塊をため込んでいると、自分で暴露しているにすぎない。要は、劣等感を抱えて優越感にひたりたいから、ひと（他人）をいじめて優越感をもとうとするだけのこと。加えて、自分が隠し持っている劣等感やストレスや欲求不満のはけ口で、他人に当たり散らす姿をさらしている。自分のいのちを否定しているから、他人を痛めつけ、ひとのいのちを傷つけても平気でいられる。

普段から自分の意志で判断し、自分で決め、自分で行動して、そのすべてに自分で責任を負って、自分の「いのちにありがとう」といって、自分のいのちを肯定して生きていれば、そもそもひとと比べたり、ひとのセイにしたりしない。けれど、「ひとのセイ」にする人は、自分を自分の責任で生きていないだけのこと。

「劣等感や他人への不満」のはけ口を家の中に持ち込むと、家庭内暴力や夫婦間のDVだけでなく、自分の思い通りにさせることを「しつけ」だと称して、自分の子供を折檻し、虐待した上、大人と子供、力の差を考えもしないで、見境なく力を振り回し、子供の心を破壊し、いのちまで奪う親まで出る始末。

傷ついたいのちを放置して死なせるという、人権侵害をしても、法律の名のもとにスルーして、誤りもせず、終わらせようと、犯罪に蓋をしているのが、こんにちの国の行政機関や保守政権を構成する日本人（2021年にスリランカ人女性を見殺しにした名古屋入管と法務省）。

なぜ、「不安や不満や怒り」のはけ口として突発的な暴力事件や犯罪を起こすのか、その人の精神的背景を分析して、その人の精神的居場所を見つけ出して、犯罪に走ってしまう精神状態を変えられない。だから、道を外すのは「自己責任だ」として、断罪すればいいと結論づけて、いつまでも堂々巡りの「有罪判決」を書いて、断罪することで終わっている。本当はその人の心の背景が分析できない。だから解消する方法がわからない。だから、再犯率は高止まりのまま。

欧米では、一定の宗教的規範が、社会の中に浸透しているから、「死刑

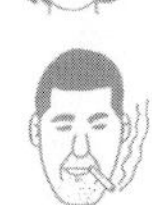

廃止」を成立させている国がある。それでも、現代の「宗教による教え」は、普遍性を持って、人が成長する過程で受ける精神的ダメージ（「思い込み」や「もやもやした感情」）を払拭させる力を持っていない。その証拠が、多くの人が宗教の教えに接している欧米でも、逆恨みによる犯罪が、時々繰り返されている。

この逆恨みの極致を演じているのが、ロシアのプーチンだというのだから、困ったもんだ。

逆に、しんどい思いをしているのは、自分で自分を否定し続けているからとも知らないで、俺たちはしんどい思いをしても、ぎりぎり我慢して生きている。自分勝手に悪いことをして、殺人を犯す者（やつ）は死刑にして当然だ、と主張する人もいる。

これでは、殺人をすれば死刑にするから殺してもいい、といっているようなもの。死刑が犯罪の抑止になっているなど、とんでもない話。何人も殺すべからず、ではないのか。そういう世界、社会を実現していくのではないのか。そうでないから、殺し合うのはご自由に、といっているようなもの。

戦後の日本は、憲法で「圧迫と偏狭を地上から永遠に除去しようと努めてゐる国際社会において、名誉ある地位を占めたいと思ふ」とうたっても、日本社会は、教育現場や会社組織・行政機関の中でさえ「いじめ」をはびこらせているではないか。

いじめの果てに自殺する人間は、「本人が弱く、本人のセイ」と、「自己責任」にされ、自殺しないまでも、「いじめ」の果てに、心を壊されたり、大けがをさせられたりして、余計な社会的負担を増大させている。にもかかわらず、「いじめ」に加担して自殺という殺人に加担した複数の加害者は、時にはその罪すら罰せられることもなく逃れたり、軽い罪で済まされたりしている。

「いのちは傷つきやすく壊れやすい」という現実を前に、日本の官僚や政治家・また教育に携わる者たちは、あえて「いのちを傷つけ壊しても構わない」という姿勢を貫き、被害者を増やしているのが現実。

しかも、日本の官僚や政治家・また教育に携わる者の多くは、自分たちは一般人より優れている、優秀だと思い上がり、「いのちは傷つきやすく壊れやすい」という現実を見ずに、東日本大震災の大川小の教師たちや行政関係者のように、「いのちを壊す人を増やさない」ために何をするのかという、危機に対応する能力を欠いていた。だから、2011.3.11の大地震の時、生徒を含め、山の斜面を登って、高い所に避難する行動をとらずに、

犠牲になった。結局のところ他者から学ぶことをしないで、自分の無知を棚上げにして的外れの対応をしてしまった。そのようにしか見えない。

「いのちにありがとう」と思わない精神的土壌が、日本人と日本社会に蔓延して、人の心を蝕んでいるから、安直に、他人のいのちをないがしろにする人間を、繰り返し生みだしていることに、何の対処もできない国や地方公共団体の構成員と教育関係者。

10. 日本の宗教と悪魔

遠藤滋と私は、高校生の頃、別々に「創価学会に入れば（信心すれば）（障害）が治る」と言われて、複数の学会員から繰り返し勧誘を受けて、「不快な思い」や「迷惑」を被ったことがある。「(障害) が治る」ということは、「あなたの体は壊れている」という認識を持っているから言える言葉。でも、人の身体やその変形した部分が、形状として、いわゆる「健常者」と同じように「五体満足」になるわけはない。しかし、宗教を標榜する団体によっては、あからさまに「変形した部分」が、元通りに「五体満足な体になる」と言ってくる無知な人もいるが、私を「創価学会」に勧誘した会員は、そこまでの具体的なことは言わなかった。

だが、何が「壊れている」というのか。体でなければ「心が壊れている」と認識していたことになる。さしずめ、足が悪く、健常者のように五体満足でない後遺症者は、健常者をうらやましがったり、後遺症の身をひがんだりしている。そこを信者になれば直る、とでも言っているようなもの。そもそも、五体満足でない、後遺症を伴っている者は、「心がひねくれている」のか。

「足が悪い」と言われ続けて、少年の私は、確かに「劣等感」を持つようになった。だから、「劣等感」を持たされたことへの正当な反発をすることはある。だからと言って、心がねじ曲がっているわけではない。しかも、「南無妙法蓮華経」か「南無阿弥陀仏」かは知らないが、「南無妙法蓮華経」や「南無阿弥陀仏」を連呼すれば、「後遺症（障害）が治る」ことはあり得ないと知っていたから、私たちは騙されなかった。

けれど、こうした勧誘に「騙されて」創価学会員になった、後遺症者はいたことだろう。しかし、彼らの「後遺症」のどこが「治った」のか、「一人一人証明して見せてくれ」と言いたい。ここでも、「創価学会」の信者は、「病気になった信者の病気や後遺症が治らないのは、本人の信心が足りないからだ」と「手のひら返し」で返して、「自己責任」で責任を本人に押

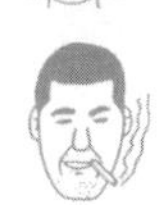

し付けて、さしずめ、「騙されるのは本人が悪い」とけつをまくる姿が透けて見えてくる。しかも、過去の「創価学会」の学会員の勧誘行為であれ、現在に至っても、「創価学会」は、公式に謝罪と賠償を行っていない。

したがって、私たちは、当時のすべての「後遺症を伴って生きていたすべての人」への、謝罪と賠償をしない限り、「創価学会」が、自分たちも「人がいのちにありがとうと言って生きることを目指してやってきた」などと、私たちの文章に描かれた「いのちにありがとう」の言葉とそれに関連するすべての分析に便乗して、一部分であってもこの「著作」を盗用して、語りかけるのを拒否する。「創価学会」は、「後遺症を伴って生きていたすべての人」へ、公式の謝罪と精神的苦痛を与えたことへの賠償をしない限り、その資格が「創価学会」とその学会員にはないと、私たちは判断するからだ。

ところで、「悪魔」という言葉。どうやって生まれてきたのだろう。かつて、私は、縄文時代の遺跡の「環状列石」について、興味をもち、その遺跡と日本語の「まつり（祭）」に関係する言葉に関連があるのではないかと考えた。随分前の話だが、テレビが、パプアニューギニアの部族の中に、現代になっても、環状に並べた石の間をめぐって、その列石を一回りすることで、人（特に子供か）がその生において出会う困難を無事に乗り越えて生きられるようにと願う祈りを込めた祭りをしている姿を伝えていた。パプアニューギニアの古代の文化を踏襲してきた人にとっては、ストーンサークルの石の間を順調に回ること→人生においてどんな困難が降りかかっても、運よくけがや病気をさけられる、という思いで、ストーンサークルの祭りをしていた。

そうであれば、縄文時代の「環状列石人」も、パプアニューギニアの部族と同様の願いを込めて、長方形の石をところどころに円形に並べて、この「環状列石」を「ま」と呼んで、「神聖な場所」という結界の印に、この「ま」に竹などを切って立てかけ、鳥の羽（鳥の死骸のこともある）を吊り下げたしめ縄を渡して、災いがはいれないようにして、「まつり」をしていた。だから「ま」に「つる」「まつり」をし、立てて「ま」につりさげて讃えたから「たてまつる」という言葉が生まれたのだ。

そして、初期に書いた文章を、縄文時代に関心のある人に見せたところ、石川県の能登に「真脇」という地名の場所に木製の環状遺跡があると指摘を受けた。

しかも、2018年10月27日の番組をチラ見しただけなので、正確な放送の内容はわからなかったが、能登半島（石川県能都町）に「真脇」という地名があり、そこは、縄文時代から木製の柱を円形に並べた場所で祭を

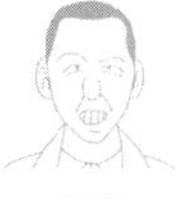

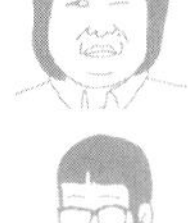

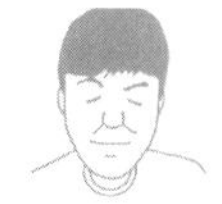

した地域（真脇遺跡 BC3700 ～ 3390）だという。つまり、円形＝環状の柱を立てた場所を「ま」と呼んでいて、その「ま」の脇の地域だから「まのわき」で「まわき」になったことになる。その「ま」に漢字をあてた時、「真」の字をあてたので、「真脇」になったのだろう。

そこで、改めて、自分が切り抜いて保存してあった遺跡に関する新聞記事を調べ直したら、「**真脇遺跡**（まわき）」の記事の切り抜きがあったではないか。以下、その内容は

> **約5500年～5000年前**（縄文前期）石川県鳳至郡能都町真脇の真脇（まわき）遺跡1983年に発掘。船の櫂（かい）の柄・盆状木器・やり状の棒・半円柱・ストライプ入りの網代・編み物（かご類）・縄・トーテウポールを思わせる彫刻柱・魚とヘビの飾りの土器・石さじ・矢じり大小・サメの歯の加工品・イルカ類（マイルカ・バンドウイルカ・ゴンドウクジラ）・猪・ニホンシカ・アシカ・魚類各種・くるみ・トチ・コハク・人頭骨と犬の骨など出土（朝日新聞1984.1.18）。

縄文時代の狩猟中心の生活の時代は、個々の家族の家は、狩猟で動物を追いかけていった先で、日々仮小屋を作って寝起きして、「まつり」の時に一族が集まって（「ま」の中で共に「まつり」をするから「仲間」）、「まつり」を行った。その後、そばの栽培など農業をしながら生活するようになると、一族で集落を営み、集落の入り口に鳥の羽などをつるしたしめ縄を飾って（これが「鳥居」の始まりだ）、その集落を神聖な場所として区別して、災いが集落の中に入り込んでこないようにした。中には、秋田の大湯環状列石遺跡のように、「ま」の祭りの場と住居を長期間、同じ場所で維持した例もあるが、住居地域とは別に「まつり」の場として「ま」を維持してきた。

ところが、後世になって、出雲から始まった、先祖を神としてまつる氏族が現れると、社（やしろ）を建てて、その社を神聖な場所に権威づけるために、入り口に「鳥居（当初の鳥居もしめ縄に鳥の羽などを吊るしたままのものだったのではないだろうか）」を建てて、人が住んでいる集落よりも社の敷地を聖域にして、縄文時代に生まれたまつり言葉を「盗用」して、古代人は神社のまつり言葉に使ってきた。

縄文人が、こうしたまつりをしても、狩りの時に怪我をしたり、病気になったりすると、それまでに「まつり」を行った「ま」は、現在ではタイミングが悪いという意味で使っている「まがわるい」と言って、「ま」を新しく作り替えたりもしてきたのだろう。さらに、奈良時代になって、中国から「漢字」を導入した時、「まがわるい」＝「わるいま」だから「悪魔」という言葉が成立したのではないだろうか。

ところが、人が生きていく中で、いいことばかり起こることはない。人である限り、必ず「死」を迎えることになる。それが自分でなくて、親や兄弟姉妹や子供や祖父母や親しい人との別れが生まれる。

しかし、こうした悲しい出来事が起こるのは「サタンのセイだ」と、もともと日本語に存在していない言葉で惑わして、人の不安を一層あおり、金品を巻き上げようとする犯罪が、「宗教」の名をかりて成立・横行しているのも、「いのちが傷つき壊れるのは本人や家族のセイ」、「自己責任」だとして、国民を「不安」の中に落とし込め、個々人を孤立させてきた、「保守政治」の基本的な思想が、日本人の根っこに行き渡っているからだ。

人が日々自分を支えてくれている「いのち」に「ありがとう」と思わないで、自分の心を「不安や悩みや劣等感」の「思い込み」に支配させたままでいると、他人から、不幸や災いが襲ってくるのは「サタンのセイ」、「外の世界のサタンが攻撃してくるからだ」と言われると、新たな不幸や災いに襲われる恐怖心を持たされる。しかも、救われるためには先祖供養や「神の国」を作るために献金が必要といわれると、そのまま信じ込まされてしまい、「神の国」を作るために献金すればすれほど救われると主張する人の言葉に簡単にのせられ、信じ込まされた人を信者といい、支配するのがこの団体の実態だ。

これでは、永遠に「サタン」や「神の国」や「神の国の代弁者」の言いなりで、人は支配されているとも思わず、一体いつになったら、自分で自分の「いのちにありがとう」と言って、自分が自分の心を取り戻して、自分が自分の本当の主人となって生きる自分を取り戻せるのだろう。こうした、人の「不安」に付け込んで、さらに不安をあおって財産を収奪する、不安に付け込む犯罪が横行している。

ここでも、もともと日本語にはない「サタン」という言葉に騙されて、財産を巻き上げられるのは「本人が悪い」。「本人のセイ」とした、保守政治の「自己責任論」の理念が、この団体とまさに共通し、一体となっている。だから、「選挙の応援」や「票を入れましょう」というこの団体の言葉に誘惑されて、この団体を持ち上げてきた国会議員も、その根っこに「いのちが傷つき壊れるのは本人や家族のセイ」という考えをもっている。だから、二束三文の物品や「教典」に、騙されて高額の資産を払うのは「本人が悪い」としか考えないから、この団体の誘惑に国会議員が乗ってきたし、その中に自民党員が多いというのも当然の話。

第2章　自分の「いのちにありがとう」を言うまで

はじめに

そもそも、遺伝性精神病や遺伝性精神薄弱や遺伝性精神病質など存在していなかった。「いのちは傷つき壊れやすい」という認識を持たない、たまたま「五体満足で生まれた者は優秀な遺伝子をもった人間だ」と「思いあがった人間ども」が、「いのちが傷つき壊れる人間は劣っている遺伝子を持っている」と決めつけて、法律を作って、強制的に親に同意させたとしても、親が同意しなくても幼い当人には訳が分からないままに、法律の名のもとに断種や子宮の摘出？　の手術まで強行したのが、「優生保護法」だったのだ。

手術を受けたとされる約26500人の大半が、何をされたのか判っていない幼い人間を血祭りにあげたことは想像に難くない。そんな当人が成人になってからの未来を奪っておきながら、当人に直接知らせることを義務付けていない。しかし、第二十六条では「優生手術を受けた者は、婚姻しようとするときは、その相手方に対して、優生手術を受けた旨を通知しなければならない。」と規定している。これが、「自分たちは優秀だ」と思いあがって、ドイツのナチス政権の名残の政策を、戦後になっても実行しておきながら、自らの責任を逃れる仕組みの法律を作った、日本の国会議員と国家公務員の知能。

また、「らい予防法」では、家族から引き離し、ろくな治療もせずに、収容施設で子供への「らい菌」注射までして、人体実験まがいのことを本人やその子供に繰り返しただけの、医者たちの言いなりになった、時の保守党の国会議員と国家公務員と、この法律に乗せられて「らい病者狩り」をしたマスコミや一般国民、そして、「いのちが傷つき壊れるのは本人や家族のセイ」という考えに足元をすくわれて、こうした行為を許してきた野党政治家とその支持者たちだった。

こんな社会状況にあって、戦争を挟んで重度の後遺症を伴って生きてきた人たちは、非国民とされ、戦争の役に立たない存在として、社会の片隅に追いやられ、「青酸カリ」を持たされたという話を聞いている。また後遺症を伴うのは、本人や家族が悪いからだと、本人や家族のセイにされ、「就学猶予」などと言われ教育現場から排除され、かろうじて家族の庇護を受けられた者が、祖父母などから教えられて、知識を得て生きてきた歴史がある。

戦後、なぜ、後遺症の者に対する政府の対策が始まったのか、と言えば、それは、戦争で傷つき手足を失うなどした大量の傷病者が、日本社会に出現したからだ。一応、彼らは、いわゆるお国のために戦った結果、傷つき後遺症を抱えて生きることになったから、無視して放置することが出来なかったにすぎない。

でも、その対策の基本は、(健常者)のようにできるようになることに貫かれていた。だから、その後の、後遺症を伴って生きる者に対しても、歩けるようになるとか、自分で食事をとることができるとか、働けるとか等々、すべて自分でこなせるようになることを前提に、職業訓練などが行われてきた。

日本では、過去に政治家や国や自治体の行政マンが、自力で通学が困難な者に対して、社会としてどう対応すれば学ぶ権利を保障できるのか、その困難を解決するのが行政の使命だという認識をもたず、見た目に重度の後遺症を抱えてしまう者は、就学猶予などと、さも「特別な温情をかけている」風な言葉で義務教育の学びの場からさえ締め出して放置して来た時代だった。戦前・戦後を通して、人によっては世間の目に触れさせないように「座敷牢」に閉じ込められることも起きていたという。

こうした戦後の日本の保守党政治家が作り出した社会状況が、「(障害者)は(健常者)の生きる世界とは別の世界を生きる」と、後遺症を抱えて生きる者を公然と差別して、戦後の復興を最優先に、働き手として酷使できない(障害)をもつ(障害者)と呼び、(健常)の者より劣る存在としてきた。こうした社会状況の中、1947年に生まれた遠藤滋と白砂巖は、成人してからの葛藤の末、2010年になって「いのちにありがとう」の言葉に辿りついた。

1. 私たちに影響を与えた先輩世代の存在

私たちが生まれた頃は、後遺症を抱えて生きる者(障害者)は、(健常者)

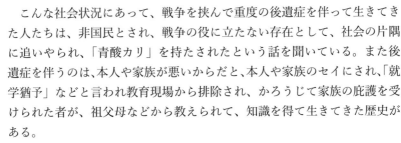

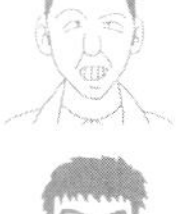
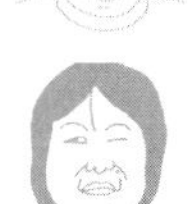

の生きる世界とは別の世界を生きる者とされていた。中でも重度の後遺症を伴って戦争を挟んで生きてきた人たちは、非国民とされ、戦争の役に立たない存在として、社会の片隅に追いやられ、「青酸カリ」を持たされたという話を聞いている。また後遺症を伴うのは、本人や家族が悪いからだと、本人や家族のセイにされ、「就学猶予」などと言われ教育現場から排除され、かろうじて家族の庇護を受けられた者が、祖父母などから教えられて、知識を得て生きてきた歴史がある。

そうした、戦争の時代を生き残って来た、脳性マヒという後遺症を生きる者たちの中から、「青い芝の会」が生まれ、始めは、同病者の仲間のサークルから出発したが、脳性マヒ者として自分たちの社会的立場を自覚するに至り、そこから、改めて、脳性マヒ者の社会的権利を獲得していく運動へと発展させた。このことが、日本各地の後遺症を抱える人たちに波及し、一人の人間として、社会に蔓延する不条理を変えるエネルギーを呼び覚ました。

一歩、後遺症を伴った者が外に出れば、（健常者）のスピードについていけないから「邪魔だ」として、車イス利用の後遺症者が街に出ようとしたとき、バスへの乗車を平然と拒否したりしてきた過去がある。いまでは車椅子のバス乗車は拒否されなくなったが、神奈川の脳性マヒ者のグループ「青い芝の会」を中心に、体を張った座り込みの抗議活動を受けないと重い腰をあげなかった行政と公共交通機関。

私と遠藤滋がであった時、一世代前を生きた脳性マヒの後遺症を生きていた「青い芝の会」に集っていた先達の中から、国や行政機関からあらゆる社会的場面で参加することさえ排除されてきたから、「（健常者）は敵」という認識を持っていた。けれど、私たちは、社会運動を始めた「青い芝の会」の横塚晃一・小山正義・金沢英児・寺田純一・若林克彦の面々に、少なからず影響を受けた。

当時、彼らは、「健常者の様にできることに価値があり、できない自分たちは社会の片隅に捨て置かれてもしょうがない。だから健常者に近づけるようになりたい。」という自らの「健全者幻想」（これには、そもそも健全者など存在し得ないという意味を含んでいたかもしれない）を否定し、これまで（障害者）を（健常者）に近づけるように強要してきた「（健常者）は敵だ」と告発していた。差別されたら、差別した側の人間を非難し、怒りをぶつけるのは自然だ。それに加えて、戦争を挟んで生きてきた彼らに、ひどい仕打ちをしてきた社会の支配層（健常者）は敵だとして突き放すことで、

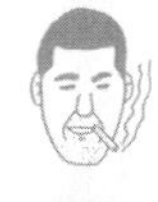

頼れるものは脳性マヒ者しかいないと言って、自らの主体性を獲得する道を探し当てたのだと思う。

たまたま、病気やけがをしてもいのちが傷つき、後遺症を持たずに済む人と、一方で、病気や事故の大きさから、いのちが傷つき、後遺症をもつ人が現れる。日本では、これを、一方は「健常者」と呼び、もう一方の、いのちが傷ついて後遺症をともなって生きる人間の「後遺症」を、「障害」と呼び、「障害」を持っているから、「障害者」と呼んできた時代だった。

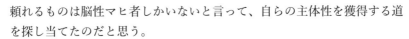

2．遠藤滋が白砂巖と出会うまで

私が、同い年の遠藤滋と出会ったのは29歳になっていたが、遠藤は、生まれる時に、ちょっとしたトラブルにあい、その間に脳に酸素が供給されなかったことで、運動神経が混乱して電気信号を発するようになり、体が自分の意志とは無関係に動き回る不随意運動をする後遺症「脳性マヒ」の体を生きてきた。ここで、遠藤は、「仮死状態」になって、とか、「仮死状態」で生まれて、という表現を使わない。私は注意された。

よくよく考えてみると、「赤ちゃんが生まれる」時、母体の産道を通って、外に出て、肺のなかに滞留していた羊水が吐き出されるまでは、すべての赤ちゃんは、肺呼吸をしていない。だから、例え首に「へその緒」が巻き付いた状態で生まれる赤ちゃんも、「奇跡的に息を吹き返した」という表現は間違いだと分かる。

産道を通って赤ちゃんが生まれる時、外に出て「へその緒」が母体から離れるまでは、母体からの血液の酸素を、赤ちゃん自身の心臓で循環させる状態にある。この時、「へその緒」が首に巻き付いていると、頚椎の動脈を圧迫して、血液が脳に行かなくなる。この時、脳から排出される炭酸ガスと酸素の交代ができなくなり、脳の中に炭酸ガスが溜まり続けることになる。そして、この脳神経に酸素が供給できなくなって、脳神経に電気的な悪さ（暴走）を引き起こしたのではないだろうか。また、現代の超音波映像の診断装置を用いれば、赤ちゃんに「へその緒」が巻き付いているかどうかは判るはずだから、巻き付いていると分かれば、自然分娩はやめて、帝王切開の出産に切り替えれば、出産時の赤ちゃんの事故は防げると思うが、実際はどうなっているのだろう。

ということで、「へその緒」が首に巻き付いて生まれた遠藤は、運動神経の連結部分の連結が、途中で電気信号が分裂して伝わるようになったのだろう。アテトーゼと言われる不随意運動を起こすようになってしまった。

一つの動作をするにしても、体の震えがついて回り、時間がかかるようになった遠藤は、少年のころ、「手が悪い」と言われて育ったという。

遠藤は、小学校、中学校までは、光明養護学校に通い、夏休みには、母方の実家の清水へよく行っていたという。高校は私立高校に通って、卒業後、立教大学に入った。

『二十歳ぐらいまで、ぼくは自分がどうしても好きになれませんでした。からだも嫌いと思っていたし、性格から何から、大嫌いでした。

あたりまえだったのです。ぼくはただおばあちゃんの「偉いひとになれ」とかいう言葉を信じ、親たちの「お前は、からだは悪いけれど、アタマは残っているのだから」とかいう言葉に勇気づけられて、ひたすらアタマとからだを別々にして育ってきたのだから。

ほんとうは自分のものではない「健全者」指向のアタマで、その基準にあてはまらない自分のからだをイヤイヤ見るのだから、そういうからだを持った自分がキライなのも、当然でした。』(「介助者」雑記ノートより1987.9.10付遠藤滋)

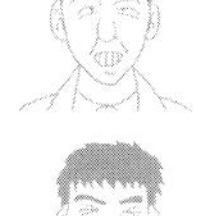
大学での遠藤は、学園闘争に遭遇する。学園闘争は、1970年1月から3月にかけて、終息していき、研究棟のバリケード封鎖が解かれて、居場所がなくなった日文科の遠藤たちは、自主講座運動をして、いままでの学校のあり方を問い続けようと、要町のあたりに部屋を借りて準備のための話し合いを始めたものの、何一つ積極的に自分の立場からの提案や発言ができずに、そのまま解散することを許してしまった。

そうした自分について遠藤は、後で一人になってから考えると、それまで「(障害)」についてまともに考えること、それをおおっぴらに語ることを避けてきた自分に思い至った。そこで、同じ1970年の5月に豪徳寺の「青い芝の会」の事務局に行ってみた。そこにはちょうど、府中療育センターを内部告発する三井絹子の手紙が届いていて、許可をもらって読むと、すごく強烈なものを感じた。

その頃の「青い芝の会」は、当時、事務局長の会費使い込みがひびいていたらしく、総会を開いても定足数に満たない状態で消滅しかかっていた。でも、あっちこっちで後遺症者の運動が起こり始めていたので、遠藤は、それらの運動と連携して、お互いに支援し合える会として「青い芝の会」をよみがえらせようと考え、役員一人一人を訪ねて話していくなか、意見の一致を見た寺田純一・若林克彦と1972年の総会で提案する手はずを整えたが、参加者が足りず総会は成立しなかった。

そこで、参加した人たちの臨時集会にして、改革委員会と名付けて、最

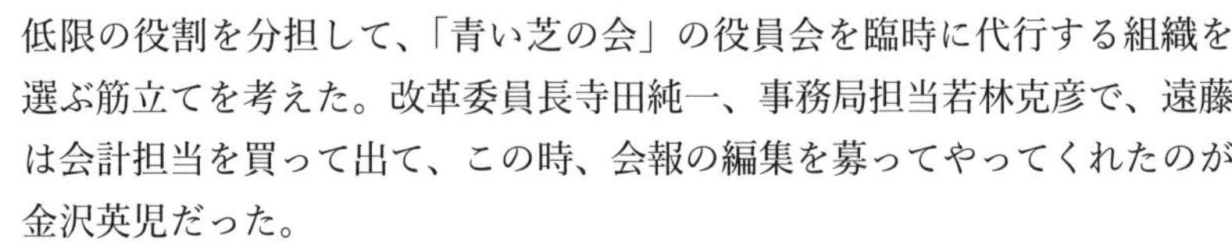

低限の役割を分担して、「青い芝の会」の役員会を臨時に代行する組織を選ぶ筋立てを考えた。改革委員長寺田純一、事務局担当若林克彦で、遠藤は会計担当を買って出て、この時、会報の編集を募ってやってくれたのが金沢英児だった。

当時、「青い芝の会」の再生で、（障害児）殺しの事件で、裁判のなかで起こった減刑運動に、川崎を中心に反対する運動に力を注いでいた横塚晃一（著書に「母よ !! 殺すな」がある）に話を持っていたが、彼からは、「ぼくはやめとくよ」と、この時は断られた。遠藤は、裁判の記事を書くため取材で、横浜の裁判所にも行った。また、「さよなら CP」の映画を撮っていた原一夫監督から、最後うまくまとまらないから出ないかという誘いを受けたが断った。

一人暮らしをしていた 20 代の遠藤は、学生運動の勢いで、実際の運動の方向付けをやって見たくて、試したけれど、実際は、できる器ではなかったし、30 代半ばの先輩からは「大学出のお坊ちゃんに俺たちのことが判るか」と言われた。

1970 年～ 1973 年の 3 年位の間に、教員になろうと思い、実習で池袋から光明養護学校に通うことになり、通勤が大変で実家に戻ることになった。1974 年 4 月 15 日、光明養護学校に採用される。しかし、1974 年秋、遠藤の身分が不明瞭な事実（員数外枠の採用だった）が判明し、後にはっきりさせる戦いも始めた。

3．遠藤滋とグループ「たびだち」と梅が丘駅のスロープ設置

1975 年からは、「誰もが小田急線梅ヶ丘駅を利用できるようにする実行委員会」を立ち上げ、横山晃久を始め光明養護学校の近くに住んでいる人や、生活の手助けをしている学生ボランティア・教員有志が一緒になって、小田急線梅ヶ丘駅にスロープを作れという話し合いを始めた。1974 年から事実上遠藤が真ん中で交通整理をしたり、当事者以外の人の間に立ったりしながら要求書を作るところから実際に関わるようになった。共産党系の組合の人との駆け引き、組合系の人たちの要求書を、「これはダメだ」と話し合って、近所の当事者を代表にして、組合との間をとって、（障害者）本人の要求を生かして、4 年間で実際に上下線のホームにスロープをつけさせることに成功した。

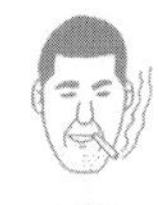

遠藤は世田谷で、1976 年、せっかく集まった当事者が散らばらないで、次の課題を見つけて自立への道をみつけていこうということで、課題を明

確にして、みんなを数人のグループに分けて、まだ家の中にこもって外に出られない人たちの家を訪問することや、年に6回位催しを開いて、そこへ自分の部屋にこもっている人たちが参加できるようにしていくことを目指して、グループ「たびだち」を作った。

1977年1月1日、遠藤しげるは、年賀状に「謹賀新年　われらいま、マヒの身をもて誇らしく　自立への道ひたに歩まん　われらいま、ちからをあわせおもき者　真中にたてて共に進まん　われらいま、あまき言葉をしりぞけつ　介助の友といざ生ききらん　世田谷の町には、いま、新しい風が静かに、しかし確かなきざしをもって、吹き始めているようです。さて。」と書いて白砂に送っていた。

1977年1月22日、グループ「たびだち」の集まりの日に、須田に誘われて顔を出したのが白砂だった。

グループ「たびだち」では3回位催しをし、遠藤自身も何か所か在宅訪問をした。1回目が、大阪の「青い芝の会」の事実上リーダーの女性を呼んで、「カニは横に歩く」を上演して、講演してもらった。2回目はフォークソング大会で、自作のフォークソングなどを披露した。また、世田谷ボランティア協会が中心の「もちつき大会」を一緒にやるかやらないか議論した時もあったけれど、最後にやると決めた。学生の中には、政治的グループの人がいて、ばらばらになり、それにいちいち対応できなくなって、遠藤はかかわりをやめた。

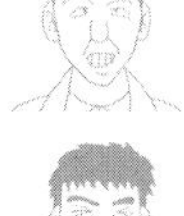
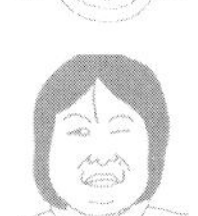

そしてその頃、遠藤は小田急線の梅丘駅にスロープをつける運動に関わり、3年かかってそれを成功させると、1980年に世田谷区に対して、介助の公的保障を求める運動を地域の仲間たちと始めたのです。その時の合言葉は、やはり「差別の糾弾」と「(障害者）の解放」でした。「健全者」は「(障害者)」を差別し、引き回すものでしかありませんでした。「(障害者)」は狭いところに閉じこめられた者であり、「健全者」は、広くてすばらしい世界のなかで生きているに違いない、という思いこみから抜け出せていなかったのでしょう。

それまでは「健全者の世界」は私にとって見通せない世界でした。1974年に教師として都立光明養護学校に採用されたのですが、「一人の余計者」として絶えず差別され、いじめられる日々でした。自分が出た学校でこんな扱いをうけるとは想像もしていなかったのです。闘いの毎日でした。

遠藤滋は、主に、後遺症を伴って生きる中度から重度の後遺症者の日常の世界にかかわってきた。

二人が出会った時、遠藤滋は養護学校の教師として採用されていたが、

正規の枠での採用ではなく員数外の採用で、クラス担任をさせてもらえなかった時だった。

4．白砂巖が遠藤滋と出会うまで

一方、私・白砂巖は、1歳4か月たった頃、ポリオウイルスにり患して、40°の高熱を出し、4日間ぐらい寝込んだという。この間、ウイルスの毒素（?）によって、左足の腰から下の神経の一部が機能しなくなって、筋肉組織を動かせなくなり、それまで歩きはじめていた歩行が、発病後はできなくなったという。それで母は、父の家族などから嫌味を言われたようだ。

私は、右足と比べて筋肉や骨格が充分に発育しない後遺症をともなって、いわゆる「小児マヒ」の体で成育してきた。後遺症の状態は軽度で、自力で歩行できたが、中学生までの少年の私は、周りの大人たち（親や親の兄弟姉妹）から、「お前は足が悪いけれど、勉強して頭で頑張れば、(健常者）に負けない（で生きていける)」と、繰り返し言われたものだ。

周りの大人は、叱咤激励の意味で言ってきたのだけれど、「足が悪い」という言い方しかできなかった親たちの言葉に、物心ついた私は「足が悪い」＝「障害者だからダメなんだ」という思い込みを、自分の心にきざむことしかできなかった。

「足が悪い」と言われた私は、劣等感を持ったし、少年の私は、この言葉に反発を感じても、反論する言葉をもてず、言いかえすことができなかった。だから、こうした会話への反発から、親と言葉を交わすことなく無言で過ごす日が一週間と続くこともたびたびで、一人心の中で悶々と葛藤しながら、中学時代を過ごしていた。だから、「足が悪い」ことで、心が折れるたびに、「なんでこんな体に産んだんだ」と、母親をなじったこともある。

自分は、当時、親からどんな言葉をかけられていたら、と考えると、「足が悪いけど」という言葉の代わりに、「お前のいのちは大変な目にあったけれど、傷ついても生きぬこうと頑張ったいのちだよ」なんて声をかけられていたら、「劣等感」に心を奪われることはなかったかもしれない。

小学2年生の時、担任の女教師に「においって何ですか」と、質問するぐらい理屈っぽい少年だったから、少しは理解できたのだと思う。でも、少年の私が、当時それで本当に納得できたかどうかは判らないが。

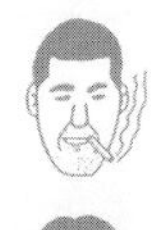

ところで、この時の教師の答、何だったと思いますか。1955年のことである。「匂いはにおいよ」だった。私はこの時、教師の言葉に「怒り」

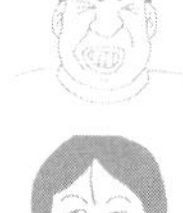

の感情が含まれていたと感じた。時代に即した社会の知恵からその答を理解した（判った）時、教師が、「判らない」と一言言ってくれていたら、私は今と違う科学者としての道を志していたと思う。この問答の経験から、私は、教師に自分の大事なことを相談したり、教室で教師に積極的に手をあげて質問したりしない生徒になった。

私は、物心つく頃から、後遺症をともなって生きる身に、周りの人の空気から「理不尽さ」を感じていたから、高校に入って17歳になる年から、「日本を変えたい」そのために「日本の政治を変えたい」と単純に考え、「現代史研究部」というサークル活動に熱中し、さらに、そのためになると当時は思っていた行動に、私も参加していった。

けれど、社会の仕組みやそれを成り立たせている政治に不満を持っても、「ああならなくて良かった」と思い込んできた戦後世代の大多数の五体満足の若者の異議申し立て同様に、根本の考え方を問題にする能力を欠いたまま、現象面に現れてくる保守党やその政策に右往左往して反対を叫んで、行動していただけだった。

戦後世代の若者に混じって、私自身が感じた「不安や悩みや劣等感」を、なぜ思い続けてしまうのかと、疑問に思って分析することが不可欠だなんて思いもよらず、私も時代の波に巻き込まれていた。当時は、人の「思い込み」に影響を与えている「いのちが傷つき壊れるのは本人のセイ」という考えが、戦後の日本社会を形作る土台になっているとは思いもよらずに。保守党に対して野党やその野党を支持する人も、これと同様の能力しか持ち合わせていないまま現代に至っている。

18歳の時、一旦、高校を休学して、板橋の「整肢療護園」で左足のかかとの関節の固定術を受けた。ここでの生活はたった4か月だったが、私は、18歳以下のさまざまな後遺症の仲間と出会って、自分の心の中に、後に自分の後遺症と真正面から取り組むきっかけを残した。この中には、少年の日の天野誠一郎もいた。

24歳までに、写真植字の技術を身に着けた私は、自営する道を選び、雑誌の発行にもかかわった。営業に出る時以外は、屋内での作業時間が長い労働だったので、人擦れしなくなった私は、表向きには平静さを装い、たまに外出した時、電車に乗ると、内心では、「ひとに見られている」などと意識して、たびたび赤面していた。この時、「ひとも見るかもしれないが自分も見ているではないか」と考えて、自分の「思い込み」の意識を変えて、一歩一歩、自分から主体的に生活する歩みをはじめていた。

しかし、このまま、政治の変革を口にする仲間たちと行動を共にしてい

ても、自分のいのちが傷ついて後遺症をともなって生きる、自分や仲間たちが感じてきた「不満や劣等感」を払拭できる道を探り出すための助けにならないと思い始めていた。人が「不安や不満や劣等感」を思い込むのは、大多数の人が「人間とはそういうもんだ」と「常識」にしていたから、こうした「思い込み」をする背景を、これまで探ったり分析したりして、解明しようとする気持ちを、それまで行動を共にしてきた仲間たちからは感じ取れなかった。だから、議論というか、話し合っても無理と考えたし、しかも、この「不満や劣等感」を払拭する問題は、全く個人的な問題だと思っていたから、高校時代の友人たちにも、一言の説明もしなかった。

それまで自分がかかわった運動では、自分が「後遺症をともなった」ことで感じた「理不尽」な思いを解消できないと考えた私は、28歳になったとき、共に行動してきた仲間と離れる決意をして、重点を「後遺症者」にかけられている理不尽な問題、いわゆる「(障害者)問題」に直接かかわっていくことにした。

きっかけは、モナリザ・スプレー事件の高裁判決（1975.6.26）への異議申し立てだった。

「(障害)」に「者」を付けて呼称することで、「(健常者)」のスピードを「さまたげる者」とか、「(健常者)」の「じゃまをする者」という意味に転化してきた。だから、1974年4月の“モナリザ展”では、「公共の福祉」のために「(障害者)」を初めとして、「(健常者)」の行列の邪魔になる妊婦などを、行政など主催者が排除するのはやむをえない（仕方ない）として、「公共の福祉」のために「後遺症を伴った者に対する差別的処置は許される」とした判決（1975.6.26）を、東京の高等裁判所の裁判官が出す始末。

この「公共の福祉のために受任すべき」という東京高裁判決に、いきどおりを覚えた私は、少女の時、白砂と全く同じように親や周囲の大人たちに、「足が悪いけど、勉強をがんばれば（健常者に）負けない」と言われて育った被告の米津知子と最高裁に控訴するために、他の支援者（中には脳性マヒで両手も足の足しにして南アルプスの北岳を登った金子精宏がいた）と共に、スウェーデンなど外国の例を調べ、また、地方の後遺症の仲間のところへ話を聞きに行き、実態調査をして、どれだけ貢献したか覚えていないが、抗告文を書き上げる作業が終わるまで参加し、最高裁に提出。

1975年11月1日　『障害者新聞』創刊号（はがき新聞）発行。

最高裁への上告文を提出したあと、私は、米津知子と関東各地の後遺症の仲間のところをまわった体験から、当時の各地のグループ同士でもっと意見や情報を共有して交流する必要を感じて、はがきで情報を交換し合う

新聞『障害者新聞』（1975年11月1日創刊号・1980年2月まで）を作ってばら撒き始めていた。当初は、はがきが5円で送れたが、後に値上げされて、頓挫し、発行を止めにした。

私が、こうした取り組みを始める、貴重なきっかけを与えてくれたのが、米津知子だった。

1975年12月22日　高裁決定を追認した日本の最高裁判所の上告棄却の決定。

しかし、高裁決定を追認して、「圧迫と偏狭を地上から永遠に除去しようと努めてゐる国際社会において、名誉ある地位を占めたいと思ふ」とうたった憲法の趣旨に反し、後遺症を伴った者を偏狭に追いやっても許されるとしたのが、1975年12月22日に上告棄却決定を出した日本の最高裁判所。

1975年12月始め頃だったと思うが、参宮橋にあった米津知子の仲間たちの事務所に山口県周東町祖生の「土の会」を主宰していた木村浩子が来るというので、話を聞きに会いに行った。私は、木村浩子から、新しい建物の建築で、業者とトラブルになっているという話を聞き、「土の会」に興味をもったので、一度「土の会」を訪ねる約束をして、12月30日、山口県周東町の「土の会」を訪ねました。

1975年12月30日　山口へ。周東町祖生の土の会へ。堀勝子さんと会う。

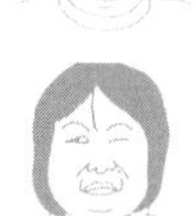

1975年の年末から正月にかけて、白砂は「土の会」を訪ねた。この時出会ったのが、福井の施設を出て「土の会」での生活を始めていた堀勝子と彼女を知る仲間たちだった。この出会いの中で、堀勝子が、いのちよりも大事という、彼女の「詩」を書きためた大学ノートを白砂に見せてくれた。彼女の「詩」は、心のままに自分が感じたままを言葉にしていた。当時、ほとんど自分の感情を言葉にしていなかった私は、彼女の生き方に「まけた」と思った。その彼女は、「土の会」から、生まれ故郷の岐阜での生活を希望していた。

そこで、福井の施設を出て、「土の会」で生活を始めていた堀勝子や、堀勝子の福井の施設時代からの友人や岩井英子や福森慶之助、また小川裕美に出会いました。この時、堀から、いのちの次に大切にしているという大学ノートに書かれた詩を読ませてもらったことが、私の次の展開へと結びつきました。

1976年1月1日　「土の会」での集合写真あり。

1976年2月1日　『障害者新聞』3号。教科書がほしいんじゃない。モナリザ・スプレー事件上告棄却

1976年2月8日　『かつこの歌』200円× 35部あずかり、3月7日7000円払う。

1976年3月1日　『障害者新聞』4号。藤田君を死に追い込んだのは？

1976年4月1日　『障害者新聞』5号。車いすの教師をつくろう！

1976年4月25日　『障害者新聞』6号。生活保護と労働　モナリザ・スプレー

事件後しまつ記

1976年8月　京都大学での「全国障害者解放運動連絡会議（略称・全障連）」の結成に参加。これを契機に、後に島田事件の赤堀政夫氏の支援運動に加わり、他の冤罪事件の関係者とも交流をもつ。

白砂を遠藤に引き合わせてくれた世田谷から来ていた脳性マヒの須田雅之や、後に堀勝子が岐阜へ転居した時、彼女の生活を支援したポリオ後遺症の岐阜の戸田二郎と知り合う。このころ、川口の「とうなす会」とも交流していた。

1976夏8月以降、白砂は遠藤と出会う。

この時までの私と遠藤滋は、戦後の時代に後遺症を抱えて生きてきたが故に、先輩の「青い芝の会」の面々のように、敵として突き放すのではなく、「○○（後遺症）が悪い」とされた認識や、後遺症を抱える者とそうでない者「(健常者）と（障害者)、生きる世界が違う」とされた「(障害者）に対する偏狭の認識」を打破する「共通の捉え方」ができないのかと、なんとなく思い始めていた。

5．関西のサマーキャンプに参加

1976年8月28日～29日　兵庫県うわの高原で開かれた関西青い芝の会主催の第4回「障害者と健全者の大交流キャンプ」に参加。28日、この日、あいにくの朝からの雨で新大阪の集合時には晴れ間も見えたけれど、バスの道中も雨が降ったりしていて、天気は良くなかった。うわの高原に着いた時（午後4時）にもあめが降っていた。山の道は雨にうたれてすべりやすくなっており、車イスも含めてキャンプ地に移動する。この日の夕食の準備の時、自閉症児の稲見和美（6歳）ちゃんが夕食の準備をしている最中に山の中で行方不明になり、遭難。地元消防団・警察署員に捜索依頼して、夜を徹して探したが見つからず、翌朝6時頃、前夜捜索した場所より上の山の畑（茶畑か）の中で無事見つかる。

1976.08.29 新幹線の車中にて書く。

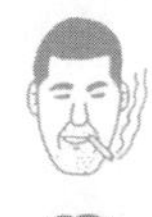

その中に、自閉症障害児の稲見和美ちゃん（6才）も親からはなれて一人で参加していた。和美ちゃんがいなくなったのは、夕食を準備している最中で各テントから男子が同じ班の女子のテントに移動し、一部では食事が始まっていた。午後6時を境に、第5班のテントからいなくなり、その後、テント地から少し離れた炊事場で和美ちゃんが一人で遊んでいたので、そこでお茶を用意してい

た人からテントへ帰るように言われたのを最後に、キャンプ地周辺からいなくなってしまった。

その直後、和美ちゃんがいなくなったのに気付いた2、3人が探し始め、6時半頃には第一次の隊を組んで、一度は炊事場の周辺一帯も探した。7時頃、全体の食事も終り、キャンプファイアの会場へ移動開始。移動終了。うわの高原管理者へ連絡をし、キャンプファイア開始とともに健全者中心に第2次捜索隊がだされ、テント周辺、炊事場周辺、キャンプファイア会場周辺、畑の道を中心に探したが依然不明。9時、家族への連絡、警察署への捜索依頼が出され、地元消防隊、警察署員の到着と共に、第3次捜索が開始された。重点は炊事場周辺の沢、テント地周辺のたばこ畑、キャンプファイア会場上の山の斜面。

10時にはキャンプファイアも終り、参加者の中の捜索隊要因45名前後を残してテント地に帰った。12時、2回目の家族への連絡、父親がうわの高原へ向かったとの連絡あり、一方、警察署では、警察犬の出動も要請していた。12時前後、第4次の捜索がテント周辺、沢、畑の中、和美ちゃんらしい泣き声を聞いたという山の上の畑の斜面の重点捜索に入る。依然行方不明。午前3時まで捜索は続けられたが、和美ちゃんを発見できなかった。この間、山の上から「みつかったかー」の声が「みつかった」と誤報され、一瞬、捜索隊の間にホッとした安心と喜びがひろがった。

結局3時すぎ、夜明けをまって捜索を開始することが決まり、一時中断。3時半～4時の間に父親到着。そのすぐ後、警察犬到着。警察犬による炊事場周辺からの捜索が始まるが、手掛かりなし。捜索の間、和美ちゃんを知って見ていた者が3、4人しかいなく、それ以上に和美ちゃんがどんな障害児なのかも、電話で親に確認しなければ判らなかった事などもあり、情報も二転、三転する。それで改めてみんなが和美ちゃんを知るキッカケとなったのだが、形のないイメージで和美ちゃんを求めての捜索は、見事に打ち砕かれてしまった。

夜明けとともに消防隊が到着し、第5次捜索に入り、重点はキャンプファイア会場上の山の斜面、前夜の捜索で泣き声らしい声を聴いていたという周辺、一方、参加者の捜索隊は、テント地周辺の森の中一帯を捜索した。6時ごろ「みつかった」の一報が入り、再度確認の上無事発見の知らせが伝わる。しかし、本当の和美ちゃんの姿を見るまでは、みんな安心できずにいた。その10分後には、消防隊員に背負われて和美ちゃんは無事広場に戻ってくる。父親と対面。和美ちゃん少し泣く。

捜索に参加した全員に囲まれて、着替え、マッサージなどを受ける。体は冷えていたが、山の畑の土の上にうつ伏せになっていたので、夜露による影響なく元気。病院へ連れて行くまでの間、私は濡れたタオルで土まみれの顔や手を拭きながら、始めて和美ちゃんと話をする。「ひとりであるいてたらくらくなったの」「うん」（声をなくうなずく）「くらくなったからひとりでねたの」「うん」「お茶をのむ」いらないと態度で示す。「はだしになって足がいたかった」「うん」こんな話をしながら、和美ちゃんはにっこりと笑顔になった。

和美ちゃんが行方不明にならなかったら、私たちは、キャンプを大人のペー

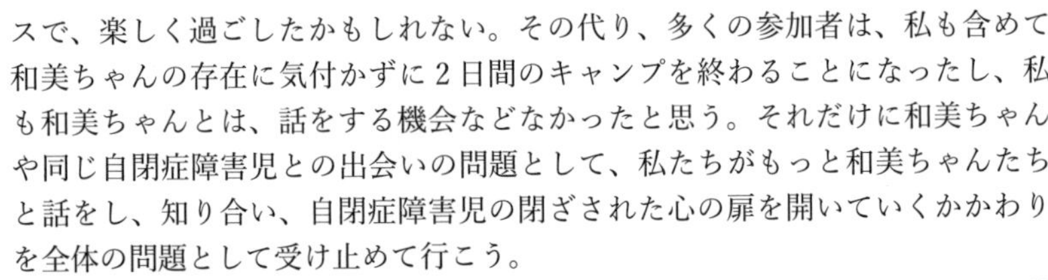

スで、楽しく過ごしたかもしれない。その代り、多くの参加者は、私も含めて和美ちゃんの存在に気付かずに2日間のキャンプを終わることになったし、私も和美ちゃんとは、話をする機会などなかったと思う。それだけに和美ちゃんや同じ自閉症障害児との出会いの問題として、私たちがもっと和美ちゃんたちと話をし、知り合い、自閉症障害児の閉ざされた心の扉を開いていくかかわりを全体の問題として受け止めて行こう。

私の和美ちゃんとの不十分なかかわりの中から気付いたことをいうと、和美ちゃんが、自分が何をしたのか、どんな体験をしたのか、自分は何をしたいのか、ということを自覚していくことが、言葉を取り戻していくうえで非常に大きなカギをにぎっていると思う。和美ちゃんのご両親にキャンプ参加者である私の至らなさをお詫びする。そして、願わくば、ご両親がこれにこりずに、これからもみんなが和美ちゃんを知っていく上で、さらに和美ちゃんの心の扉を開いていくうえでも、私たちとの交流の場をあらゆる機会を通していっしょに作っていき、少しでも多くの人が（健全者も障害者も含めて）和美ちゃんや他の自閉症障害児を知って、日常的なかかわりあいができるようにしたい。そんな出発点に私たちを初めて突き動かしてくれたのが和美ちゃんだった。

1976年11月5日 『障害者新聞』11号。軽井沢番外地－障害者編

軽井沢の民宿に宿泊予約して行った脳性マヒ者への民宿の対応の顛末

この後、遠藤滋と白砂巖は、それぞれの場で、自分の目の前の課題に取り組んでいき、しばらく行き来が途絶えることになる。

6.『芝本さんと私』 遠藤滋

注意　遠藤滋と白砂巖は、1985年以降、「ありのままのいのちを肯定、祝福して生きる」と決めて生きてきましたが、2010年になって、二人は『いのちは傷つき壊れやすい、けれど傷ついても自分たちのいのちは、けなげに自分たちを支えてくれているのだから、自分たちだけでも残りの人生終わるまで、「いのち」に「ありがとう」と言って生きていこう』と決めました。

この遠藤滋の『芝本さんと私』は、1985年以降、『ありのままのいのちを肯定、祝福して生きる」ことで、それまで後遺症を伴ういのちを生きてきたことで、「○○が悪い」とされ、「悪い体は劣っている」と思わされたことを、いのちがどんな姿をしていても、もう否定しないで（肯定して）祝福して生きれば、「悪い」とされたものは悪いものでなくなるし、そのことで抱いた「劣等感」も消し去ることができると考えました。それで二人は、自分たちが思い込んだ「自己否定観」を消し去ることができたから、いわゆる健常者の「自己否定観」も同じように消し去ることが出来ると考

えたのです。

でも、残念ながらそれは違っていました。私たちが決めた「ありのままのいのちを肯定、祝福して生きる」という言葉を、「いのちは傷つき壊れやすい」、だから『いのちが傷ついても傷つかなくても、いま自分を支えてくれている「いのちにありがとう」と言って、「ありのままのいのちを肯定、祝福して生きる」』と読み替えれば、2023年の現在でもすべての内容がそのまま通用する、二人が言いたいことを見事に言い表している、優れた文章なので、ここに再録しました。ただし、本書では、本書の流れにそって、遠藤滋の文章も分散して掲載しました。本文は原文のまま。

2023年2月　白砂巖

芝本博志さん。1992年7月9日逝去。享年49歳。

かれが都立光明養護学校高等部に在職中、好んで教材としで使っていた絵本があった。たしか『太陽のかけら』という題だったと思う。

ある時、地上が雪と氷にとざされ、動物たちが次々と飢え凍えて死んでゆく。そこに鳥たちの間から「誰か行って太陽のかけらをとってきさえすれば、みんな助かると聞いたことがあるよ。」という話が持ち上がる。が、誰も取りに行く者はなかった。その間にも、次々と動物たちは倒れてゆく。

そこで一羽の小鳥(たぶんヒバリだったと思う)が意を決して太陽に向かって飛び立つ。ところが、どこまで飛んでも太陽は遠く、そこにはなかなかたどりつくことができない。それでも小鳥は飛びつづけ、ついに太陽のそばに至りつく。そして嘴で太陽をつっついたとたん、小鳥は真っ黒になって地上へ落下する。小鳥が落ちたその場所から氷が融けはじめ、草木が芽吹き、春が訪れて、動物たちは皆救われる。

そんな話だっただろうか。

かれの訃報を聞いたとき、私はとっさにこのことを思い出した。ああ、きっとこれがかれの美学だったのだな。そしてかれは、そのとおりに生きてしまったのだな。・・それがまず、私の頭にうかんだ思いだった。かれの生き方は、まるでこの小鳥そのものではないか。

煙草を一日に何十本も吸い、夜などウイスキーをストレートであおりながら、ほとんど超人的な活動を続けているかれに、私は、実は以前から内心かなりの危惧と責任のようなものを感じ続けていた。はっきりいって、心配だった。

光明養護在職時代も、学校の仕事を家に持ち込みながら、和文タイプで

学級通信をうち、そのうえに夜中までかかって職場での私の「身分問題」を同僚たちに訴える文章などを作り、放課後は放課後で学校から生徒の家庭や彼らの進路となるあちこちの施設などを精力的に走り回っていた、かれの姿。仕事帰りに誰かと飲みに行くかとおもえば、それは私の「身分問題」解決のための闘いの布陣を敷くためのオルグ。ほとんど自分の家庭を壊すのもかえりみず、といった印象だった。

マルクス主義の思想と価値観・正義感を、障害者のありのままの現実の側へ引っ張れるだけ引っ張ろうとしたひと。これがかれに対する今の私の評価だ。

かれば絶えず被差別者からの糾弾をうけていないと、自分は真人間ではありえない、という信仰に近いまでの信念を持ち続けていた。

しかし､かれにとって自分自身の健康とか､からだとか､いのちとは､いったいなんだったのだろうか。実はずっと気がかりだったのだが、かれにはこの辺について妙に欠落したところがあったような気がする。

風邪で高熱を出して2、3日寝込んでいた私の枕元へやってきて「遠藤、いつまで休んでいるんだ。学校の状況はそれどころじゃないんだぞ。早く出てこい」などとどなって行ったかれ。きっと自分の健康についてもおなじような感覚でいたのだろう。その時々に私が自分の体調について話そうとしても、かれは「俺にはわかりっこないよ」とばかりにいっさい聞こうとしなかった。

障害を持つ者にとっては、その日その日の自分の体調というのは、すべてに優先する関心事である。それによって、その日にする事、できる事にメドをたてながら生きているところがある。知らず知らずのうちにそうしてきたことなのだが、かれにはそれは全く想像力の外の問題だったのだろうか？

もうひとつ、面白いといっては失礼だが、私がいつもちょっと不思議に思っていたことがある。

私はいわゆるシモネタ話がきらいだ。当時とは違った意味で今もあまり好きではないが、まして当時のことだからかれに対してそんな話をする事などあるはずもなかった。それでもたまになにかがあって面白い事実としてエロティックな話題にふれる事がある。するとかれはいつも「遠藤ってヤツは、面白い奴だなぁ」と笑いにまぎらして、そうした話題には決してのってこなかった。私は「オールド・モラリスト」というレッテルを、かれに献上した。

かれはいつも「権力にあげ足を取らせるようなことは決してしてはなら

ない」と構えて、特に男女関係の問題については過剰なほど厳しく公私のけじめをつけることに気を配っていた。そしてそれを、私にも要求した。そのあまり、性とかエロスについての真面目な話まで「個人的な問題」として逃げてしまうところがあったように思う。非常に進歩的な人であっただけに、私にはなんとも奇妙に写っていたことは確かだ。

ともあれ、かれは私にとって大切な恩人の一人であったことはまちがいない。同じ職場の同僚であり、友人でもあり、またよき先輩でもあった。当時にあっては、職場での私への差別問題に最後まで関わってくれた、ただひとりの同志ですらあったのだ。そのひとと後に不響和音を奏ではじめ、かれとの間に立っている場の違いを発見し、そのことをしっかりと伝えられずにそのままになってしまうなんて、当時の私には、考えるべくもなかった。私が歩けなくなって休職してしまったこと、そしてその間にかれが都立小平養護学校に異動してしまったことが、最終的には意外に大きな物理的障壁となった。

出会い

私がはじめてかれを意識したのは、1974 年の 4 月、都立光明養護学校に半月遅れで採用されてから何日かののち、校長室で行われた新人研修会でのことだった。そこには、同じ年の 4 月 1 日付けで新規採用された 5、6 人が校長をかこんでいた。その中に、関西なまりの、いかにも世馴れた口調で話すひときわ目立つ男がいた。それが芝本さんだった。

かれは私より 4 歳年上。私も回り道の挙句すでに 27 歳になっていたのだが、学生運動や当時の障害者運動のいくつかに首をつっこんだことがあるにもかかわらず、じつは意外なほど政治嫌いの政治音痴、また保護されて育った「障害者」らしく、世間知らずでもあった。だから、よけいにかれが大きく見えたのかもしれない。なにせ、私が政治的・社会的なことに関心を持ち始めたのは、まさにその政治嫌いが動機だったのだから。政治的な無関心が、かえって逆に時の政治に利用され、結局は巻き込まれてゆくことになるのだと学生時代にベトナム反戦運動への関わりを通して思い至り、それを拒否しようとしたのがはじまりだったのだから。

半年ほどは、それでもかれとのつきあいはほとんどないままに過ぎた。覚えているのは、ある時、職員室の自分の机のうえの本立てに、何気なく読みかけの新左翼系の著者の教育論の本を置いていたのを、「あれは置かない方がいい」と耳打ちされたことぐらいだ。言われてみればそのとおりだ、と思い、私はあわててその忠告に従った。

9月になり二学期が始まると、がぜんかれは私に接近を始めた。採用が半月遅れだった、というのがミソなのだが、表向きにはそれを理由に、当時私はさしあたり小中高のどの学部にも所属せず、もちろん受け持ちクラスも授業も与えられないまま、ひとり図書室にとじこもって、新しく購入した図書の整理をさせられていた。生徒たちと接する機会などほとんど皆無、といっていい状態だった。

詳しくは『苦海をいかでかわたるべき―都立光明養護学校での六年間―』(社会評論社刊) を見てほしい。要するに私のねばりに根負けし、教員採用資格試験を受けさせた都教委が、それに通ってしまった私への処遇に困り、当時の校長との間で「温情」の枠外採用(定数十1名加配)の形で光明に採用したのだが、教頭や教務主任などの抵抗にあって本当の事情が隠されていた、というのが真相だったらしい。いずれにせよこれは私に対する明らかな差別問題だったのだが、そのおおもとが隠されていたがために非常に屈折した、不可解な問題として後々までのこり、解決までにそれからなんと8年もかかることになる。

ともあれ、芝本さんは私自身や組合(東京都障害児学校教職員組合光明分会)の校長への対応を見るに見かねて、猛然と動き始めた。気にくわない相手なり動きの鈍い組合員なりをすべて悪者にしてしまうのではなくて、まわりの状況を冷静にみつめ、それをしっかり分析し、ひとりひとりの心やその行動を読みながらひとをオルグし、目的のための布陣を敷いてゆく。校長交渉などの場ではむやみに相手にどなりちらすのではなく、時にはおもいきり相手を持ち上げながらもいつのまにか論点をつめてゆく。その手並みの鮮やかさに助けられながら、でもこの時の私は、驚きをもってそれを学びつつもさしあたってはかれの敷いたレールの上に一方的にのっていくしかなかった。

また、すこしおくれて芝本さんは組合員の一人から、地域で学校に最寄りの小田急線梅ケ丘駅に車椅子用スロープをつける運動を始めようとしている卒業生がいるということを聞き込んできた。この運動に私をかかわらせる事によって、逆に学校での私の闘いを支えようと画策したのも、じつはかれだったのだ。

はじめ、私はこれに対してしりごみをしていた。学校で自分の問題を抱えているのに、それ以外の事にかかわりきれるとは、とても思えなかったからだ。しかし結局、私はそれにのってしまった。というより、私の性分として、実際に何かにかかわり始めると、どうしても放ってはおけなくて、最後まで没頭していってしまうことになりがちなのだ。ましてそれが地域の障害者を中心とした運動であれば、なおさらのことだった。

職場内からも、組合の有志として、何人かの教師たちがこれに関わってきた。

こうして、私は職場内では自分への差別に対する闘いを展開しながら、地域では駅改善運動の中心メンバーの一人に押し上げられてゆく事になる。小田急に対する要望書まで、最初の段階からそれを書き上げる役割を担ってしまったほどだ。

そのなかで、障害者であるなしにかかわらず、私は実にいろんな人々と出会ってゆく。排他的にならずに、ことにあたっては「原則的」に対応してゆく、という運動の進め方も、この間に身につけたものだ。芝本さんは、要所要所には顔を出し、時に交渉の流れを決定するような発言をしながらも、この駅改善の運動については、私に忠告めいたことは何も言わなかった。「イニシアティブをとらせておいてヘゲモニーを握る」というのが、冗談とも本気ともとれるような彼の口癖だった。たまに私が自分の判断に自信を持てない事があって、かれに相談する事があっても、たいていは「うん」とうなずいて、私の判断を支持してくれたものだ。

職場内では何回かの校長交渉のすえ、翌年度までには私の高等部への所属と受け持ちクラス、受け持ち時間などが決まっていった。最後にちょっとしたどんでんがえしがあったものの、この問題については、これで一応解決したかにみえた。

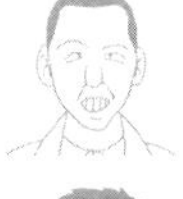

地域では小田急に対する運動が継続し、本社との交渉が重ねられ、その間に駅の構造について本社との共同調査も行われた。職場では私は、自分のクラスの運営や授業にかなりはりきって取り組み始めていた。

たしかその次の年、つまり芝本さんとわたしが勤め始めてか3年目にはいった頃だったと思う。毎年5月に行われる運動会の学年種目の練習を、校庭にあった朝礼台に並んですわって眺めながら、私がかれに言ったことがある。私の頭のなかで霧が晴れるように整理されてきたことがあったからだ。正確を期するために当時書きとめたメモがあるので、その冒頭をここに示しておこう。

「障害者問題とは、つまるところその『介助』をめぐっての諸問題である。障害者差別は、本人にとっては避けて通ることのできないこの問題が、人々にはまともに問題にされず、むしろ見事に避けて通られてしまうところに起こってくる。こう言いきってしまうのは、はたして間違いだろうか？」

障害者差別の本質規定については、当時マルクス主義的な解釈があって、障害者は労働力商品として、その市場からはじかれてしまうところに本質

があるとか、家族に障害者がいると、その世話にかまけて働き手はやはりその労働力市場で生き残れないとか、そういった程度の理解が一般的だった。それに対して、当時の青い芝の会の重度脳性マヒ者からは、「差別以前の何かがある」（横塚晃一著『母よ、殺すな』すずさわ叢書1）という形で、半ばは宿命論的ともとれる問題提起がなされていた。

芝本さんは私のこの話に対して「うーん」としばらく考えた上で、「なるほどね」とそれを肯定的に受けとめながらも、なお考えこんでいる様子だった。

じつは、それまでの十ケ月ほどの間に、象徴的な事件が相前後してふたつ、起こっていた。ひとつは私のクラスの生徒の一人に起こったこと、もうひとつは駅改善運動のまさに"いいだしっぺ"であった卒業生そのひとに起こったことであった。

両者に共通していたのは、家族がそれぞれの理由で本人の面倒をいよいよみきれなくなった、ということである。その結果として、本人はそれまでの生活を打ち切って、いやおうなくそれぞれの施設に生活の場を移さざるをえなくなったのだ。

私はその生徒をなんとか卒業まで、せめて学校に通える条件をつくってやりたかった。寄宿舎と家との間を、週末と週はじめに送り迎えする手さえあれば、少なくともその理由が額面通りなら、解決できるはずだった。また、その卒業生の場合は、せっかく地域で生活することを前提に運動をしているのに、施設へなどやってしまってなるものか、という想いがあった。それでは運動の意味さえなくなってしまうではないか・・。

芝本さんを始め、運動にかかわる全ての人を動員しての、条件づくり（介助者探しなど）が始まった。結果は、残念ながら「骨折り損のくたびれ儲け」。なんとも苦い数日を、二度も経験することになってしまった。しかも本当のもやもやは、必ずしも額面通りの理由にあるわけではなさそうなのだ。家族内部の複雑な利害関係、及び情愛関係が、必ずからんでくる。

私が後に「介護人派遣制度」の改善を求める運動を世田谷区に対して組織していったのは、こうしたことをその根元から解決しておきたい、と願ったからである。が、その拠り所となっていたのが自分で見つけた先ほどの認識だった。そしてそれは、単なる物取り運動ではなく、障害者の自己解放をそのおおもとから勝ち取って行く運動となるはずだった。

ともあれ、梅ケ丘駅のスロープ化運動は三年かかって成功を見、仲間たちは自立をめす障害者集団「ぐるーぷ。たびだち」を組織し、在宅障害者の家庭訪問や、彼らを外に連れ出すためのイベントを企画しながら、次の

課題を模索してゆくことになる。

7.「生活」そのものを問い返される闘い
（介護人派遣制度の改善に取り組む）

ここで思いもよらないことが起こった。頸椎の変形が原因で、私が三ケ月間、病欠することになったのだ。高等部の教師たちが私の代替要員を要求したことをきっかけに、さらにとんでもない事実が発覚した。「定数＋1」、つまり定められた職員定数に一名加配という形は、私が採用されたはじめの一年限りであったはずだ。しかもその一名は、私個人ではなかったはずであった。

それがいつのまにか固定され、遠藤は定数外要員だから、代わりの要員は要求できない、というのだ。私が持っていた授業時間には穴があき、解決したと思っていた問題はまた振り出しに戻ってしまった。

この問題の解決のためには、それからまた約五年の長い月日を要することになる。計八年もの間には、校長も教頭も、そしてまわりの同僚たちもどんどん入れ替わってゆき、時がたつにしたがって責任の所在も、問題のありかもますます不明確になっていった。私がその問題をもちだすたびに、「また面倒な問題を・・」という雰囲気すら職場には生まれていったのだ。しかも頸椎の治療のために勤務軽減をとらざるをえなくなったことが、この問題のすりかえに口実を与える結果ともなってしまった。事態はますます厳しくなり、それにつれて芝本さんも実は公私ともに非常にきついところに立たされていったのだろう。かれの私に対する忠告（相手に揚げ足をとらせないための）もだんだんに多くなり、忠告というよりは注文、時には強制に近いものにすらなっていった。

この時かれを支えていたのは、兵庫解放研（兵庫解放教育研究会）、なかでもその育ての祖である福地幸造氏の存在であったと想像できる。

私はといえば、何度も学校をやめようかと思いつつ、かれに叱咤されて思いとどまる、というようなことがたびたびあった。いわば闘病しながらの闘いである。どうせ命をかけるなら、「介助」の公的保障をめぐっての運動の深化の方に重点を移したい、というのが本当の気持ちだった。

「介助」保障の運動については、当初かれは「運動に広がりを持ちにくいのではないか」と言って、なかなか賛同してはくれなかった。しかし、この頃私が結婚して世帯を独立させ、子供も生まれるという事になって、この問題は私にとっても単なる一般論の問題ではなく、まさに自分自身の

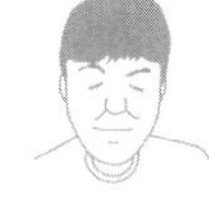

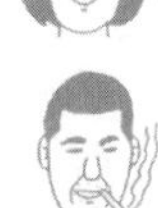

問題にもなっていった。というよりはこの運動を始めるという決意とある程度の見通しを立てた上で、結婚に踏み切ったと言ったほうがよい。芝本さんもこの時は私のアパート探しに力を貸してくれただけでなく、この「介助」保障を求める運動にもつきあいきる決意を固めてくれたようだ。その一方で、拠点となる「生活施設」づくりが二人の間で課題となり、論議の的ともなり始めていたのだが・・。

当時大阪では、関西青い芝の会が、脳性マヒによる重度障害者を施設や親元から乱暴ともいえるほどの勢いで大量に外へ引っ張り出し、アパートを借りて一人住まいさせてしまうという運動が起こっていた。通行人でも誰でも捕まえてきて介助者にしてしまおう、という程の威勢のよさだった。そこには自分たちを「あってはならない存在」としてしまう健全者社会やそのきれいな枠組みに安住している健全者たちへの糾弾の意味がこめられていた。私はそれにど肝を抜かれると同時に、おおいに勇気づけられたのは確かだ。

東京でも、施設（府中療育センター）から出て地域で生活を始めた障害者たち数人が、こちらは行政にたいする闘争を続けていた。ただしそれは主に生活保護の特別介護料（他人介護）特別基準を厚生大臣に認定させる、ということをめぐっての闘いで、生活保護を受けている者など一人もいなかった当時の世田谷の仲間たちには直接あてはまるものではなかった。唯一彼らが勝ち得た制度として、月にほんの数回程度の「重度脳性マヒ者介護人派遣制度」（東京都のみ）が手がかりとしてあるにすぎなかった。私はとりあえず大阪方式を導入しながら、なおそれを行政保障につなげてゆこうと考えた。

運動を組織してゆくいわば技術面では、それまで芝本さんから学んだことをフルに生かしていったといっていい。それに梅ケ丘駅の改善運動を通じて、ど素人だからかえって創意を凝らした面白い運動ができる、という度胸のようなものも座ってきていた。それになにより、行政用語としての「介護」という言葉に代えて、当時養護学校の中でしか使われていなかった「介助」（介助職員の制度が一時期あったためか）という言葉を積極的に置きかえ、それにまったく新しい概念を与えたという自負もあった。これは後に私が物事を考えてゆくさいの、キーワードにさえなってゆく。

運動の過程での、安倍美知子さんとのチームワークが、さらに私に自信を与えてくれた。さしあたって7人の仲間たちが中心になって、それぞれに自分たちの一日の生活を表にして、いつどういう介助が必要か、ということを明らかにした要求書を提出し、それについて交渉の場を設けること

を求めた。これに対して、はじめ、区はそれを無視してきただけでなく、世田谷肢体不自由児者父母の会の役員など、それぞれのおかあさんたちを通して、こうした運動をやめさせようと切り崩しにもかかってきたのだ。私自身と当時の障害福祉課長との折衝も不調に終わり、私たちは何回にもわたって区役所におしかけることになる。

私自身は仕事もあり、また社会的立場（それ自体が微妙で危うかったのだが）もあって直接その場にはいないことがほとんどだったのだが、そのなかでちょっとした小競り合いのようなものが起こったらしい。仲間の一人がそこを立ち去ろうとした障害福祉課長にしがみつき、そのとき傷を負わせたというのだ。相手が私たちを「暴力障害者」よばわりしてきたこと、それにそのとき回りを遠巻きにしていた、職員たちの一人から「おまえら、だれかのダシに使われているんだろう」というような発言が飛び出したことが憤激の種になって、抗議文を出そうということになった。その抗議文の文案作りを、安倍さんと私とが受け持つことになったのである。過去に再三引用した部分だが、その一節をここでまた紹介させていただく。

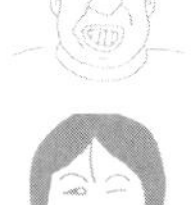

> （略）わたしたちは子供のころから、「自分のことは自分でやりなさい。できないところも精一杯努力してできるようになりなさい」としつけられ、教育されてきました。しかし、いくら努力してもなおできないことがある、という事実を正視し、それを出発点とすることは、残念ながら教えられてきませんでした。
>
> 自分でできないことはいけないことであり、他人の力を借りることはその人に迷惑をかけることになるのだ、という親や先生の言葉が目に見えない“おきて”となって、障害者として生まれてきたわたしたちの生活を縛りつけてきたのです。いいかえれば、こうしたことを「当然」とする世間の常識そのものが、「介助」の問題をその家族に、そして本人にしわよせ、押しつけ、これを問題としにくくさせてきたといえるでしょう。
>
> あなた方は、世の中にあるこうした現状をいいことにして、わたしたちが必死で突き出したこの問題、自分たちが一人のただの人として、世田谷という地域で生き抜くための当然の要求と、正面から向き合うことを避けようとなさるのですか？（略）

安倍さんは、梅ケ丘駅の改善運動の中で出会った仲間の一人である。彼女の詩にふれることによって、私はあたらしく障害を持った存在としての自分の詩心をひらかれたといってもいいほどの存在で、たびたび学校で私

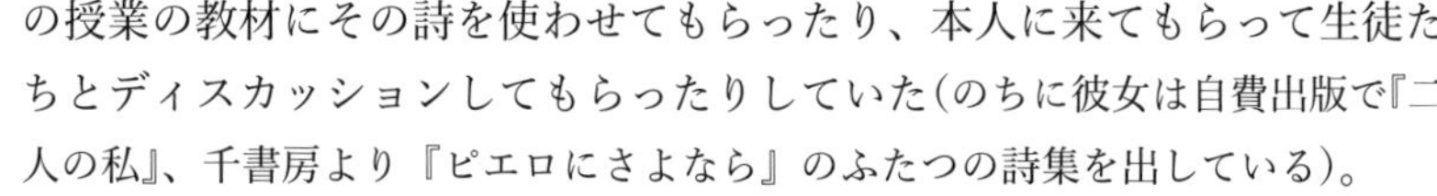
の授業の教材にその詩を使わせてもらったり、本人に来てもらって生徒たちとディスカッションしてもらったりしていた（のちに彼女は自費出版で『二人の私』、千書房より『ピエロにさよなら』のふたつの詩集を出している）。

しかし、この場合は役人たちのコケンと私たちの必死の強がりが正面から対時する、いわば政治的な空間である。自分たちの弱みは決して相手に見せてはならない、と普通なら考えるところである。

それを、ここでは弱みは弱みとして、いともあっさりと見せてしまっているだけではなく、問題の本当のありかを示し、おまけに“えとき”までしてしまっているのだ。もちろん、この前後は、わりに型どおりの「抗議文」の形になっているのだが・・。

役人たちの心を、それをもって揺さぶろうとしたのか、私たちを取り巻く人々の心の琴線に触れることで味方の団結を広く強いものにしようとしたのか。それはもちろん両方をねらったのだが、障害者が強がってみてもほとんど無意味であるだけでなく、逆に自分で自分のありようを否定してしまうことになる、という直感だけはあった。彼女が書いた文案を、少なくともこの部分については、私も原案以上にきっちりといかしたことを覚えている。

あまりにも意表をついていたせいだろうか。これを持って役所へ行き、この抗議文を読み上げた事務局員のH（軽度障害者）は、この部分にさしかかってつい涙声になってしまい、後で別の事務局担当のSに「敵前で泣くなんて」としきりとなじられ、からかわれていたのを思い出す。冗談ではない。敵前であろうとどこであろうと、泣いたりからかったりしている場合ではなかったのだ。なじった方もなじられた方も、軽度障害者であって、事務局の仕事はしていたものの、7人の当事者の中には入っていなかった。まずは7人の当事者と、どこで問題を共有できるのかを、しっかりととらえ直す必要があったのだ。

役人がそれで心を動かすほど、現実は甘くない。だが、仲間たちがそれで勢いづいたのは確かだ。自分たちが孤立したところから運動を始めるのはあたりまえ。そう心に決めてしまえば、もう恐いものはなにもなかった。「暴力」発言も「ダシ」発言も、そして親たちと決定的に立場を異にしていることも、やましいことでもなんでもなく、かえって格好の糾弾対象に変わってしまった。その延長で、この運動は区役所ロビーでの数日間にわたる座りこみ、そしてその内の数人のハンストへと発展してゆく。要求は「三項目」にまとめた私たちの要求をめぐっての、区長交渉だった。

予想をはるかに越えた展開に、今度は私自身が困ってしまった。次の手

がなくなってしまったのだ。仲間たちは現実になにかをとってゆこうというよりは、とにかくどこまでできるか自分を試してみよう、という気持ちの方が先に立っているようだった。引くにも引きようがなくなって、舞台裏で妥協策を探るしか手がなかった。が、私自身がその役割をするわけにはゆかない。第一、私は自分がそういうことが得意だとはどうしても思えなかった。

結局、Hをからかった例の事務局の責任者のSが、舞台裏にまわって折衝にあたることになった。仲間たちには全てが終わってからの事後報告、という形をとらざるをえなかったのだが、このことは代表者である私が了解し、Sと、ほかには事務局のHしか知るものはなかった。

ロビーで正規の交渉をもつ。そのさい30分ほどではあるけれども、区長が出て謝罪をする。翌年度から年度ごとに2回分ずつ計3年、6回分の介護料（都の重度脳性マヒ者介護人派遣制度）のうわのせを区独自におこなう。以後、残る問題については福祉部長、障害福祉課長の出席のもとで交渉を継続する。・・これが折衝で勝ち得た合意事項だった。

定刻どおりロビーのカウンター越しに区長が席につき、交渉が始まった。カウンターのこちら側には当事者7人を中心に障害者やほかの支援者たちが多数。向こう側には区長のほかに助役や福祉部長、障害福祉課長等が並び、実に多くの職員たちが遠巻きに見守った。

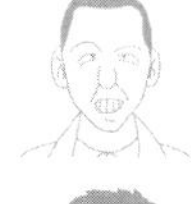

半ばは裏折衝での合意にもとづく大芝居だったとはいえ、こうして区との直接的な交渉の窓口がひらかれたのは事実だ。父母の会のお母さんたちの顔もみえた。当事者のOやYやJが「吠え」の砲列をしき、人情家肌の例の事務局員Hが時に「まあまあ」と言って間を取り持ち、私はもっぱら論理的に整理した形で正面から主張をつきだしてゆく。当事者の一人である安倍さんは輪の中心にいながらも寡黙に事態を見守り、Sが裏で走り回る、といった具合に、チームワークは結構誇ってもいいものがあったと思う。

芝本さんもこの時は最初に要求書を提出するとき同行して以来はじめて顔をみせ、なにか支援の発言をしていたように思う。

この時以来、何回かにわたって、福祉部との交渉がもたれた。主な争点は、今度は「緊急介護制度」の月あたりの限度回数を大幅にアップする、という問題だった。当時この制度は病院収容から、在宅のままでの介護者の派遣、というところまで認められたばかりであった。年に5回。それをちょうど次男が生まれる私の家庭を突破口に利用して、一挙に月5回を認めさせようというのだ。

結局これは成功するのだが、この間に、無視できない問題がふたつほど、

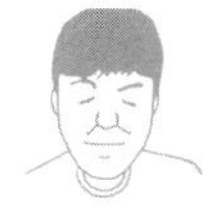

仲間たちの間に顕在化してくる。ひとつは、運動の主体であったはずの当事者たちと事務局との関係が、いつのまにか逆転してしまったことである。当事者代表である私と、事務局担当のＳやＨとが、あたかも指令塔のような役割を演ずる事になってしまい、他の当事者たちがむしろその兵隊であるかのような様相を呈してきてしまったことだ。

もうひとつは、行政に対して「介助」の保障を求めながら、その当人たちが実は自分の生活の中に他人を入れることに、少なからず抵抗感と戸惑いとを隠しきれなかったことである。少なくとも、それは例えば補装具とか自助具をよこせというのと同じわけにはゆかない。一口に「介助」の保障といっても、金を要求すべきなのか、それとも人（行政から直接派遣されるヘルパー）を要求すべきなのかさえ、当事者たちの間ではっきりと整理することができなかった。しかもそれに派生した問題がいくつか起こり、それになんら積極的な解決策が出せないまま、運動はただ既成の制度（重度脳性マヒ者介護人派遣制度、緊急介護制度、家庭奉仕員派遣制度）の拡充を求める、というところで低迷していたのだ。当事者が逆に事務局に叱りとばされる、というような事態がしばしば起こったのも、無理からぬことであった。なにせ、裏折衝を通して政治的な現実を握っていたのは事務局の方だったのだから。

今考えれば、「介助」は、今のようなこの資本主義の社会の中では、一定量の労働力としての側面を持たざるを得ないのと同時に、それはまさに直接的な人間関係の中にしか成り立ちえないものでもあったのだ。いわば介助する者とされる者がお互いの「人間関係」を開きあってゆく中でしか解決をはかれないものであり、さらに抽象的に「介助」といっても、さしあたっては当人が、いったいどういう生活がしたいのか、その中で自分が何をしたいのかによってその具体的な中身も変わってくる。本人としてはその都度自分のやりたいことをはっきりと他人である「介助者」に伝えることが必要になってくるのだ。「介助」をもし単に一定量の労働力としてだけとらえるなら、それはただ金銭的な保障を勝ち取るだけですむだろう。しかし実際には、この運動自体がそれまでの要求運動の形の中には収まりきらないものを含んでいた。

当時から私はそれを漠然と感じ始めていた。芝本さんとの間で「拠点づくり」の必要性をしきりと論じ始めたのも、こういう形での行政闘争だけではどうしようもないことを認めざるを得なかったからだった。

芝本さんは主に、当時年ごとに急速に障害が重度化・重複化していた光明養護の生徒たちを守る、という視点から、どちらかというと旧来の収容

施設に近いものを考えていた。旧来の施設との区別を、設立者の人格や、その思想の違いに求める傾向があったように思う。具体的な例をあげれば、栃木県真岡市にある泉園や、滋賀県彦根市にある有名な止揚学園などをイメージしていた。

これに対して私の方はこれまで自分たちが求めてきた「普通の」生活、いわば「健全者並みの」生活ではなく、介助が必要な障害者であることを逆手に取った新しい、オリジナルな生活や人間関係のあり方を模索し、創り出す場としての拠点を考えていた。あるいは障害者と、その介助者とが一町内に集まり、そこで周囲の人を巻き込みながら新しい人間関係を模索してゆく、などということも考え、それを実行に移そうともした。そのあげく、具体的には例えば当時山口県の萩市にあった土の宿（今は沖縄県の伊江島にある）がひとつのヒントとして浮かび上がってもいた。

私がそれを言うたびに、芝本さんは「立場が違うんだから、イメージが違っていてもいいんだ。」といっていたのを覚えている。この3箇所には、それぞれが手分けして実際に訪ねて行きさえしていた。

もともとの「自立の家」の構想は、実は区に対する運動を始める前に、今始めている「ケア生沼くらぶ」の相棒である白砂さんとはじめて出会ったとき、彼からもらったものなのだ。私はそれと「介助」保障の運動とをはじめから対にして考えていたところがある。障害者のオリジナルな自立は、なんとなく芝本さんを含めたまわりの健全者の感覚を、脅かすような雰囲気があったのだろうか？

私自身がこのころ迷いのなかで、悔しく思っていたことがある。それは、私が先に教師として「職業的自立」をしてしまっていたことだ。その基礎の上に家庭を持ち、子供が生まれ、その時点で改めて自分の「介助」付きのオリジナルな生活をその土台から創り直そうとしても、職場という大枠があるためにやることなすこと全てがいつも裏目裏目に出て絶えずひっくり返されてゆく。いくら無理にまた逆の無理を重ねても、結局はいわゆる「健全者」並みの生活パターンからのがれられないのだ。その結果として、その大枠のあり方を逆に問い返すことができない。

自分自身が作った家庭を、自分がまず積極的に否定してゆく側に立たざるを得ない、というジレンマに、実は私はおおいにあせっていた。夫婦の間の食い違いも、次第に大きなものになっていた。まして他の人たちがそこから先に進むのに二の足を踏んでいたとしても、それは何の不思議もないことであった。

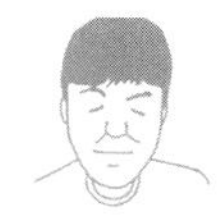

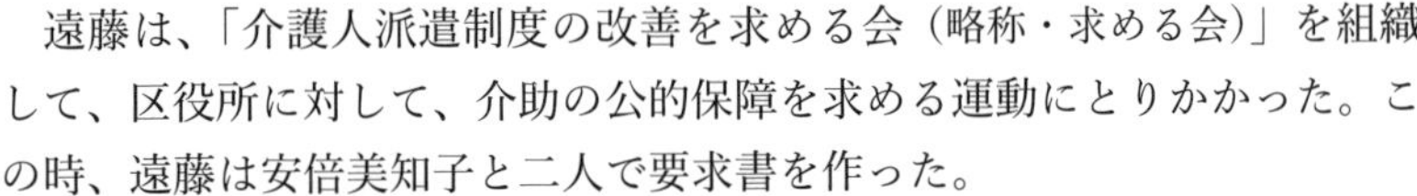

遠藤は、「介護人派遣制度の改善を求める会（略称・求める会）」を組織して、区役所に対して、介助の公的保障を求める運動にとりかかった。この時、遠藤は安倍美知子と二人で要求書を作った。

1980年、区役所交渉をし、1981年1月に出した通信「炎ほむら」に遠藤が書いた文章が残っている。

11月行動がきりひらいた地平　11・29「区長」交渉を終えて

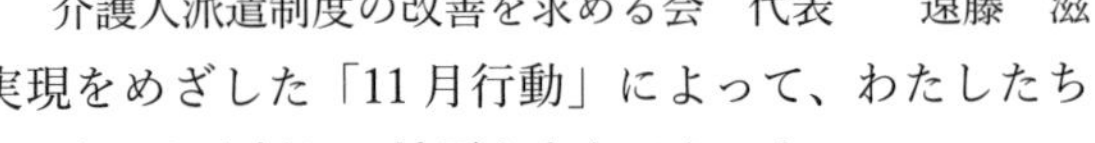

1981年1月1日

介護人派遣制度の改善を求める会　代表　　遠藤　滋

3項目要求の完全実現をめざした「11月行動」によって、わたしたちは障害者解放の闘いに、まったく新しい地平をきりひらいた。

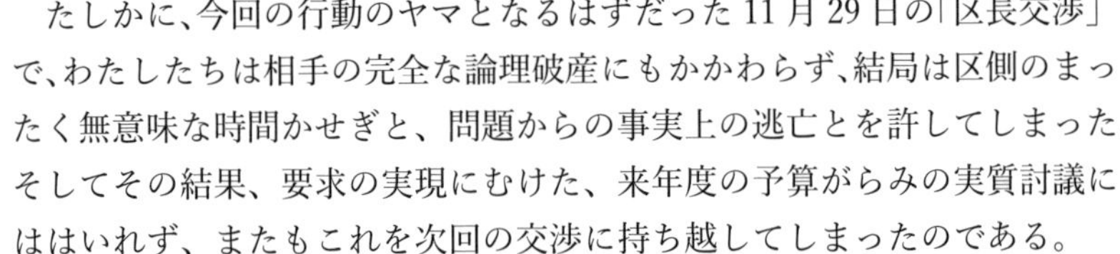

たしかに、今回の行動のヤマとなるはずだった11月29日の「区長交渉」で、わたしたちは相手の完全な論理破産にもかかわらず、結局は区側のまったく無意味な時間かせぎと、問題からの事実上の逃亡とを許してしまった。そしてその結果、要求の実現にむけた、来年度の予算がらみの実質討議にははいれず、またもこれを次回の交渉に持ち越してしまったのである。

しかし、それにもかかわらず、わたしたちはこの行動を通してはからずも切りひらくことになった思想的な地平について、はっきりと自覚しておかなければならないだろう。少なくともその自覚なくしては、29日の「助役発言」に対する糾弾の意味も本当には明らかにならず、したがって3項目要求完全実現をめざした1・23次回交渉にむけて、わたしたちの持つ弱さを克服し、闘いをさらに強化してゆくこともできないと考えられるからである。しかもこれに関して、自明のことなど、じつは何もないのである。

わたしたちは、とりわけ9月11日の交渉再開要求行動以来、絞りに絞り上げたわたしたちの3項目要求を、単に障害者の生活を部分的におぎなうための諸要求のひとつとして位置づけるのではなく、もっと基本的な、わたしたちの生活そのものを支えるのに不可欠の人権要求として主張すること。したがって、わたしたちの運動を単なる陳情活動に終わらせてはならず、再三のわたしたちの訴えにもかかわらずこの問題とまともに向きあおうとしない区のみならず、わたしたちのこの生活をかけた問題提起から身をかわすために、むしろ意識的にあの屈辱的な「3条件」を出し、交渉（話し合い）の継続すらも例の「お願い」―「お恵み」の図式の中へおさめ取ってゆこうとしてくる区行政に対し、あくまでこれを糾弾しきってゆく闘いとして取り組まざるをえないこと。――この二つのことを互いにはっきりと確認しあい、波状的な闘いをひとつ、またひとつと積み重ね、やりぬい

てきた。そしてこの運動の質的な転換＝高まりは、当然にもこの運動を担うひとりひとりに、ただの被害者意識による要求を拠り所とした自分のあり方からの、脱却を迫ったのである。

その間、わたしたちは少なくとも7人の当事者の全員、それに事務局を担う何人かのメンバーの間では、共にこうした主体として育ちあう関係を維持し、発展させてきた。おたがいにまったく「その人」でしかありえない立場に立ちながら、その立場をたがいに確かめあい、生かしきり、その全体が結局は、闘いの発展を支えているというすばらしい関係…。いや、9月11日の抗議行動、交渉再開要求行動そのものが、すでにこうしたすばらしいチームワークの中で準備され、かち取られたのだ！　一人、あるいは複数の指導的なイデオローグ、または外部の「黒幕」がでっち上げたものでは、決してない！

この時つきつけた抗議文の中で、わたしたちは行政側のこうした対応を支える「世間」そのものの構造を、次のように言いあてた。

「わたしたちは子供のころから、『自分のことは自分でやりなさい。できないところも精一杯努力してできるようになりなさい。』としつけられ、教育されてきました。しかし、いくら努力してもなおできないことがある、という事実を正視し、それを出発点とすることは、残念ながら教えられてきませんでした。自分でできないことはいけないことであり、他人の力を借りることはその人に迷惑をかけることになるのだ、という親や先生の言葉が目に見えない“おきて”となって、障害者として生まれてきたわたしたちの生活を縛りつけてきたのです。言いかえれば、こうしたことを『当然』とする世間の常識そのものが、『介助』の問題をその家族に、そして本人にしわよせ、おしつけ、これを問題としにくくさせてきたといえるでしょう。

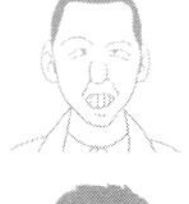

あなたがたは、世の中にあるこうした現状をいいことにして、わたしたちが必死で突きだしたこの問題、自分たちが一人のただの人として、世田谷という地域で生きぬくための当然の要求と、正面から向きあうことを避けようとなさるのですか？…（後略）…」

そして、問題の核心を射ぬいたこの発見こそが、わたしたちのそれ以後の闘いをみごとに支えたのである。障害者の裸のたましいによって見いだされ、とらえかえされたこうした思想的視野は、その後西倉福祉課長の「介護拒否問題」をもめざとくとらえ、これを追求し、糾弾しきってゆく中で、さらに深められ、いきいきと開花してゆく。

すでにこの時、わたしたちは新しい思想的な地平に、大きく一歩足を踏

み出していたのである。

福祉部のある職員がわたしたち障害者にむかって投げつけた「おまえら、ダシに使われやがって」という、いわゆる「ダシ」発言とならんで、西倉課長のこの「介護拒否問題」は、一見わたしたちの３項目要求の実現に関する問題とは無関係の、まったく偶発的に起きた、単なる個人の失態の問題にすぎないようにも見える。あるいはもっとかんぐれば、わたしたちがわざと問題をでっち上げて騒ぐために、故意に仕掛け、そのようにしたてあげたものとも受け取れよう。

しかし、それはあくまでわたしたちが形成しつつあるこうした関係の外側にあるものに抱く、多分に無責任な感想なのであって、わたしたちは西倉課長のこの「介護拒否」に、わたしたちとしてはどうしても見過ごせない、きわめて重大な問題を直感したのだ。

それは、区の福祉行政の担当官の、障害者の「介助」に対する感覚の問題なのだ。区の担当官は、口をひらけば「障害者の『介助』は、まわりの人がごく自然な形でするのが望ましい」という。しかしいざ自分がその「介助」を頼まれれば、「それは今のわたしの職務ではない」とひらき直る。それなら、世の中の人すべてがそうではないか！　わたしたちのところへは、学生さんたちの他に、近所のお母さんたちが、家事や育児のあいまをぬって「介助」に来てくれているが、これらの人たちが、いったいあり余る余暇の中で来てくれていると思うのか。主婦にとっては、今は現実に、自分の家庭の家事や育児をきりもりすることが、男たちの「職務」に対応するものともされているのだ！

実際に「介助」を担ってみれば、それがどんなに大変な事なのか、どんなにひと「仕事」なのか、わかるはずである。それがわからないのは、その担当官が、こうした現実感覚を持ちあわせていないからなのではないか？

「強要された『介助』はやりたくない」とひらき直る西倉課長を追及してゆく中で、思わぬ事態の発展にとまどいながらも、わたしたちはかろうじてこれを「障害者が来庁したとき、頼まれれば職員がすすんでその『介助』をするように指導せよ」という現実的、かつ具体的な要求として普遍化することに成功した。そしてこれは正しかったのである。こうした要求を掲げることによって、はじめてわたしたちはいわゆる「住民福祉」に携わる区役所の職員全体に、この問題への対応を迫ることのできる立場に立ったのである。

こうして闘いは11月8日から10日までの予期せぬ徹夜団交、そしてそ

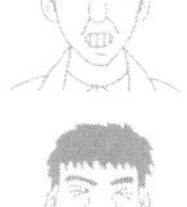

れに続く座りこみ闘争へと発展する。というのも、11月1日においてすでに西倉課長がみずからの誤りを認めていたにもかかわらず、小牧福祉部長がなぜかこれを認めずに逆に「かばう」ような態度をとり、西倉課長もこれにゲタを預ける格好で、理由も示さぬままわたしたちが突き出したこの新しい要求からただ逃げ回るだけ、ということになったからである。

「介助」の社会的な保証の完全な実現をめざすわたしたちにとって、その前提としてこの問題がいくら「ひけない問題」だったとはいえ、正直なところ、3項目要求そのものについての実質討議に入れなかったことは、非常に残念なことであった。そしてこれらの問題は、全てこの行動を通してかちえた11・29「区長交渉」へと持ち込まれてゆく。

しかし、それにしてもわたしたちの3項目要求への正当な対応を阻んでいるこの感覚、また、こうした感覚を問わずにすんでしまう福祉関係職員の「職務」とは、一体なんなのだろうか？

11・29区長交渉では、実質的には区長退席後、増村助役がわたしたちのこの「来庁時の『介助』」の要求に対し、「鋭意そのように努力したい。しかし、それはなにぶんにもボランティア活動になりますので…」と手の空いている職員個人の「自然な」自発性を強調したところから応酬が始まった。

わたしたちは、「それこそ問題のすりかえではないか。わたしたちが要求しているのは、少なくとも障害者が何かの用事で来庁した時、頼まれればいつでも「介助」できる態勢を仕事の一環として作れということなのだ。ただ個人の自発性だけに頼ろうとする限り、わたしたちはその人に対していつも「いい子」になっていなければならないし、今は忙しいから、といって、「介助」を断られる場合も必ず出てくる。そのようにしていつでも障害者の「介助」の問題は避けられてゆくのではないか。「まわりの人が自然な形で介助できるようになるのが望ましい」というのなら、まず役所の中にそれができるような態勢を作れ」と鋭く迫った。

これに対して区側のひとびとは明確に応えられず、ただ「それは業務命令にはできない」と頑張り、言葉を左右して助役発言を守ろうとするばかりだった。「介助は強制されてするべきものではないから…」というのがその理由である。それはそうだろう。だからこそ、わたしたちはその「業務」を、ただ与えられた、いわば「強制」されたものとしてではなく、もっと血の通った、自主的な判断を生かせるものに変えていってほしいのだ！福祉関係の仕事にこそ、今それが最も必要とされているのではないか？たとえ「喧嘩（けんか）」の相手であっても、「介助」だけはきっちりと保障してゆく。

それくらいの最も人間的な精神が福祉の仕事そのものの中に求められているのではないだろうか？

「強要された『介助』など、そもそもあり得るのか」、「業務命令を発することが、そもそも『介助』の場合できるのか、できないのか」などといったところで争うのをできるだけ避けて、わたしたちは、この来庁時の「介助」の問題を、「『仕事』のひとつとして、これを認められないのかどうか」、いや、むしろ「福祉関係のあらゆる業務を、それを基礎に置いて考えられないのかどうか」という問題として、徹底的にこだわりぬいた。

わたしたちの「介助」保障の要求が単なる機械的、あるいは「専門」的な労働としての「介助労働」の保障を求めた要求として常に矮小化されてゆくことに何とかしてくさびを打ち込んでおきたかったのである。わたしたちのこだわりは、きわめて正当なものであった。なぜなら、困った時に手助けする、その手が確実に保障されない、という障害者にとって最も深刻な現実は、ほかでもない、ひとびとのこうした労働観によって、…つまり与えられた自分の仕事を、ただ能率よくこなしていればよいという、あの、今の社会の貧しい労働観によって支えられているのだからである。しかし、交渉中２度も休憩をとり、そのたびに奥へ引っ込んで担当官どうしが意見調整せざるをえない状況を創り出していったにもかかわらず、結局わたしたちは、「前向き」のポーズだけ作って必死で防戦し、あげくの果てに苦しまぎれの山崎障害福祉課長代行の口からとび出した、例の「『介助』は専門的な知識や技術を必要とする仕事なので、専門の職員にまかせるしかない。もちろんそうした知識や技術を持ったボランティアの養成も課題だが」という発言にあらわれた区の担当官の、多分に本音と思われる感覚を、追及しきることができなかった。あきらかにその背景にある、区の福祉総合計画の問題点を引き出してこれを批判しきってゆくことが、今後の課題として浮かび上がってくるであろう。

社会的にはあきらかに必要な労働でありながら、こうした貧しい労働観が個別「福祉」の労働現場をも支配しているために、ここでも必要な労働として問題にならず、たまたまその必要の一部が満たされたとしても、やはりその労働は同じように貧しいものにならざるをえないという「介助」をめぐる構造…。これこそ、家庭の中に隠され、しわ寄せられた障害者の「介助」の問題を、さらに見えないものにしてゆく構造そのものといえるのではないだろうか。個別「福祉」の労働のあり方を問うことは、それを越えて、そのままに今の世の中のすべての労働のあり方をも、その地平の中で問うていることになる。

「11月行動」でわたしたちが切り開いたのは、実はこのような思想的な地平であった。それは、わたしたち障害者が、これと関わるすべての健全者とほんとうに「共に生き、共に働く（闘う）」関係を創り出してゆく際の問題解決の方向をさし示すと同時に、労働の場からしめ出されているわたしたち障害者からの、すべての労働者、さしあたっては地域の福祉労働者への、ひとびとの自己解放に向けた、熱い連帯のメッセージでもある！

生産労働第一主義を、ほんとうの意味で人間的にとらえ返してゆく使命を自覚して、福祉労働者は日々の実践を組み立てていってほしいものである。

くりかえすが、わたしたちの闘いに、自明のことは何もない。わたしたちは、むしろびくびくしながら、一人一人がお互いのチームワークにかろうじて支えられて、勇気をふるい、思いきって少しずつ本音を出していっているにすぎない。本音を一つ出すごとに、新しい世界が見えてくるのだ。

このことは、支援する学生部分に特に分かっていてほしい。わたしたちは既成のイデオロギーや価値観、行動パターンなどによって行動しているのではない。ましてや誰かの指令によって動いているわけでも、まったくないのだ。

わたしたちは、あなた方と、こうしたチームワークを共有できる関係をほんとうに見いだしたいのだ。障害者をめぐる客観状況については、ぜひとも謙虚に学び、見すえていってほしい。とりわけかつての府中療育センターの闘いには、学ぶべきことが多いであろう。一般には「奉仕者」と訳されているが、ボランティアの本当の意味は、「開拓者」なのだそうである。そこがまた日本の社会のミソなのだが、学生であるきみたちは、こうした自らの立場を自覚して、ぜひとも必要な労働の開拓者として活動していってほしい。

労働者の中に呼応する部隊を作り上げてゆくことが、わたしたちにとって最大の課題となることは、もはや言うまでもないことであろう。労働者は、それが可能な部分から、着実にこの課題に応えていってほしい。

最後にわたしたちの父母たちへ！　…言うべきことはただ一つである。わたしたちをかこいこむ発想をやめてくれ。わたしたちに代わって、全てをしょいこもうとすることをやめてくれ！　わたしたちが、一個の固有のたましいをもって、一つの人格として育とうとしていることをはっきりと認め、これを支援してほしい！　そうすれば、わたしたちはあなたがたを「敵」などとは呼ばず、最も強力な味方として、心から尊敬するであろう。

全てのひとびとに心をこめた愛を送りながら、この文章を終わってゆき

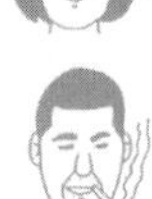

たいと思う。

11月行動がきりひらいた地平　その2

これは、今から約15年前、すなわち1981年の1月1日づけで、当時の「介護人派遣制度の改善を求める会」の機関紙『炎』の原稿として書いた文章である。

いま読むと、全体に '70年代以前のアジテーション風の口調で貫かれていること、そのためか、一つのセンテンスがやたらと長いのが目につき、なんとも面はゆい限りである。が、ここで表現しようとしていること、つまり当時この会の運動が持っていた新しい質、そしてそれが支えていたチームワークについては、なお無視できないものがあると思うので、あえてここに提示してみたい。

現在のわたしは、もう、ここにはいない。それについては、『だから人間なんだ』や、「ケア生活くらぶ」関係の文章など、比較的最近の文章をぜひ読んでほしい。しかし、4部仕立てで書かれている当時のこの文章の、特に2と3の部分は、意外にいまのわたしの立っている場所のすぐ近くまで迫っていることに驚く。その意味で、わたしにとって「求める会」の高揚期に書いたこの文章は、いまのわたしへの一里塚ともいえる。

この世田谷で、「求める会」の運動に関わった人たちが、いま、いくつかの流れを形成し、活動を続けている。そのうちの一つは、なお、交渉を通じて区行政との闘いをねばり強く進めている。

15年前に展開されていたあの運動を、いま、どう捉えているのか。ただ「古い」と言ってかたづけられるのか。「戦術的に過激すぎた」と言えばそれですむのか。当時より質的に後退してはいないか。あるいはパターン化し、マンネリズムに陥ってはいないか…。

とりあえず、そういったことをさまざまに検証してみるよすがとなれば幸いである。かつての仲間たち、そして現在それらの人たちと関わる多くの人々に共通の理解が生まれることを切に願って…。

1995年9月18日　遠藤　滋

本文中にでてくる言葉について

○ 三項目要求

1　重度脳性マヒ者介護人派遣制度の拡充・整備

イ．とりあえず月30回まで増やすこと

ロ．介護者の複数登録を認めること

ハ．障害者手帳2級まで対象を拡大すること

2　必要に十分応えられるだけの、家庭奉仕員の大幅な増員
3　今後の介助制度のあり方について、現場の奉仕員を含めたところでの検討会の設置

○交渉再開にあたっての区側の三条件
1　参加者を当事者である障害者と、その直接の付き添いの者に限る
2　前もって参加者全員の名簿を提出する
3　ヤジ、不規則発言はつつしむ

本文に書かれていることがらの前後関係

障害者7人が自分の生活に必要な介助を要求書にまとめ、それをもとに交渉が始まった。それを区側がたった一度で突然に打ち切ってくるという経緯があった

9月11日　交渉再開要求行動。「抗議文」を読み上げる

以後波状的な抗議行動。何度も区役所におしかける。西倉課長の「介護拒否」発言、職員の一人の「ダシ」発言、それにその場の思わぬ事態の発展（はずみ）にもとずく「暴力障害者」発言などはこの中であった

11月8日～10日　予期せぬ徹夜団交、座りこみ闘争

11月29日　区長交渉。一連の事態について区長が謝罪

1月23日　次回交渉

8．教師としての採用身分の差別に取り組む

これらの運動を支えたのが、安倍美知子・市瀬幸子・大蔵文雅・小佐野彰・須田雅之・日吉孝子・平田一夫・宮坂知孝・大和明夫・横山晃久たち当事者だった。遠藤は求める会のリーダー的役割をそんなに長くやらず、自身が抱える「員数外」という採用身分の差別という職場の問題に決着をつけるために時間を取られ、8年間のたたかいに没頭した。

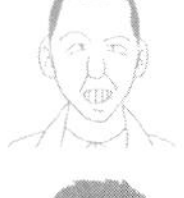

「身分問題」の解決

「芝本さんと私」より

「介助」保障の運動の実際の現場に、私は意外なほど立ち会っていない。それは職場に私自身が差別問題を抱えていて、その関係で立場が微妙だったからだが、自分がいない場所で起こったことを人から聞いて判断を下したり、問題を整理して運動に道筋をつけてゆくことには、かなりの無理があった。判断違いもかなりあったかも知れないと思う。

1982年は光明養護学校の創立50周年の記念行事のある年だった。高松宮も来るという。この際、これを逆利用して、それまでに私の「身分問題」に一挙にケリをつけさせてしまおう、というのが芝本さんとの一致した見解だった。この機会を逃したらもう決着の機会は二度とないかも知れない。

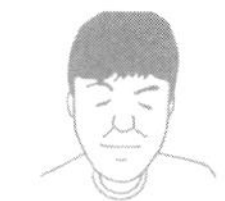

これまで職場内で出してきたパンフレットなどを集めた『苦海をいかでかわたるべき』を公にすることにしたのがひとつ。首をもかけた選択だった。また、本を出すのがそれ自体、こんなにも労の多い作業だとは思わなかった。

この作業が一段落した後で、芝本さんは当時のＰＴＡの会長に話を持ち込んだ。と同時に光明養護学校の同窓会である仰光会の会長の花田さん、副会長の春田さんにも話を入れ、私と直接話す機会を作るよう依頼した。

また、かれは都障教組（東京都障害児学校教職員組合）の定期大会に代議員の一人として出てこの問題を取り上げるよう最後まで食い下がったり、都同教（東京都同和教育研究協議会）に関わりをもとめ、その研究集会にも私と一緒に出席し、それぞれの分科会で分担して問題提起や報告を行なったりもした。もちろん、職場では高等部会で論陣を張ったり、組合の分会では比較的良心的な人を情宣部に集め、その会報を使うなど、職場の論調づくりに腐心したりもしていた。

その間に私は仰光会の花田さんや春田さんに数回会って事情を説明し、まずは調査を依頼した。彼らはしっかりと私の話を受けとめ、依頼を快諾してくれたが、しかしなにより決定的だったのは、地域で「介助」保障の運動をしていた仲間たちが、同窓会である仰光会の有志として下から論調を支えてくれたことだ。仰光会の会長や副会長といえども会員は多数、意見はまちまちであり、地域の若い仲間たちが総会などで明快に問題提起してくれることがなければ、なかなか動くことはできなかっただろう。結局、一番最初の芝本さんの読みどおり、やはり卒業生であるかれ等の動きが決め手となったのだった。

本を出したことについて、都教委の一部から公務員の守秘義務を犯したということで、「分限令に引っかけるぞ」との声もあったらしいことが教頭を通して伝わってきた。問題の決着のしかたについては、いくつかの資料が残されているので、それを見てほしい。多少玉虫色の所はあるものの、ここでもまた芝本さんの敷いたひとつひとつの布陣は見事に決まり、少なくとも形の上では闘いを勝利に導いたのである。

問題はこうした過程が､基本的なところではすべて芝本さんによって「お膳立て」され、あとは「おまえが主人公なんだよ」とばかりに私に託される、という形で進められたことである。もちろん、私の方が行動がずっと制約されているわけだし、かれが動けば同じことでもずっと速く済み、またこういうことは動けば動くほど情報も入りやすい。ある意味では仕方のないことだったのかも知れないが、障害者と健全者の関わりはこれでよい

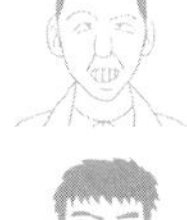

のか、というひっかかりのようなものを私は感じていた。特に問題の解決の最終段階では、まるでかれの指図で私が動かされているような感じさえあったからだ。

そのことを、後に私はかれに言ったことがある。そのときかれは「お膳立てか…」と考え込んでしまっただけで、何も答は返ってこなかった。

そのころ、私はむしろこれを私の側の問題であるかのように思いこんでいた。勤め始めた頃の「世間知らず」や「政治音痴」とでもいうような未成熟なものを引きずっていて、それをまだ克服できずにいるのではないかと。また、一方ではこれは健全者社会の大枠の中で行われることなのだから仕方がない、と思う反面、それをどうにもできない自分にあせりも感じていた。

しかし、今になってみると問題はむしろ逆だったのかも知れないという気もする。芝本さん自身がすすんでそういう役割を演ずることに自分の位置をみつけていたのではなかっただろうか？

私の「身分問題」が、採用後４年めになって皮肉にも３ケ月間の「病欠」によって改めて新たな形で発覚する、という事態になった後、たしかに私はいやになって何度もこれでやめようと思った。だから、仕事の上で私がしばしば手抜きをするようになっていたのは事実だ。自分の家庭のこと、そしてそれを支えるための「介助」をめぐってのこと、それを公的に保障させる運動のことなどに意識が移っていた、という事情もある。

ある教師がそんな私のことを陰で批判していたらしい。それを聞いた芝本さんは猛烈に怒り、同時に「このままにしておくと遠藤まで腐らせてしまう。」と感じて本気でその解決のために動こうと決心した。これは本人が私に語った話だ。

冒頭にも書いたとおり、かれは被差別者の側から絶えず糾弾を受けていないと自分は腐ってしまう、と本気で信じていた人だった。被差別者の解放のためには自分はその手足にもなろう、道具にもなろう。そのことでしか自分は許されない、と思っていたのではないだろうか。後になってから知ったことだが、このころからすでにかれは自分の家庭をも崩壊に導く結果を作っていってしまっていたらしい。かれは社会的な活動は語っても、自分やその私生活については、決して語りたがらない人だった。

これは先に書いた「普通の（健全者並みの）」生活の見直し、という問題にもつながることなのだが、かれは自分やその生活を自己切開できるひとではなかった。

八王子養護学校へ話しに行った顚末

このたたかいの中、遠藤は、八王子養護学校の教師仲間に呼ばれて、話をしに行った。以下は、脇田泰行の追悼文「遠藤滋さんを悼む」からの引用です。

遠藤さんと出会ったのは、40年以上前にさかのぼる。遠藤さんは、東京都立光明学校の教員。当時の私も八王子養護学校の教員。遠藤さんは日本で初めて障害者の教員として正式採用された。採用後、教員の定員数の枠外であることが発覚。「私を定数内へ！」「障害をもつ教師の存在を前提とした定数増を！」「恩恵ではなく労働の主体として捉えることを求める」「そうしてこそ、共に働くことの第一歩。そうしてこそ、子供たちのおかれた厳しい現実に、私たちが共にむきあってゆく出発点ができるのでは」と声をあげた。教職員組合（日教組）員である私たちに、問題提起をしたのでした。こうした要求は職場では、同僚の芝本博志氏と二人で孤立していると聞きました。「遠藤がまたさわいでいる！」「無視、冷笑、重い沈黙・・」。定数・身分の問題は、職場の中で曖昧なまま時間が過ぎていったようです。

私は、このままにしてはいけないと思いました。八王子養護学校で開催されていた、全国から参加者が集まる実践方向のシンポジストとして、遠藤さんに声をかけ問題提起をしていただきました。その発言の一部です。

『…労働はそれを自己表現することができなければ、とてもやっていられない、とわたしは思います。それができない職場であり続ける以上、たとえ「保護」の対象となろうとも、やめたほうがましではないか。しばしそこまで落ちこんでしまう、なまみのわたしがいます。同じ都立の養護学校でありながら、自分の職場でこんな状態にあるわたしが、こうして八王子養護学校に呼ばれるのは、何かとても皮肉です。八王子の先生方がもし何人かわたしの職場に転勤してこられたら、いったいどんなことができるのか。あるいはまた、かりにわたしが八王子に転勤してきたら、はたしてどういうことになるのか…』

障害のある教員は、一人の教員として認められないのか。遠藤さんは身をもって問うたのでした。

しかし、遠藤さんの「提起」に応えることができないまま、八王子養護

学校の多くの職員は、強制人事異動で他校に転勤させられました。私は希望しない府中養護学校に辞令が下りました。

三年後、私は学校卒業後の課題に関わろうと、教員を退職し「結の会」を立ち上げました。以来、一度もお会いすることなく40年が過ぎたのです。

同僚教師の芝本と『苦海をいかでかわたるべき』上巻を1982.1.25、下巻を1982,2.25に出版（社会評論社）して、この年に「身分問題」を決着させた。

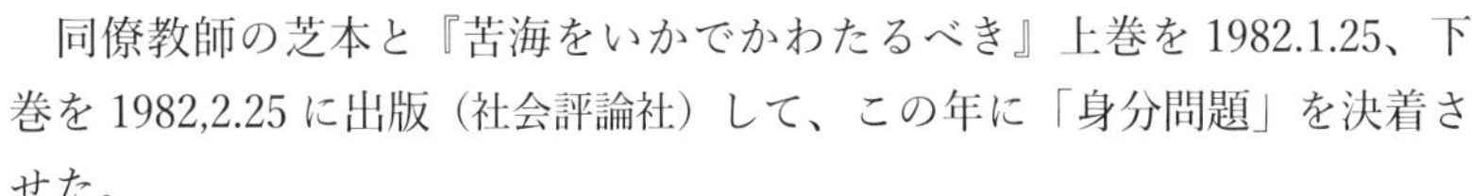

9．「歌はムゴにききやい」　「芝本さんと私」より

私の「身分問題」が8年がかりで解決を見た翌年度、芝本さんと私ははじめて同じクラスを受け持つことになる。

養護学校は現在、複数担任制をとっているのが普通だ。11、2名の生徒を3人なり4人なりの教師が協力して受け持つ。私たちの受け持つことになったクラスも、他に2人の女性教師を加えて、計4名でのチームワークとなった。

この年の高等部への入学希望者は、例年に比べてはるかに多く、30数名にのぼっていた。そのため、この学年は高等部としては異例の一学年3学級編成となった（例年一学年は2学級）。生徒たちの障害も全体にますます重度になると同時に、実に多様にもなっていた。

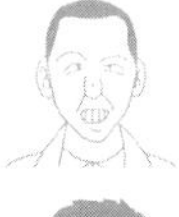

この時まで、実は芝本さんと私は同じクラスを担当したことはなかった。同じ学年を担当していたとしても、たいていは隣のクラスか、あるいは別の学年を担当した時期もあった。「この機会に同じクラスを受け持ってみようか」という希望がたいした抵抗もなく通ってしまったのは、二人が「身分問題」で大騒ぎをした直後だっただけに、かえってほかの教師たちにコンビを組むのを敬遠されたせいもあったかもしれない。

クラスを受け持つに当たって、私たちは3点にわたる合意事項をもった。ひとつは、生徒のうちで最重度の障害を持つ者を中心にして人間関係の輪を形成してゆくこと、もうひとつは、外に向かって積極的に友人づくりをさせてゆく事、そして最後に、できる者についてはどんどん親離れを促し、自立をさせてゆくことである。

さらに広く卒業生たちとの交流も、進路決定ともからめて作り出してゆけたら、という課題も話し合われていた。

学級通信を発行したのは、こうした方針を父母に伝え、理解と協力を得

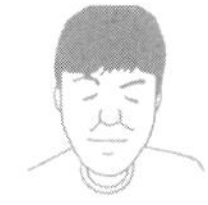

る為でもあった。もちろん学校での生徒たちの様子を報告し、家庭とのコミュニケーションを密にするという意味があったのだが・・。

『歌はムゴにききやい』という題は、芝本さんの発案である。「歌は口のきけない者にきけ、道は目の見えない者にきけ、理屈は耳の聞こえない者にきけ、丈夫な奴は耳ざわりのよい能書きしか並べないよ」というような意味の鹿児島地方の俚言からとったものであった。

この学級通信は、一週間ごとに4人の教師たちのもちまわりで発行された。芝本さんが毎号、冒頭に詩を持ってくるのに習って、ほかの3人もおおむねそういう形式に従ったが、わたしはそこに積極的に障害を持った人の書いた詩、しかもなるべく文芸性の高い詩を選んで載せてゆくことにした。例外はひとつだけある。障害を持つ先輩たちからのメッセージを伝えたいという気持ちが強く働いていた。

二人の女性教師たちのうち一人は、江口さん。冷静でこまやかな観察力を持つ、じつにしっかりとした人だった。まもなく産休補助でこれを引き継いだ萩坂さんも、なかなか暖かく、しかも新鮮な感覚を持った人だった。後に結婚して梶さんと名前の変わる江原さんは、この年度からの新人教師だった。

私が芝本さんとともに、かなりからだに無理をしながらも家庭訪問であえてすべての生徒の家をまわったのは、そうすることで学校でだけ見るのとは違ってはるかにその生徒の生活の全体像がイメージできるようになるからである。これは、8年かかって自分に対する差別問題を解決した私の、“やる気”の表れだった。しかし私の身体は、すでにかなりの機能低下の兆候を見せていた。

授業については、ここでは詳述しない。ただその形態については、一言説明しておきたい。要するにクラスの壁を取り払って学年全体で障害の比較的軽い生徒を「一部」、障害が重くて普通の授業形態にのらない生徒を「二部」として分け、さらに「一部」を能力別にa、b、cの3グループに分けていた（音楽と体育は別）。だから原学級に生徒たちが戻ってくるのは、朝夕のホームルームと昼の給食の時間、それに週二回の特設のホームルームの時間ぐらいのものだった。

クラスではじめに手をつけたのは、自立と親離れ（子離れ）への第一歩である。すでに一学期の内に、できるものから「自力通学」と称して、とりあえずは下校時にスクールバスを使わずに電車などの一般交通機関を使って家まで帰る、という練習を段階的に始めていた。最初は教師の誰かがついて、その次には最寄りの駅まで保護者に迎えにきてもらうように打

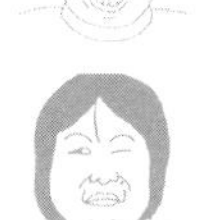

ち合わせておいてそこまでは独力で、という具合に。ここで明らかになったのは、たとえば授業でいくら文字を習っていても、駅などで実際の表示が読めないという生徒が意外に多かったことなどだ。気がついてみれば大いにありそうなことではあったのだが、こうしたことを素通りしてきていたとすれば、絶対に見過ごせないことだった。

次に手をつけたのは他校（普通高校）の生徒たちとの交流会である。どこかの学校にクラスぐるみでそれを引き受けてくれる先生はいないものかといろいろとあたってはみたのだが、なかなか思ったようにはならなかった。それでも学級通信にあるとおり、何回かの交流会はまがりなりにも持つことができたのだ。

この程度の交流会ではどうにもならない限界がある、ということぐらいははじめから分かっていたのだが、これが次に、学級内部、あるいは学年全体の生徒たちとの人間関係のあり方をとらえ返すきっかけとして生きてくるとは、私も思っていなかった。これは萩坂さんの生徒へのかかわりの、快ヒットだった。

学校での教師の生徒への、そしてその家庭へのかかわりが、例えばドラマの金八先生のように、すべてうまくキマってゆくものだとは、もとより思わない。まして私の身体の機能低下はますます進み、翌年度の11月にはついに歩けなくなって、休職へと追い込まれてしまったのだから、クラスの生徒たちの卒業までを見届けることができなかった。

それどころかそのころにはもう、私は通院のための週2回の勤務軽減の他に、有給休暇をほとんど使い果たすほど休みが多くなっていたのだから、現場での生徒との直接の接触も不十分になっていた。当然のことながら、私の学級通信にも、伝聞による記事が多くなっている。そして私が休職するのと同時に、なぜかこの学級通信は途絶えてしまう。

自力通学を手始めに親離れへの道を歩み始めた生徒たちがその後どの程度まで自信をつけ、それが自立生活や進路決定にどの程度役立ったかは、分からないというのが本当のところだ。それは卒業した生徒の一人一人にきいてみるしかない。それが教師の宿命、ともいえるかもしれない。

ともあれ、私たちが当時養護学校としてはそれなりに異色の学級経営を試みることができたのは事実だ。抽象的な学力や身体的機能を向上させるための学習を積み重ねることによって、なるべく健全者並みの人に近づけようというのではなくて、障害は障害としてまっすぐに受けとめたまま、具体的かつ実際的に、しかも差別に負けずに生きてゆく力を育てる。それまではやりたくても教師のチームワークの中でなかなか合意が形成できな

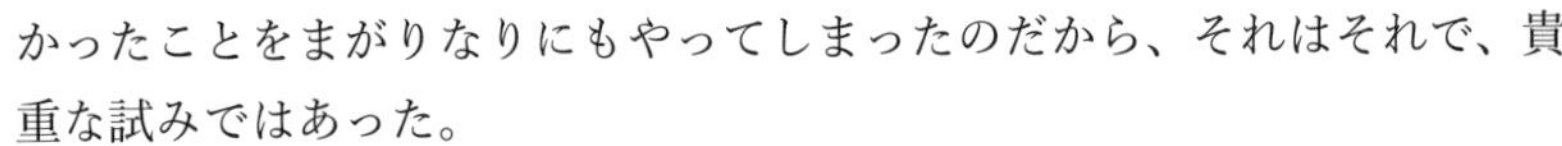

かったことをまがりなりにもやってしまったのだから、それはそれで、貴重な試みではあった。

ただ、ここで当時の私の限界が図らずも露呈してしまっていることを、私は今、はっきりと指摘しておかないわけにはゆかない。それは、私の学級通信のなかにも表れてしまっているのだが、ある時芝本さんに「あえてひとに迷惑をかけて生きていけ」という当時あたかも障害者にとって積極的な主張であるかのように言われていた言葉に、コメントを求められているくだりがある。それに対して、結果的に私は何やら煮えきらないことを書いてしまっているのだ。私としてはこういう主張はかえって消極的で、障害者だけにしか通じない単なる突っ張りのようなものに思えたし、それを合い言葉のようにしてしまうのは問題だと感じたのだが、たとえ私のそのコメントが率直で誠実な気持ちの表れだったとしても、なにせ答にはなっていなかった。私がそれに本当の答を出すのには、まだ一年程、つまり白砂さんとの再会というひとつの決定的なきっかけが必要だった。

10. すれちがい　「芝本さんと私」より

「あらゆる差別を許さない」というのが、芝本さんと私との合い言葉だった。私が職場での「身分問題」にこだわったのも、自分への差別を許しておいて、どうして生徒を差別から守れるか、という想いがあったからだ。当然、それは障害者差別だけでなく、すべての差別を許さない、ということになる。

芝本さんが私に共感し、自ら非常に無理をしながら「身分問題」の解決のために最後まで関わってくれたのも、私のそういう徹底した姿勢そのものに対してだったと思う。しかし、その延長上で同じクラスを受け持ち、お互いにもっとも近くにいる存在になってくると、かえってお互いの距離が測りにくくなるのも事実だ。それを無視したまま進むことの恐さを、後に私はいやというほど思い知らされることになる。

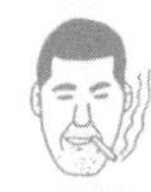

最初のきしみは、すでに同じクラスを受け持った年の夏に表れていた。この夏、私は芝本さんに誘われて兵庫解放教育研究会の研究集会に出席する。

「介助は俺がやるよ」とは言っていたものの、実は私は最初から何となく不安だった。なぜなら、かれが私の身体のことについて、妙に分かっていない、あるいは分かろうとしていない、ということはさんざん感じていたことだったからである。かといって、他に同行してくれる介助者を見つ

けるのも至難の技だった。炎天下、東京駅の新幹線のホームで待ち合わせて、二人だけで出かけて行ったのを覚えている。

二泊三日の大会日程の、その前日にたどりついて、その晩はよかった。翌日第一日目は詩人の石垣りんの講演だった。兵庫解放研の育ての祖である福地幸造氏にも、私はこの会場で初めて対面する。問題はその晩だった。

夕食の膳にビールなどがでる。かれの方には旧知の間柄の人がたくさんいて、解放研に固有の、部落出身者を交えての人間関係もあって話に花が咲いてゆく。

以前から、私は座敷に直に座るのは苦手だった。無理をして座って食事をし、さらにアルコールをいれてしまうと、それが裏目にでて、わき腹がつってきてしまう。そのときの痛さは、筆舌に尽くしがたいものがあった。

この時も、食事中、そしてその会が終わった後になって、ますます、ただただ涙を流して、おいおい泣いてしまうほどの痛みが起こってしまった。そこをなんとか揉みほぐしてもらいたいと思っても、アルコールで勢いづいているかれは、それを相手にしてくれない。しまった、恐れていたとおりのことが起こってしまった、とは思ってももう遅かった。

その晩はもう、ほとんど一睡もできなかった。「帰るしかない」と私は言い出した。

実際、私たちは肝心の分科会への出席をすべてキャンセルして帰ってきてしまうのだが、帰りの新幹線で、私がかれに何か言ったらしい。帰りついて数日してから、わざわざかれがやってきて、私はすごい剣幕で怒られてしまった。帰りの車中でのその発言が矢面になっていたのだが、私にはなぜ彼が怒っているのかが、その時さっぱり理解できなかった。つづいてかれが言ったのは、「介助者を人間扱いしていない」、つまり俺だって最後まで研究集会に参加したかったのに、遠藤のわがままのために帰ってこざるをえなかった、ということだったと思う。

何が何だか分からず、私はただ悲しかった。それだけではない。その時たまたま打ちかけていた福地先生へのお礼状が仮名タイプの中にはさんであって、その中で「みなさんがたが戸惑いながらも私を暖かく迎え入れてくださった」云々というような一句があった。それを捉えて、「戸惑っていたのは遠藤の方ではないか」とまで言い捨てたのだ。

今ぼんやり思い出せば、車中での私の発言は、たぶん「部落の中に生まれた障害者は、心に余計きつい屈折を植え付けられてしまうかもしれないなあ」というような内容だったような気がする。いい気なもんだ、とでもかれは思ったのだろうか。また、会場からの帰りぎわに冗談紛れに「もう、

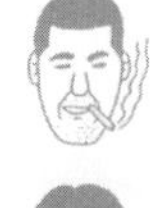

遠藤なんて嫌いや」（長谷川集平作「はせがわくん、きらいや」をもじっている）とそこにいたまわりの人たちに言っていたことも思い出す。

それでもこの時点で、かれとの関係をこわすわけにはゆかなかった。自分の責任とは必ずしも思わなかったが、しかしそういう事態を招いてしまったことに、しまった、という想いがあったのは事実だ。このままだと、二学期からクラスで本格的に始めようとしていることが全部ぶちこわしになってしまう。しかもこの休みの間に、借り物でない、障害者として独自の教材づくりを含めて、授業の準備にもこころおきなく取り組んでおきたかった。「介助」に関することや、また性に関することまで射程にいれて。

芝本さんは、ほとんど自分のことを話すことがない人だった。これはきしみというわけではないが、上記のことを解くてがかりとなることなので、あえて書いておきたい。生きていれば、たぶんかれはいやがるだろうけれど。

翌年の、やはり夏休みのことだ。養護学校が複数担任制をとっているとはいっても、その複数の担任の中に対外的な連絡の窓口となる役割をおく。ずっとそれをやってきたのはかれだったのだが、そのまま持ち上がった次の年度に、かれはその役割を、有無を言わさず私に渡してしまう。

考えてみれば、それは夏休みに中国へでかける布石でもあったのだが、休みの終わり頃帰ってきて私の家にたちより、前にあった児童公園のベンチに私を呼び出して、突然かれはさめざめと涙をながしながらあることを語った。

いくら故人になっているとはいえ、本人が語りたがらなかったことなのだから、やはりそう詳しくは書くまい。要するに、かれはそのときそうとう以前から家族とは別居生活をしていたのだということ、それを知っているのかいないのか、誰も何も言ってこないというようなこと、遠藤はそれに気がつかなかったのか、というようなことだった。

女房の勤めている学校の校長は気づいていないはずはないだろうに、東京というところの人間関係は冷たいとも言っていた。前年の秋、クラス全員が教師も含めて家族ぐるみで代々木公園に集まって交流会を行ったときも、実はすでにそういう状態にあり、確かに奥さんも子供二人も参加してはいたが、あれは精一杯のお芝居だったということだった。

あれほど公私を区別し、権力に揚げ足をとらせてはならないと私的なことについてはほとんど何も語らなかった人である。私に対してすら、ずっとそれを貫いていた。その人がそんなことを語りだしたのだから私はびっくりした。そうだったのか、とも思った。しかし私には何も言うことができなかった。

私の「身分問題」に最後までつきあってきてくれたかれに、責任のようなものも感じた。かといってそれはかれ自身が進んで選んできた道でもある。仮に「すまない」といってみても、「ありがとう」といってみても、それはそんな場にはそぐわない言葉だ。だからこうやって学校でがんばっているのだ、と心のなかで繰り返すしかなかった。

が、かれはこうもいうのだ。遠藤の方がそのへんのことにはバランス感覚がある。利口だ、嫉妬心をも感じる、と。ちょうどそのとき、アパートの部屋の前に子供二人と妻とが出入りしているのが見えていた。冗談ではない、私のところでも家に介助者をいれるいれないで、夫婦の間でいさかいを繰り返していたのだ。

いずれにせよ、かれが私の前で涙を見せたのは、後にも先にもこの時一度限りだった。かれは明らかに自己矛盾におちいっていた。

かれとの間のきしみといえば、もうひとつ、ふに落ちないことがある。私の「身分問題」が一応の決着を見た後、現場で同じクラスを受け持つと同時に、もうひとつ、始めたことがあった。東京都障害児学校解放教育研究会なるものを組織しようとしたことだ。これは、私にとってもぜひ必要なことではあった。

未解放部落を抱えた学校などには、地方によって部落解放運動のなかでかちえた「同和加配」という制度がある。同和教育（解放教育）をおし進めるための積極的な意味をもった加配だ。組織的な運動をバックに、実際に部落出身の教師などがその任務を持って配置される。

ところが私の場合は、障害者運動の中にそうした目的を持った運動も組織も持っていなかった。理由のない加配は次の年度には必ず解消されなければならない。それを「既得権として解消しない」との約束で手を打ったのは、いわば苦しまぎれに、加配の積極的な意味を私が自分の責任として引き取る、という形をとるしかなかったからだ。運動としてあるのは15人もいるかいないかの地域の仲間たちだけであり、かれらとの橋渡しをすると同時にもっと広く普遍的な役割を持った組織がどうしても必要だった。

問題はご多聞にもれず、「身分問題」の時と同じように、かれが私とさえたいしてつっこんだ話もしないままに、そのためのお膳立てを始めたことだ。私の体力がぎりぎりの状態にあるということは私自身がしきりに言っていたので、それもやむを得なかったことなのかも知れないが、それにしてもぎこちないところがしばしば感じられた。

たとえば都内の障害児学校などでさまざまな運動にかかわっている教師たちや、他の地域でさまざまな運動をしている障害者たちの何人かと個別

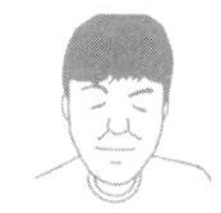

に話し込んでみんなで集まる機会を作る。そうしたとき、私が行けない場合がある。誰がなんと言っていたか、良いことでも悪いことでも、いちいち私に耳打ちしてくるというのがかれの常だったのだが、私が考えるはずのないこと、非常に心外なことがらで私のことがこきおろされて、それが原因でその場がこわれた、というような報告が混じるようになった。

いちいちここに書いてみても仕方がない。ひとつだけあげれば、かれと同じクラスを受け持った年度の終わり頃、私は妙に虚無的な精神状態に陥っていた。37歳という年齢がなぜか急に意識にのぼり始めたのだ。2倍すると74歳。今の身体の状態からしてそんな歳までまず生きてはいられないだろうな、とふと思ったのだ。だとしたらいつのまにかもう人生の半分以上は終わってしまっていることになる。つい1、2年前までは私は職場で妙に若僧扱いだった。芝本さんはかれの流儀で問題を詰めてゆき、その場で解決のつかない問題はさっと先送りしてしまうが、このままいったら最後までそうなってしまうのではないか。そもそも、職場に入って以来ついに私は自分の土俵では相撲をとってくることができなかったのではないか?

クラスの連絡がかりを年度替わりにあたって半ばむりやり引き継がされたときも、そんな気分のなかで、生徒全体のことをさえ自分で把握しきれないような身体になっている自分が・・、と自嘲気味に地域の仲間の一人にもらしたことがあったほどだ。

その話がなぜか私がいない時の解放研の準備の会に出され、それを「遠藤は正担任になったといって得々としている」というふうに受け取った人がいたらしい。ありがちなことではあるのだが、それがもとで醜い足の引っ張りあいのような論議になり、一人また一人と席を立って帰ってしまった、というような報告がかれから入った。それがさも私の責任であるかのように。私に言わせれば、その場でちょっと反論しておいてくれればそれで済んだことだろうに、というのが本音だった。

表面上は立てあいながらも、その実何となくギクシャクした関係がかれとの間に生まれてきていた。それでもこと「介護人派遣制度」の運動の件になると、かれは私の一見「過激」な路線を支持してくれ、行動を共にしてくれていた。

話は前後するが、私の「身分問題」が決着したちょうどその翌年、突然に厚生省からホームヘルパー(家庭奉仕員派遣)制度の有料化の方針が出されてきたことがあった。地域の仲間たちは、当然にも対区交渉でこれに対する区の対応を確かめ、それを追求すると同時に、都内各地の障害者たちや全障連（全国障害者解放運動連絡会議）の人たちと共に都の福祉局を相手にそれを阻止するための闘いを組織してゆく。厚生省へも攻め上る勢いだったのだが、あまりに抜きうち的だったために準備を整えることができず、かろうじて東京都レベルで世帯の収入に応じて実施し、低所得層の無料枠をできるだけ広げる、というところで手を打たざるを得なかった。

そんな動きのなかで、夕方から始まった都の福祉局との交渉が深夜から明け方までの徹夜交渉になってしまったことがあった。当然翌日は、私は学校まで出勤して行けるはずもなく、休暇をとって家で休むしかなかったのだが、芝本さんはここにも参加していて、翌日はそのまま学校へ出勤して行った。

ちょうどかれと同じクラスを受け持った直後だったが、組合の定期大会に私が代議員の一人として出て、この問題への組合の取り組みの鈍さを批判し、問題提起を試みたことがある。一人の発言時間が3分と決められていて、私の発言のスピードではその枠にはとうてい収まりきらず、議運がマイクを切ってしまったということもあって大会が紛糾し、組合の主流派と反主流派との間のヤジや怒号のなかに巻き込まれただけで終わってしまう。しかしこの時分会から代議員の一人として立つことができたのも、芝本さんの工作によるところが大きかったことは確かだった。

後に私は『おおそらごとの形なり』という題で、この時自分が言おうとしたこと、そして大会のあり方への疑問と批判、また結局は茶番の中に紛れてしまった自分の姿を非常に突き放した形で書きはじめた。しかしそれも、かれとの間に生じた行き違いやギクシャクした関係のなかで、とうとう書き上げずじまいで終わってしまう。かれが中国から帰ってきてから2カ月もたたないうちに私は歩けなくなって、それから1カ月後には病欠となり、翌年度の5月には休職扱いとなる。

かれとのすれちがいが決定的なものとなってしまったのは、それからまもなく、つまり同じクラスを受け持ってから数えて3度目の夏だった。

地域の仲間たちの間では、それ以前にヘルパー問題の決着への過程が、なしくずしに条件闘争に変わってしまったことをめぐって、意見の対立と混乱が起き始めていた。その裏に、前に書いたような当事者と、当事者代表であるはずの私を含めた事務局との逆転した関係が潜んでいたことを私は痛いほど感じていたが、事実上、私はもう、その問題の整理にはかかわりきることができず、会の代表をOにゆずった後で、あえて投げ出す他はなくなってしまった。

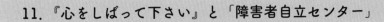

11.『心をしばって下さい』と「障害者自立センター」

白砂は戸田二郎と相談し、堀勝子が岐阜に引っ越しして、介助してくれる人を集めるために、彼女の詩集作りで人集めをし、詩の選択・編集に関わってもらい、本作りを始めた。この本作りの仲間に、脊椎後遺症の福森慶之助と脳性マヒの藤岡耕二がいて、写真植字を担当したのが、戸田二郎と福森慶之助と白砂だった。

1977年3月30日　『障害者新聞』16号。新幹線の車いす指定
1977年5月20日　『障害者新聞』17号。いま赤堀さんは
1977年6月25日　『障害者新聞』18号。道ゆく人たちへ
1977年7月25日　『障害者新聞』19号。『車いす』議員の登場
1977年8月10日　『障害者新聞』20号。あるスモンの会の討論
1977年9月1日　『障害者新聞』21号。障害者卓球大会・東京
1977年11月5日　『障害者新聞』22号。『手話はめざわり』をめぐって。二人の私。
1977年12月31日　『障害者新聞』23号。情報から『自立』への転換
1978年1月30日　『障害者新聞』24号。君はチャーリーを見たか

1978年3月　山口の「土の会」に」触発されて、『障害者自立センター』構想を文章にまとめる。

この本の最後に、白砂は、「障害者自立センター設立について」と題した一文を書いて構想をぶち上げた。だが、一文を印刷してから、私は、「障害者」というキーワードだけで突き進んでいくことに踏み切れないでいました。それは、(障害者）のとくくって、「後遺症者だけで生活の自立を」と言っているだけでは、(障害者）と（健常者)、「支援される側」と「支援する側」の溝は解消されない。

これでは、(障害者）と（健常者)、どこまで行っても共通の土俵に立てないし、表向きは仲間に見えても、「支援する」「支援される」関係を超えられず、利用し合う関係しか成立しないことになる。当時の私たちは、何となく違和感を持って、当事者の先達の考えとは違う、後遺症のあるなしにかかわらず共通する土俵に立つ考え方があるのではないかと、おぼろげに思っていたに過ぎない。だから、「(障害者）と（健常者）の壁をなくすにはどうしたらよいのか？」という問いに、明確な答えになる言葉を見いだせず、溝を取り払う考えや立ち位置を見つけるために、私たちには時間が必要だった。

1978年3月30日　『障害者新聞』25号。しせつせいかつ。CPとして。

1978年4月20日　堀勝子の『心をしばって下さい』を自主出版。これ以降、雑誌『新地平』の作製から手を引き、同時に、高校時代から続いた仲間との共通の場を持つ時間も失う。

1978年4月30日　『障害者新聞』26号。本の紹介『心をしばって下さい』

1978年11月10日　『障害者新聞』28号。視覚障害者からの問題提起

1979年1月25日　『障害者新聞』29号。口述筆記の思い出　横塚りえ

1979年3月20日　川上千鶴子の『アパッチの歩んだ5年間の日々』を作成。

1979年4月10日　『障害者新聞』30号。突然体が動かなくなって

1983年5月30日　新井健司さんの『暗雲の街』を作成。

1984年12月　「冤罪と人権展」

1984年12月23日　冤罪と人権展「野間弘・山下菊二・司修さん」の鼎談。この時、山下菊二さんを知り、『だから人間なんだ』の表紙絵を依頼することになる。

1986年11月23日　山下菊二さん死亡。67歳。急性心不全。葬儀に参列。「冤罪と人権展」を無実連で企画したとき出会い、『だから人間なんだ』の表紙絵を描いてもらったシュールレアリスムの画家。

1986年11月28日　山下菊二さん宅に遠藤滋氏・介助の豊田君と山下昌子さんを訪ねる。

1986年12月8日　「ありがとう山下菊二さん」を書く。

12. 死刑囚にされた赤堀政夫の支援活動に参加

白砂は、「全国障害者解放連絡会議（全障連）」結成後、出会いからしばらくは、遠藤宅へ行き来していた。けれど、「全障連」が運動の柱にあげた「養護学校義務化反対」の運動とは別の、「精神障害」を理由の一つにあげて死刑判決を下され、死刑囚として無実を訴えていた赤堀政夫の支援を掲げたことで、地元静岡県島田市の「島田事件対策協議会」や「関東赤堀さんとたたかう会？」と出会って、主に、裁判記録に接して、無実の証拠探しの勉強会などに参加して、東京と島田市を1か月に1度は、行き来するようになった。

1976年8月以降1989年まで、白砂は、冤罪死刑囚・赤掘政夫（島田事件）の支援に関わる。

赤堀政夫の支援活動に重点を置いてかかわるようになって、遠藤滋との二人の行き来はしばらく途絶えた。

1977年2月21日 Am10:35 ～ 10:55 仙台刑務所で赤堀政夫と面会

1979年6月2日　『日本の救援運動を闘いつづけた檜山義介追悼集』を作成。

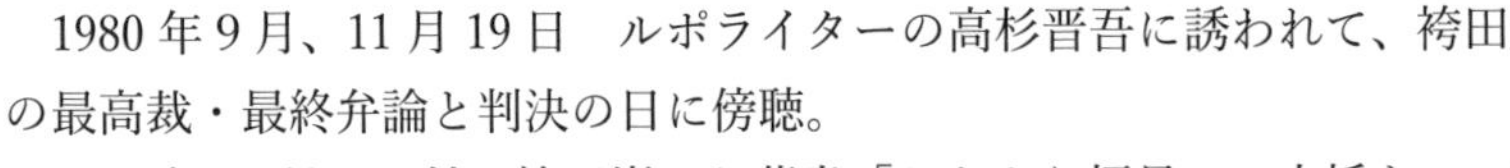

1980年9月、11月19日　ルポライターの高杉晋吾に誘われて、袴田巖の最高裁・最終弁論と判決の日に傍聴。

1980年12月5日付　袴田巖から葉書「おたより拝見・・支援を・・宜しく・・氏のお名前が巌で、他人と思えません」と返事を受け取ったこともあって、袴田の支援に私もかかわるようになりました。その後、『雪冤・島田事件』の出版後からだと思うが、袴田巖の支援活動にも取り組む。しかし、当初は、事件の裁判記録を手できませんでした。

1986年からの1年をかけて、直接、佐野久子を連れ去った犯人の目撃証言と赤堀政夫が供述したとされた調書の分析に取り組んだ。原稿をまとめるのに1年4か月かかる。この作業に入る前、当時行動を共にしてきた人からは､赤堀政夫の供述調書を（今さら）調べ直しても何も出てこないよ、といわれ、それでも、自白調書があるから犯人に違いない、と言われつづけてしまうから、出来ればこの調書を潰しておく必要がある、と単純に考え、何が判るかわからないけれど、供出調書と目撃証言の分析を始めることにした。

この時の私の背中を押したのが、当時、東芝から発売された中古のワープロを入手できたことと、高校2年の時、担任だった坂本育雄（彼は廣津和郎の文学の弟子だった）から、松川事件の支援で活躍した廣津和郎の話を聞いて、私が感銘を受けていたからだ。自分の意思を貫いて、廣津和郎の『松川裁判』を参考にして、分析に取り掛かった。でも、この時、ワープロを手に入れなかったら、分析に取り掛からなかったと思うほど、ワープロには世話になった。

この分析を通して、最後に判明したのが、犯人が久子を連れて、最後に目撃された島田市の大井川にかかる蓬莱橋を渡っている。この時、犯人は、橋番の人に「橋銭は帰りに払う」といって橋を渡り、牧之原台地へ向かった。久子はその崖沿いで見つかった。

地域の住民がお金を出し合って維持管理されていた蓬莱橋の橋銭は、事件当時の1954年3月までは往復5円片道3円だった。しかし、赤堀政夫が逮捕されたのが5月で、蓬莱橋の橋銭は、4月1日から、往復10円片道5円に値上げされていた。赤堀政夫は1954年3月初め、兄から仕事を探すように言われ、家を出て一旦は東京の上野駅まで歩いて辿りつくが、改めて歩いて西に向かい、5月に岐阜県で見つかり逮捕された。彼は、値上げされた、自身が知る由もない橋銭を供述させられていたことになる。

第３章『だから人間なんだ』の本作り

こんな二人が、改めて面と向かって再会したのが、1984 年の秋。「世田谷雑居まつり」の日だった。白砂が参加していた「無実の人を救おう連絡会議（無実連）」で冤罪を訴えるために、この祭に参加し、お店を構えることになった。しかし、たまたまフライパンが足りないという話になって、フライパンを借りに、白砂が、まつりの会場近くの遠藤のアパートを訪ねたからだ。

久しぶりに彼の家を訪ねたところ、彼は、頸椎の変形による足のしびれから、思うように歩けなくなって、1984 年から病欠や休職を余儀なくされていた。そんな状況に置かれていた彼を改めて別の日に訪ねた時、家にいる彼に時間的余裕ができたので、この後、白砂は頻繁に訪ねて話をする中で、かねがね二人が思いを巡らせていた、後遺症を伴った先輩方と違う「後遺症は人にとってマイナスだと思ってしまう認識を変えて、自分たちはどういう捉え方をして行けばよいのか」「(障害）をどう捉えたらいいのか」「(障害者）と（健常者）と対峙してみる見方から脱却して、どう表現したらいいのか、どう表現すべきなのか」文章にまとめてみようということになった。

この話の中で、遠藤は、彼の仲間や生徒の中のこんな素晴らしい文章もあるよと見せてくれたのが、脳性マヒの小佐野彰や目がみえなくなった中村宏子（口述筆記は車いすの白須真理）や脳性マヒの安倍美知子の文章だった。それなら、この際、白砂の付き合いのある他の仲間たち『視覚後遺症の新井健司・脳性マヒの堀勝子』に文章を書いてもらい、カットに筋ジスの関口慎吾、表紙絵は、白砂が「冤罪と人権展」で出会った画家の山下菊二に依頼し、1985 年７月に自費出版したのが『だから人間なんだ』と銘打った一冊の本でした。

この仲間たちの文章の中で、二人の考えを前進させるきっかけになった

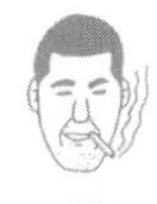

のが、安倍美知子の「ありのままの命を」と題する一文だった。

彼女は、『「ピエロにさよなら」を書いて』の中で、「わたしは、ありのままの命を肯定したい。そのためにはこの世にひとつでも否定された命があってはいけない。すべての価値はありのままの命そのものにあって欲しい。何かを為すことによって初めてそのひとが評価される基準をわたしは毀して行きたい。」と書いた。

「ありままの命を肯定したい……と思う、そう思えるんだったら、否定しないで生きて行こう。どんなに他人から否定されても、そんな言葉に惑わされて自分で自分のいのち（後遺症）を否定して生きることはない。自分から肯定して生きてしまえばいいだけではないか。」と一歩突き進んで、肯定して生きてしまえばいいと、思わせてくれたのが、安倍美知子だった。

私たちは、この本のまとめで、彼女の思いを受けて、肯定するという意味で「自らのありのままの命を祝福し、すべての生命を尊重して、いい人生を生きていけばいい。」と書いた。そのためには、次の５つの原則、「①自分から逃げないこと。②自己規制をしないこと。③自分で決めること。④いまやりたいことをやること。⑤すべてを生かすこと。」を踏まえればいいと考えた。「人としてこのようにいのちを生かして生きる、生きようとする。だから人間なんだ」という思いを込めて、本のタイトルも『だから人間なんだ』とした。

「自分たちの（障害）がどんな姿であろうとも、ありのままの自分のいのちを自分からは否定しない、肯定して改めて生きて行こう」と決めました。そう決断するきっかけを与えてくれたのが、本書に収録した重度の運動機能後遺症を伴った安倍美知子さんの『「ピエロにさよなら」を書いて』という文章の中の一文。

しかし、私たちのこの宣言と思いは、先達の二日市安からは「宗教的だ」との感想を持たれた。でも、私たちは、「自分で決めること」を前提にしているので、宗教でも主義主張でもなんでもないと思っていた。

また、この本づくりの中で、白砂は遠藤から、芝本博志が「白砂が遠藤を変質させた」（おそらく芝本は私を恨んでいたことだろう）と言っていたと聞いた。私たちの後遺症をめぐる問題は、当時の政治的考えや、「共産主義」だなんだという「〇〇主義」や「〇〇論」という理念に依拠しても解決できないと、二人の過去の体験から考えていたので、例えば「マルクス」だなんだという、過去の書物から自分たちの解決の道を探るという考えを一切捨てて（それでは何の答えも見つけられないと思ったから）、自らの体と社

会との関わりを通して、分析するなかで、解決への糸口を探ろうとしただけだった。

けれど、「ありのままの命」と言葉した時、「いのち」が表に現した人の姿・形という「いのち」の外形を言い表していたにすぎず、後遺症の人にとっては、「自らの変形した体を肯定して生きればいい」として、自らの異形で抱いた「劣等感」を払拭できるのだから、いわゆる五体そろった人も、同じように「劣等感」を払拭できると私たちは考えた。けれど、五体そろっていても他人と比べて「劣等感」を持つことで「不安や不満」を抱える人にとっては、「不安や不満や劣等感」を抱えたままの「ありのままのいのち」を肯定・祝福しようというメッセージになっていたという事実に、私たちは気づけなかった。

1.『だから人間なんだ』を作った時の遠藤滋と私の感想 いのちそのものの肯定 「芝本さんと私」より

私が白砂さんと再会したのは、ちょうどその頃だった。つまりそれは、芝本さんが中国から帰ってきて一か月余りたった、十月はじめにあたる。

ある日突然著しい歩行困難に陥って、それでも翌日少し持ち直したのをいいことに、なお十一月の上旬までがんばって出勤し続けていた私のところに、ちょっとした用事で彼が顔を出したのだ。

そもそも初めて白砂さんと出会ったのは、それから7年以上も前、ちょうど私たちの梅ケ丘駅のスロープ化運動が終わった後、今度は介護人派遣制度の改善を求める運動を始めるまでの間だった。すでに書いたように、当時私たちは自立をめざす障害者集団「ぐるーぷ・たびだち」を組織していて、その例会に彼がやってきたのだ。

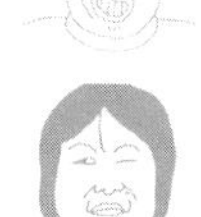

彼はポリオの後遺症で、片足に軽い障害を持っている。その頃彼ははがき大の「障害者新聞」というミニコミ紙を発行していて、例会の後で私の家を訪れた彼は、「自立の家」の構想について熱っぽく語っていたのを覚えている。私がこの構想をもらって、いわゆる「拠点づくり」を考えていたことは、既に述べた。

再会したとき、彼のその構想はさらに膨らんでいて、既に農場づくりのための土地探しを伊豆一帯で始めていた。次に現われたときには、私はもう病欠に入っていたのだが、彼は裁判所から出る競売物件をひとつ具体的に持ってきて、それを地図で示しながら、しきりととらぬ狸の皮算用をしていた。

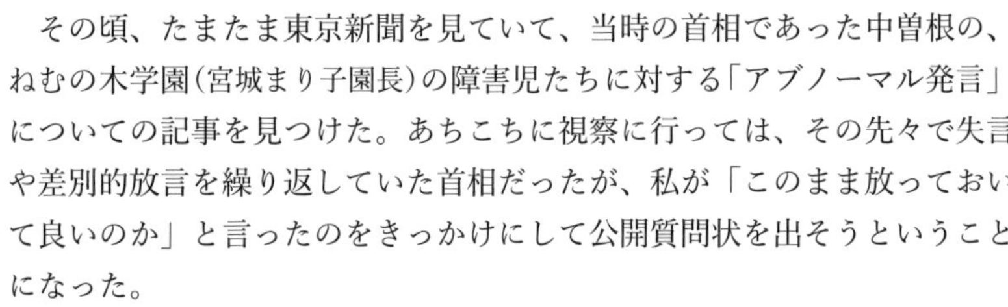

その頃、たまたま東京新聞を見ていて、当時の首相であった中曽根の、ねむの木学園(宮城まり子園長)の障害児たちに対する「アブノーマル発言」についての記事を見つけた。あちこちに視察に行っては、その先々で失言や差別的放言を繰り返していた首相だったが、私が「このまま放っておいて良いのか」と言ったのをきっかけにして公開質問状を出そうということになった。

私と白砂さんが文案を練り、それに世田谷の仲間たちなどが数人名前を連ねる形で、首相本人や各党の党首、それに記者クラブなどにそれを送りつけた。社会党などからは連絡があり、予算委員会でこれを取り上げるとのことだったのだが、この時ちょうど何かで国会が空転しており、結局この話はそれきりになってしまった。

それならこれを何倍にもして返してやれ、というわけで、私たち2人は『だから人間なんだ』の編集を始めることにした。これが結果的に、私たちにとって決定的な結論をもたらすことになる。編集を始めたときは、漠然とした予感があったにすぎなかったのだが・・。

まず、それぞれがこれまでに出会った障害者たちが書いた文章の中から、特に輝きが感じられるもの、つまりそれは飾らないありのままの本音が語られているからなのだが、それを集めてみた。次に、討論を繰り返しながらなぜそれらが輝いているのか、障害者の本音とは、結局はどこに行き着くのかを探り、自分たちの体験をも織りまぜながらそれを文章としてまとめてみた。

結論は、この本の最後に「ありのままのいのちを祝福して生きる障害者の5原則」という形でまとめられている。

自らのありのままのいのちを肯定して生きる、と決めて自分でそのとおりにする・・。「たとえそれがどんな姿をしていても」という言葉を前につければ、さらに分かりやすくなるだろう。そしてこの結論は、気がついてみれば実は障害者だけに通用するものではなく、それ以外の全ての人についてもいえることだった。

「障害者の5原則」の「障害者の」という限定は、実は必要のないものだったのだ。

この本に収録されているいくつかの文章の輝きとは、実はいのちそのものの輝きだったのだ。ただ障害者の場合、そのいのちを別のもので飾りたてたり取り繕ったりすることができない。その障害が重度であればあるほど、事実上そのありのままのいのちを裸にして生きるしかない。だからこそいのちそのものが多少の曇りを残していたとしても見事に輝くのだ。その事実をなお頑固に否定しようとしたり、どこかで呪っていたりさえしなければ。ここでは障害とはそのことに気がつくきっかけとなるにすぎない。しかもその今まで植えつけられてきた固定観念による曇りを完全にぬぐい去って、自らのいのちを本当に輝かすことは、今の社会がどうあろうと、誰がなんと言おうと、そんなことにはお構いなく自分で決めてゆけることなのだ。

えらいことに気がついてしまったものだ。おかげでそれまで私がぶつかっていた問題、未解決のままあせりばかりを募らせていた全ての事柄に、見事な解決がもたらされてしまった。

もちろん、この結論は私にとって障害者問題の本質を「介助」をめぐっての問題とし、障害者差別はその問題が避けてとおられているところに起こってくると規定したときからの、問題の深化と模索の延長上にある。「介助」とは、詮じつめればたとえどんな姿の命であろうと、その人のありのままのいのちを生かすことだからである。しかも私は「障害者解放」とはあまり書かず、「障害者の自己解放」と表現して、障害をもつ者自らの問題として引き取ろうとする傾向が強かった。

しかし、この結論となる事実に気がつき、それを自分のものとしたとき、そこには明らかな飛躍があった。いわば非連続の連続である。なあんだ、と気がついたときには、それまで後生大事にしょいこんできた固定観念におさらばをし、その固定観念の中でしてきたばかげた苦労の全てをさらりと捨て去る勇気が必要だった。

まがりなりにも養護学校で教師を続けてきたおかげで、自分よりはるかに重度で、多様な障害をもつ生徒たちと出会ったことも、私には幸いしたと思う。自分だけを最大の被害者と思いこんだり、またかつての青い芝の会のように、脳性マヒ者だけを観念的に障害者の代表であるかのように思ったり、ふるまったりすることだけは避けられた。よく言われる「自立」という概念ひとつをとっても、私はこうしたところから自分の身にひきつけてとらえ返すことが迫られていたのだ。

「介助」のみならず、じつは全ての仕事がお互いにそのいのちを生かしあうためにこそありうるのだ、という労働観も、この結論から自然に導かれた。そしてこうした労働観まで得てしまえば、もう、マルクス主義的な世界観や労働観に気を使う必要も、なくなってしまった。不遜に聞こえるかも知れないが、本当にそうなのだ。

もし、一年と数カ月前にこうしたことに気がついていたら、例の学級通信での「堂々と人に迷惑をかけて生きてゆけ」などという言葉に対するコ

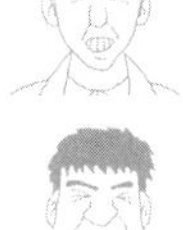

メントにも、もっと、歯切れのよい、決定的なことが書けただろう。はなはだ残念なことではあったが、しかしあのときのすっきりしない感覚を忘れずに考え続けていたからこそ、それをここで見事に生かせたともいえる。

今だったらこう書けるだろう。

「君がいまやりたいことを、まっすぐに人に伝えながら、できないことはみんなに手伝ってもらって堂々と生きてゆきなさい。先回りして、人がどう思うだろうかとか、これはいけないことなのではないかとか、勝手に一人で考えてやめてしまう必要なんかないんだよ。ただし自分から逃げていてはなにもはじまらない。そうして自分が決めてやったことの結果を、どんなことでも全て自分で生かしていったら、その時はきっと、いつのまにかますますすばらしい君になっているだろう。それは人に迷惑になるどころか、逆に人と人とが直接そのいのちを生かしあって生きる本当の人のあり方を、君に関わる全ての人に身をもって示して、それを実現してゆくことになるんだよ。

だって君はひとりで勝手に何かをやってゆくことなんて、出来ないだろう？　ただの狭い仲良し関係とか、あたりさわりのない浅い人間関係の中では、自分のやりたいことを実現してゆくことは出来ない。だからこそ全ての人にその人間関係をひらいてゆく必要があるのだ。その事実を受け入れて、ちょっと勇気をもって自分で決めさえすれば、君にはそれができる。そして、そこからすばらしい世界がひらけてくるのだ」と。

事実として、ひとりひとりのいのちは具体的には平等ではありえない。だからこそ人は積極的にお互いのありのままのいのちを肯定し、それを活かしあって生きる必要があるのだ。「介助」は実際にそういう人間関係を創り出してゆく窓口となりうる。その要ともいえる位置にいて、労働としての「介助」の必要性だけでなく、関係としての「介助」のもつ積極的な意味まであますところなく明らかに出来てしまったのだから、これはもう、「障害者冥利につきる」ともいえることだった。

同時に、私にとっては、さしあたって解決のつかない本質的な問題を先送りしてゆく必要もなくなってしまった。例えば「障害者が解放されたあかつきには」とか、はたまた「革命が成功したあかつきには」とかいうように・・。

白砂さんと私とは、例の「拠点づくり」を発展させたかたちとして、大自然のなかに交流農場づくりと、都市部での地域ケア生活センター（共同住宅）づくりとをセットにした「ケア生活くらぶ」の構想を練り始める。人と人との直接的な関係は、人と大地、そして人と海との直接的な関係によって初めて支えられる、と気がついたからであった。

【参考資料】ケア生活館 って、何？

（以前 HP に載せたもの。会員制の「ケア生活クラブ」として活動）

「モデル集合共同住宅」とも表現しています。お互いにそのありのままのいのちを活かしあいながら生きる、地域での生活拠点としての構想です。

これまでの住宅や公共建造物の不便な点、あるいは便利な点について、それぞれの利用者（特に高齢者、障害者、病弱者やその介助をしている人たち）が中心となって調査を進めてゆく過程で検討を続け、あくまで自分たちの力で細部の設計までおこなおうと考えています。ですから、今の段階で、具体的にどういうものを思い描いているのか、伝えるのはなかなか難しいのですが…。いままでどこにもなかったものを造ろうというのだから、なおさらです。それでも、あえて発起人の一人である私なりに書いてみれば、次のようになるのでしょうか。

たとえば、3、4棟程度の小規模の団地をイメージしてみてください。これでは、そこらにあるごくふつうの団地となにも変わりがありませんね。四角い、コンクリートの建物がただ並んでいるだけで、その中に世帯ごとに同じような空間が仕切られており、それぞれの住人の間にはほとんど何のつながりもありません。並んで住んでいながら、まさに「隣は何をする人ぞ」の状態です。

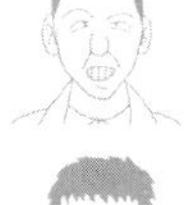

わずらわしい気遣いもいらず、一見、なんの干渉もない自由な空間に見えます。しかし、その反面で、考えようによっては、これは実に味気なく、淋しい空間です。家族水入らずとはいっても、その家族そのものが今や事実上ばらばらになってきています。毎晩寝に帰ってくるだけで、悩みごとを相談できる人さえ、なかなかいない。

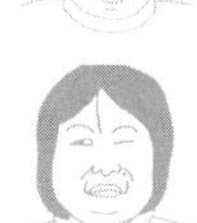

毎日の食事も、コンビニ弁当とまではいかなくとも、スーパーで買ってきた総菜や、レトルト食品の組み合わせ、ということになりがちです。まして家族のいない家の中で、たとえばカップ麺などをひとりで食べている姿を、想像してみてください。たまたま一人暮らしであれば、淋しさ、味気なさもひとしおでしょう。

ここで思いきって、その家の空間のうちの、共有できる部分、たとえばキッチンや食堂、それに浴場などについて、積極的に共通の空間を作ってみましょう。みんなが気軽に自由に集まれるスペースや、ホール、作業室などもその中に組み込みます。車椅子だったら2、3台は入れるような大きなエレベーターも作りましょう。これならストレッチャー（キャスター

付き寝台）１台くらい楽に入れるし、大きな荷物を運ぶのにも便利です。

食事についていえば、作るのが好きな人、得意な人が何人かで担当してもいいし、当番を組んでみんなでやってもいい。たまにはイベントとして、互いに得意な料理を伝えあう会を開くのも一興です。食文化の交流も、ここでできることになります。伊豆に造成中の農場でとれた産物は、食材として最大限に生かします。

食事に限らず、生活に必要なことは、ほかにもたくさんあります。掃除、洗濯、物品の管理等々。基本的には、もちろんそれらのことはそれぞれの人ができるだけ自分でこなすのが望ましいのでしょうが、人によって、そして個人的な事情や時と場合によって、非常に煩わしいこともあります。病気や障害のためにできない人もいる。そんなとき、それを担ってくれる人がいたとしたら、とても助かります。

その一方で、逆にそれらを得意とする人もいるでしょう。高齢の人や軽い障害を持った人の中にも、そういう人がいるかもしれない。今の社会の枠組みの中で、いわゆる「就労」がしたくてなかなかできないでいる人も、それらを積極的に仕事として位置づけることができれば、立派にその役割を果たすことができます。生活館には、そのための機械器具や仕事場を設けてもよい。うるさい条件を提示したり「資格」などを問い正したりしなくても、そういう人々に思う存分力を発揮してもらうことができます。いや、もっと積極的に、一般の「仕事」そのもののありかたやとらえかたについても、今とは随分違ったものに変えてゆけるでしょう。

一階部分には、たとえば伊豆の農場で収穫したような自然食品を売る店をおいてもいいし、喫茶店やお菓子屋のようなものを開いてもいい。伊豆の農場だけでなく、ほかの様々なところとネットワークを形作る中で、それらの場所での産物を集めて、ちょうど生協のようなところにしてもいい。たとえ障害を持った人でも、その人のやりたいこと、できることを活かして、仕事ができる場にもなります。

もちろん、プライベートな空間は大切ですから、各世帯別の浴室や台所なども、それぞれに確保します。また食事を例に出せば、休日などには好きなものや、そのとき自分たちが食べたいものを作って家族で食べてもいいわけだし、個人的な来客などあれば、その人をもてなすために腕をふるう、ということもありえます。さらに、世帯別の部屋のほかに、学生など単身者用の部屋も準備します。

さらに生活館には重度の障害を持った人のための設備（リフトなど）を設けた共同浴場を作り、近所の人にも開放すれば、各個の家々にスペース

をとってそれらを備える必要もなくなります。

場合によっては、この生活館の周りの家々の人々とも互助的な関係を結んで、緊急時に即応してヘルパーや看護師などが派遣できるような事業所を置くのもいいでしょう。(略)

関わってくださるかたが増えれば増えるほど、イメージは豊かになり、また、ますます具体的になってゆくでしょう。とにかく一つでも建設を実現することです。それによって、各地にこういった住宅を造ろうという動きが起こり、それらをまたネットワークで結んでゆける可能性も開けるというものです。

地域を再創造するモデルケースとしての“支えあう集合住宅”を世田谷に!

近年、都会では比較的高齢な世代の間に、孤独死の不安が広がっています。また若い世代の間でも、例えば出産や子育て、そして教育などに不安を持つ人が多いなど、実に多様な問題が生じています。災害時のことも無視できません。しかしこうしたことにも、十分対応できる方法があります。ここで大切なのは、市民が自らの打算や世間体などに流されず、自ら活動し、力と知恵を出し合ってゆくことです。

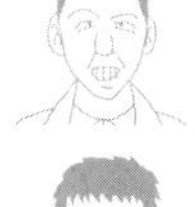
わたしたちは、新しい試みとして“支えあう集合住宅”を創る活動を始めました。言ってしまえば、四層なり五層なりの長屋のようなものです。もちろんコンクリート造りで、お互いの最低限のプライバシーは守りながら、共有のスペースを多く取って、支えあうところは支えあって生活してゆこうというものです。一部を近所の人たちにも開放します。

この支えあいの精神は、お互いに「私」である前に、ひとつの“いのち”であるという認識に依っています。お互いのありのままの“いのち”を自ら生かし、生かしあいながら生きることを現実の関係としてゆきます。たとえその“いのち”がどんな姿をしていたとしても。

そうすると、わたしたちには新しい社会的に自立した市民となりうる可能性が開けてきます。なんでもやりたいこと、好きなこと、得意なことをしながら、それらを有機的に関係づけて、仕事をし、暮らしあうのです。自分たちがつくってゆく社会なのですから、その社会にも関心や責任を持ちましょう。なんでもかんでも政治家やお役所頼みにするのではなく、自分たちで解決できることは積極的に解決してゆきましょう。地域を新しく創りなおすのです。

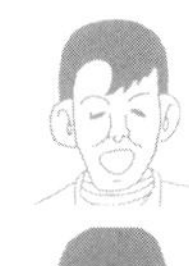
また、この“集合住宅”では、生ゴミを集めて発酵させ、バイオガス発電をする設備を備えることを考えています。近所からも集めてまわれば、

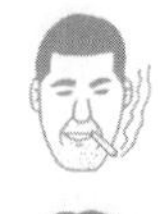

それがひとつの仕事にもなります。“集合住宅”内であれば、トイレの排泄物も一緒にすることができます。それこそここに循環型社会をモデルとして体現できるというものです。

わたしたちは、他の地域にも同じような集合住宅ができることを願っています。そしてそれらとの間にネットワークを築きたいのです。場合によっては、それを基盤にして自分たちの政党をつくってもよい。でもそれは先の話です。ともあれこうした中からこそ本当の“絆”がうまれ、“地産地消”も可能になってゆくのではないでしょうか。

この構想は、長いあいだ露骨な差別の中で自ら劣等感に苛まれながらも、なんとか積極的に生きる拠り所を求めてきた障害者の間から生まれました。言い換えれば、障害を契機としなければ、この構想はあり得なかったのです。でも、いったん生まれてしまえば障害のあるなしは関係ありません。

その実現に向けての諸活動を、一緒にやってみませんか？　そして自立した社会的な市民として育ちあってゆきませんか？　詳しくは以下のサイトをご覧ください。ご連絡をお待ちしています。

私を見失った芝本さん

「芝本さんと私」より

その一方で、私は「東京都障害児学校解放教育研究会」の活動からも手を引いていたわけではない。その機関紙である「愚怒（オロカにして怒れ）」の編集を芝本さんから引き継いで、№4、№5のふたつの号を受け持ったのは、他ならぬこの私だった。

歩けなくなって、病欠から休職へと追い込まれていった私に、休みがとれたんだから時間もできただろう、とばかりに、それまで自分がお膳立てして№3までだしてきたこの機関紙の編集作業を、ぽんと渡して任せてしまうのもいかにも芝本さんらしいところだが、私にしても、ショックはあったにしても自分が歩けなくなったことに妙な解放感を持っていたのは事実だ。もちろん、これはそれまで、そんなに無理をしてまで歩いてきたということを表してもいるのだが・・。

ともあれ、私は白砂さんと『だから人間なんだ』の編集や原稿書きをしながら、同時に「愚怒（オロカにして怒れ）」の編集も一手に引き受けていた。いろんな意味での芝本さんへの恩義の感覚もあったかもしれない。

一年ほど前の春先に、私が言いようのない虚無感に襲われていたことはすでに述べた。それをその後もなんとなく引きずったままでいたのだが、『だから人間なんだ』の編集と原稿書きのなかで、私はどんどん元気を取り戻し、生まれ変わっていった。「障害児学校解放研」の機関紙の編集にも、

それが表れないはずはない。

特に「愚怒（オロカにして怒れ）」のNo. 5には、『だから人間なんだ』のために書いた私の「おかあさん、しっかり！」という文章を、自分で打った仮名タイプの原稿のままちゃっかりと流用してしまっているし、同じ号に白砂さんの、日本脳性マヒ者協会全国青い芝の会の初代会長であり、また全国障害者解放運動連絡会議の初代代表幹事でもあった横塚晃一さんを新しい視点から再評価した文章、「ありのままの生命に祝福を！・・今は亡き横塚晃一にたむける文・・」をも掲載しているのだ。それだけでなく、『だから人間なんだ』の発売予告広吉までちゃんと載せてしまっている。

それにしても芝本さんは、私のこうした変化に、本当に気がつかなかったのだろうか？

私が病欠して以来ほとんど会って討論する機会もなかったにもかかわらず、私をまったく信用して、「安倍美知子さんをこの夏の全国解放教育研究会の大会に講師として呼びたいので、大阪までぜひ同行してほしい」と頼んできた。なにかを感じていれば、その前に討論を呼びかけてくるなり何なりしてきたはずである。それとも私の担当した2つの機関紙を、読んでいなかったのか・・。

否！　もともと身体のことなど「私的なこと」として問題にもしてこなかった人である。おしたてて闘ってきた「被差別者」としての私は、かれにとってはほとんど自分の存在の一部であり、いくら私が自分のいのちに限界を見て動揺していたとしても、そんなことは問題にすらなかったのかもしれない。クラスには救うべき生徒たちが何人もいる。まして動揺のあげく私がそのいのちの問題に解決を与えて、それまでとまったく違った世界で立ち直っていたことも、そういうことは想像さえ及ばないことだったにちがいない。

なんのことはない。白砂さんとの出会いを媒介にして開けていった世界は、私自身にとって、芝本さんによって先送りされていた「介助」という具体的、かつ本質的な問題を、今の自分の“いのち”に引き戻してくることによってもたらされたのだから。いわば無限の彼方に追いやってしまった座標軸の交点を、自分のところに戻してきたというだけの話だったのだから。

さしあたっての現実に外見上なんの変化もあったわけではないのだから、芝本さんでなくても、このことに気がついた人は、この時点ではほとんどなかったといっていい。安倍さんに同行して大阪へ行くという件については、私はこれを快諾し、双方の事情から、彼女は全体会の講師ではなく、

ある分科会のレポーターにということになったが、これがついに芝本さんと私とのあいだの食い違いを決定的なものにすることになる。

もとより、私には全国水平社以来の、部落解放運動の歴史を軽んずるつもりはない。部落差別の現実に無知だ、と言われれば、率直にそれも認めよう。それまでこの運動から学んだことも、そして勇気づけられたことも、たしかに多々あったとはいえ、それらは全て書物を通じてのことだ。だが、少なくともその運動の手法で、障害者本人の立場からの固有の運動や認識の道筋まで斬らないでほしい、とは思う。

まして、どんなに部落出身の生徒と共に格闘をくりかえし、差別に抗して闘ってきた百戦錬磨の闘士であったとしても、教師は所詮教師である。なんといっても、やはりどうしても世間知らずでありがちなことを、肝に銘ずべきだ。釈迦に説法かも知れないが、ある運動のやり方なり認識の図式なりを金科玉条のごとくにふりまわす、ということだけはやめてほしい。

それに、もっと決定的なのは、「全ての差別はありのままのいのちの否定のうえにある」という認識は、障害者である自分の立場をつきつめたうえで初めて出てきたものだ。それは必ずや、部落差別の問題にも、逆に新しい視点をもたらすはずであった。それに聞く耳をもってもらえなかったとすれば、やはり残念としか言いようがない。

だからといって、私はべつに安倍さんを利用して、はじめから殴り込みに行こうとしたわけではない。話がかみ合わなくなるかもしれないというさめた意識はもちながらも、参加者の中にもし虚心に話を受けとめられる人がいたら、と期待していたのは事実だ。

と、ここまで書いてしまえば、研究大会でのこの分科会の場で、いったい何が起こったかはおおよその察しがつくというものだろう。芝本さんの信用を、私は結果的に裏切ったことになるのだろうか。

安倍さんはこの分科会で、両親の期待にこたえて、少しでも健全者に近づこうと、無理な訓練などをさせられるままにしてきた体験、せめてかわいがられる障害者になろうと、ピエロのようにいつも笑顔を絶やさないようにしてきた体験、そしてそれは間違いであったと自ら気づいてきた経過などについて淡々と語っていた。人の価値は何かをなすことにあるのではなく、その人のいのちそのものにあるのだ、というのが、彼女の結論だった。

「この世の中に、否定されるいのちがひとつでもあってはならない」

これに対して広島だったか、ある解放研の教師から、いきなり「もっときつい被差別体験があるだろう。それを語れ」という質問が浴びせられた。彼女は戸惑いながらも「わたしは恵まれた環境に育ったので、そういう経

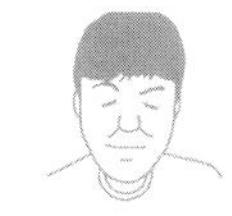

験はあまりありません」と率直に答えた。

お鉢は私にもまわってきて、「遠藤は授業のなかで部落差別の現実についてどう取り上げているのか」という質問も出た。それに対して私は、「部落差別の問題については、私自身は非常な関心を持っているが、私たちの地域では日常的な問題ではないので、特に取り上げてはいない」と答えた。

こんなやりとりに業を煮やしたのか、白砂さんが立って発言を求めた。「安倍さんの話を聞いていたのか。その結論をどう受けとめたうえでの質問なのか。なにかと言うと、きつい被差別体験云々と伝家の宝刀のごとくに迫るのは、そうしている本人自身が実は自分のいのちの否定のうえに立っていることの表れではないか。差別糾弾をうんぬんする前に、まず私たち自身が自らのいのちを肯定し、それを祝福しあう。そこからしか具体的にはなにも始まらない」と。

その発言が非常に挑発的に受けとめられたのだろう。会場はかみ合わない言葉の応酬で蜂の巣をつついたようになった。私はもう一度安倍さんの報告の筋道に話の軸を戻そうとしたのだが、その場で大声を出すことも出来ず、「遠藤も白砂と立場を同じくするのか」と機先を制せられてしまったので、ちょっと距離を置いたところから交通整理をすることができなくなってしまった。それまでの解放研の論理は、私には分かりすぎるほど分かっていたのだが・・。

もちろん、なかには私たちの発言にまっすぐに耳を傾ける参加者もいた。驚きをもって同調する発言もいくつかなかったわけではない。だが、全体としてはこの分科会は混乱のなかで終わり、全体会では「お互いにもっと謙虚である必要がある」という総括ともならない総括が報告されただけだった。

芝本さんはクラスの生徒のひとりの進路の問題で駆け回っていて、この大会には一日遅れで参加した。だから私に運営本部との調整を一任していたのだが、これがまた余計に悪い結果を招いてしまった。

かれは会場での一部始終を自分の目で見ていたわけではない。私からの報告と本部側からの報告とを聞いて、かれはすっかり本部側の報告の方を信用してしまったようだ。しかもかれは私をもとのままの私だと信じ込んでいたのだから、すっかり裏切られたような感情を持ったにちがいない。大会から帰ってきたあとも、怒りは「会場を混乱させた白砂」に向けられ、それを擁護したというわけでそれが私にも向けられた。「障害児学校解放研」の解散を感情的に宣言してきたのも、実はかれの方からだった。これにたいして私は、「新しいワインは新しい皮袋に入れるよ」と応じた。

かれの表向きの批判は、白砂さんと私にたいしては「自分のことしか考えていない」ということ、『だから人間なんだ』については、「編集したと言うが、ひとの文を盗んで来て集めただけではないか」ということ、そして私の書いた「おかあさん、しっかり！」については、「かつての遠藤のような迫力がない」ということに落ちついていった。

芝本さんサイドから見れば、これらはそう見えてもおかしくないだろう、とは私も思う。もし根本的に双方の認識の食い違いを整理するとすれば、それは「社会意識としての差別」という認識と、「全ての差別はありのままのいのちの否定の上にある」という事実認識との関係を冷静に捉え直せば可能だろう。個人的に「私は差別などしていない」などというひとに限って、現実には差別する側に立っている、ということは私だっていやというほど感じているからである。私が言いたいのは、そういう社会意識にしても、実はそれを支えているひとりひとりが、自分のありのままのいのちのありようを否定し続けることによって成り立っているということだ。

芝本さんは被差別者からの糾弾によって、いわばモラルにうったえてそれを解決しようとした。しかしモラルなどというものは、事実としてそれほど信用できるものではない。だから絶えず糾弾を受けていないと、ということにもなるのだが、自分のいのちを生かす、ということならちょっと勇気を出せばその場で自分のできることであり、やってみれば実はそれがいちばん楽で、すばらしい生き方なのだ。なんのことはない、私はそれを、最重度の障害者から学んだ。自分で決めてできることなのだから、糾弾したりされたりすることも、本当は必要ではなくなってしまう。自分のいのちを生かし、まわりのひとともそのいのちを生かしあって生きてゆけばいいだけの話だ。

だが、芝本さんの側には、冷静にそうした整理をする事ができない別の理由があったように思う。

第一に、かれにとって私がいるはずのところに、すでにいなかったことである。しかもそれが、共に作ったはずの「東京都障害児学校解放研」の「全国解放研」へのデビューとなるべき晴舞台で、初めてそれに気がつく結果になった。かれが慌てたのも、無理のないことではあったと思う。遠藤はいったいどこへ行ってしまったのか。後にかれは、「遠藤とは、半年以上にもわたって討論をしてこなかったからなぁ」とか、「遠藤には、ずいぶん身体に無理を強いてしまったからなぁ」などと独り言のように言っていたのを思い出す。それでもなぜ私の姿がかれの視界から消えてしまったのかは、なお分からなかったと思う。

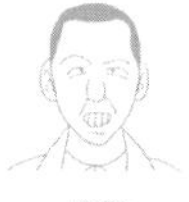

第二に、私を白砂にとられた、という感覚である。かれはめずらしく党派性を持たない人であったが、それだけに、誰か被差別者からの糾弾を受け、そこで衿をただし、闘う彼らの手足となって働くことで許されたい、というパターンをぬきがたく持った人だった。闘う被差別者とは、この場合とりあえず私のことである。それをいつのまにかあの傲慢な白砂なんぞにわけも分からずかっさらわれてしまった。かれは実は寂しかったのだと思う。あの頑固な遠藤がそう簡単に思想的に後退するはずはない、と思いながらも、また三年前以来の私に対する不信も頭をもたげてきていたかも知れない。「白砂と共に、遠藤もまた腐ってしまった」などと言い捨てたのは、実はその寂しさと悔しさの表れではなかったか。

第三に、これが一番やっかいなのだが、かれは社会的な活動は得意でも、個人の身体とかいのちとかの問題について扱うのは、極めて不得意だったことである。部落差別を問題にしている間は、さしあたっては直接それに触れずにすんだ。だが、障害者の問題となるとそうはゆかない。まして今度は私たちが確信を持って全ての差別のねっこに、その、いのちの否定の問題を正面から提示したのだからかれとしてはとてもいやだっただろうと思う。

私はかれが身体やいのちの問題を扱うのが不得意だったのは、例えばおいたちとか、なにかかれ自身の心の内部に結びついたものがあったように感ずる。とすれば、これはそう簡単にはゆかない。かれとしては踏み込みたくない領域だからである。私が多少構えてしまったのも、それゆえだった。

「障害児学校解放研は解散だ。遠藤とはもう絶交する」と一方的に宣言しておきながら、しばらくするとかれの方から電話がきたり、短い手紙が届くようになった。「愚怒（オロカにして怒れ）」の№.５のことにしても、かれの知人で京都の大学で助教授かなにかをしている人から、「あれはよくできている」といわれた、などと伝えてきたりもした。大会にも参加していたはずの人だ。

せっかく福地幸造氏からもらった題字ではあったが、もうこの機関紙名は私にはそぐわないものになっていた。とはいっても、もし芝本さんがその気なら、かれの宣言はなかったことにして、研究会自体はよそおいを新たにして続けてもいいとは思っていた。障害児学校の解放研なのだから、その立場を生かして解放研全体に新しい風を吹き込むのも悪くない、と考えたからだ。

だが、やはりそれ以前にかれのその心の壁といってもいいものを取り除くのは、難しかった。お互いに関係を修復する道を小出しにしてさぐり合

いながら、しかしそこに来るといつもかれは感情的になってしまう。これは結局、最後まで変わることはなかった。

まもなくかれは私と一緒に受け持ったクラスの生徒たちを卒業させ、光明養護学校に赴任してからちょうど12年を経たところで、同じ都立の小平養護学校へと異動してしまう。私生活ではその後中国の女性と再婚し、自宅が埼玉の入間だった関係もあって、日中友好協会の入間支部を作るのに専心していた。「職場では何があっても沈黙を守っている」としばしば私にほとんどそれだけの短い手紙を送ってよこしながら。入間支部を作る活動では、ちょうど私の「身分問題」を闘うのと、そっくり同じような行動様式での奔走ぶりだったとか。

私は3年の休職期間が終わったあとで、今度は電動車いすを使っての復職を試みる。そして介助者つきの復職だということで、またまた校長や、まわりの教師たちともめながらも、とにかく1年と数ケ月間勤めることになる。ついに退職を決意することにしたのは、身体の機能の低下が次第に急速になったのが、直接の理由だった。

いまさらもう、かれの私への表向きの三つの批判に、反論する必要はないだろう。いのちを肯定することは、さしあたって自分が決めて始めるしかなかったわけだし、それは『だから人間なんだ』に集めた文章を書いた何人かの障害者たちと出会うことによって、白砂さんとともに学んだことであった。「おかあさん、しっかり！」については、あれはもう、単なる被害者の立場からの糾弾の意味で書いたわけではなかったのだ。

一言加えるなら、あれは実は私にとって、途中で投げ出さざるを得なかったクラスの学級通信の、しめくくりの意味をこめた文章だった。私もまがりなりにも、2人の子の親になっていた。耳もとでやさしく語りかけるような文体をあえて選んだのも、それを意識していたからだ。もちろん、ここには十年以上も前に障害児殺しの問題にかかわった「神奈川青い芝の会」の、「母よ、殺すな！」「親こそ敵だ。私たちに直接手を下すのは親なのだ」という糾弾の声が、たしかに踏まえられてはいる。障害者であり、教師であり、また親でもあるという私からの、あらゆるいのちの肯定のメッセージが、そこにはこめられていた。

私にとっての芝本さん

「芝本さんと私」より

さて、それでは芝本さんにとって私とはいったい、何だったのだろう？そして私にとって芝本さんとは？

また、かれと私はどこでかみ合い、どこで食い違っていったのか・・。

それらをここですべての面にわたってまとめるのはとても困難だが、しかし単に一方が障害者であり、他方が健全者であったというだけではない、もっと重要な問題を具体的な形で示すことができるような気がするので、ここにそれをまとめてみたい。

私が非常にまっすぐな行動パターンを持っていることはすでに述べた。ふだんはとても慎重なくせに、こうだと思うとしばしばかなり思い切った行動をおこし、そのまま徹底的に行き着くところまで行ってみないと気がすまない。表の論理は裏までしっかり通っていないと許せないたちで、表と裏で違う論理が使い分けられ、それに翻弄されるのはとてもたまったものではない、と感ずる。

ところが今の現実の世の中ではいたるところでこの使い分けが行われ、しかもそれが差別の構造と深くかかわりあって機能している。さらに政治的な世界ともなれば、それが凝縮したようなものだ。私にはそれがとても受け入れられない。まして自分が勇み立って就職した職場で、自分自身がそのまっただ中に投げ入れられてしまうことになったのだから、それに立ち向かわないわけにはゆかないのも当然であった。同時に、政治的な立ち回りの嫌いな私にとってそれは皮肉なことでもあったのだが。

世代的なものもある。私はいわゆる全共闘世代だ。ノンセクト。ラディカルズのひとりを自称していたこともある。遠藤といえば過激なヤツ、と思われていたふしがあるのも、この経歴と、まっすぐにしか行動できないたちのせいかも知れない。

ねばりの強さも、人には引けをとらない。障害を持って育ったのだから、武器といえばこれぐらいしかなかったのだ。粘れるだけ粘っておいて、相手が根負けするのを待つ。チャンスと見れば迷わず飛びついてそれを生かす。いくら世間知らずでも、このあたりの勘所だけは、いつのまにか身につけていた。

それでいて、イデオロギーとか、スローガンとか、はたまた組織とかにはほとんど執着を持たない。行き詰まったところでは、たしかに迷いはするが、さっと発想を逆転してみる。すると、思わぬ発見をすることがある。新しい道が見えてきて、私はそれを、思考のダイナミズム、と自称している。

芝本さんが東京へやってきて、偶然にも光明養護学校の同僚として出会ったのは、こんな私であった。そんな私が、かれにはいったいどう見えたか・・。

芝本さんの前歴について、私はそれほど聞かされていない。それでもあれほど長いつきあいだったのだから、断片的に知っていることはいくつか

あるのだが、ここではそれに触れないことにする。ただ、かれが養護学校に職場を選んだ動機に、前記の「兵庫解放研」の育ての祖、福地幸造氏の一言が大きく働いていたらしいことはほぼまちがいない。「これからは、養護学校の中の問題ともっと本腰を入れて取り組まんとなぁ。」

そんな芝本さんの目の前にさっそく現れた具体的な差別問題である。「自分への差別を許しておいて、どうして生徒たちへの差別を許さず、それと闘うことができるのか」とひとりでがんばる私の姿に、かれは共感を覚えたに違いない。ほとんど“けなげ”にさえ、感じたのではないだろうか。一年目の卒業式の後の「謝恩会」に、私は呼ばれなかった。それをいいことに、ちゃっかり私は秋葉原まで行って買い物をしてきたのだが、学校の門前でばったり出会ったかれに、私は抱きすくめられてしまった。もちろん、謝恩会の後で、校長室で行われる職員どうしの慰労会で、かれは少しアルコールを入れていたのだが。

少しつきはなした目でみれば、かれにとってはおあつらえ向きの図式がそこにはあった。露骨に差別的な職場と、不器用ながら必死でそれに抗して闘おうとする障害者としての私と。障害者問題にまともに取り組んでゆくためのとっかかりとしては、これ以上のものはちょっとなかったのではないだろうか。

私は二十歳をちょっとすぎるまでは、上昇志向を持って育った。なんのことはない、それは「普通の人」（健全者）と肩を並べて仕事をする、ということだったのだが、身体ではどうにもならないのだから、「えらい人」になって頭で勝負するしかない、と思い込まされていたのだ。当然、そこには無理が生じ、入学した大学で60年代の末に起こった「学園闘争」への関わりを契機に、今度は、私は下降志向とでもいうべきものに転ずる。が、今思ってみればそれは実は上昇志向へのエネルギーを意識的に下に向けていたようなところが多分にあったような気がする。当時の学生たちの間で標榜されていた「人民の中へ」というスローガンが、私の場合「もう一度障害者たちの中へ」に置き代わったのだ。私にとっての「自己否定」とは、そういう上昇志向の自分への「否定」であった。その途上での養護学校への就職である。

芝本さんと私とがぴったりとかみ合ってゆく理由は、十分すぎるほどあったのだ。かれの「贖罪」の意識は、被差別者であるわたしをたてて「共に闘う」ことによって満たされ、わたしはそれに助けられて差別への糾弾の闘いを進めることが出来た。

ここで注意する必要があるのは、「不当な差別」というとき、現実には

差別する健全者の側に基準がある、ということである。「彼らは正当に扱われているのに、なぜわれわれは扱われないのか」と。

この図式で行くと、どんなに先鋭に差別糾弾を闘ったとしても、結局は障害者は、健全者志向をぬけ出すことが出来ない。糾弾を通じて健全者をも変えてゆく、とはいっても、それではいったい、なにを基準にしてどう変えようというのか。この図式をもっているあいだは、私は結局自分が障害者であることに対する劣等感やひがみの意識をひきずったまま、それをついに断ち切ることが出来なかったように思う。端的な話、例えば風呂場の脱衣所の鏡に自分の裸の姿が写るとき、どうしてもそれを好きにはなれなかった。

それとも関係することだが、もうひとつ明かしておく必要があるのは、当時わたしがじつはふたつの立場の間を振り子のようにかなり大きく揺れていたことだ。同じように「差別糾弾」を叫んでいても、脳性マヒによる障害者としての私は、どうしても当時の「青い芝」思想の側に精神的なよりどころを求める傾向があった。「一、我らは自らが脳性マヒ者であることを自覚する。一、我らは強烈な自己主張を行う。一、我らは愛と正義を否定する。一、我らは問題解決の道を選ばない。一、我らは健全者文明を否定する」という5項目の「行動綱領」に表されるこの思想は、どんな健全者的な枠にもはまりきらない脳性マヒ者のありのままの姿に立ちきるということを鮮やかに表明していた。

問題は脳性マヒ者の唯一の自主的組織であった「青い芝の会」が、これを「行動綱領」としていたことだ。実際にはこれは、いわば「脳性マヒ者（障害者）宣言」とでもいうべきものであり、宣言としてはともかく、それを現実の運動の過程で具体的な行動の指針とするには、大きな無理があった。また、これこそ自分の原点だ、と感じ、またそれに勇気づけられながらも、例えば被害者としての障害者と加害者としての健全者を観念的にきっちりと分け、同じ障害者にしても脳性マヒ者以外は「半分障害者」などと称して図式化していたことには、私はついて行けないものをも感じていた。

だから結局、実際の闘いの中では、芝本さんの立場からの政治的な判断に頼ったり、時には引きずられたり、またそういう手腕を学んだりする必要があったのである。特に職場の中では、孤立したままではつぶされてしまうだけなので、圧倒的な少数派をなんとか多数派として動かす必要があった。もともと私は「青い芝」に関わりを持つ以前に、反戦運動や学生運動に連なった経験を持っていたのだから、そういうことが苦手だったという以外は、それにそう違和感があったわけではなかった。

「あらゆる差別を許さない闘い」とか、立場は違っても具体的な目標を同じくする者どうしの「原則的な」運動論とか、はたまた「階級闘争との連携」といったことも、それなりに共感はできたし、特に部落解放の運動については敬意を持って見てもいたので、そこから多くのことを学びもした。そのかわり、軸足がいつのまにかそちらに移ってしまって、私にとっての本当の原点であった「青い芝」思想からはしばしば浮き上がりがちであったとも思う。

芝本さんサイドから見えていたのは、たぶん後の方の私だったと思う。いま思ってみれば、後に「ありのままのいのちの手放しの肯定」を言い出すはるかに以前から、私が「青い芝」的なものを打ち出すたびに、これを嫌がっていたのを思い出す。たぶんかれとしては、私との関わりを見失い、それを切られたように感じたのだろう。もっとも、「青い芝」の運動のしかたは、そのままでは確かにそういうところを持っていたのだが。

障害者の運動の中で、健全者が単に手足となるのか、それともその健全者自身も運動の主体であり得るのかについても、かねてから多くの人の議論の的であった。それがそのまま私と芝本さんとの関係に表れていたともいえる。健全者側からの関わりが、しばしば「介助」することを通して「代行主義」に陥ったり、また逆に「利用主義」に陥ったりすることに、かれなりにとりあえず答をひねりだしたのが、例の私を立て、その「お膳立て」をしてまわるというパターンだったといえるかも知れない。もちろん、それが本当の解決でないことは、かれ自身も感じていたはずである。

私の振り子が揺れても、かれはすこしも揺れることはなかったのだろうか。また、かれには私がなぜしばしば「青い芝」側に揺れるのかということが、どれほど理解できていたのだろう。非常に気にはなっていただろうとは思う。繰り返すが、私はいわば「青い芝」的な原点と、「原則的な」運動論との間で、大揺れに揺れていたのだ。しかし、身体のことを含めて、時にはそれが、かれの目には逃げと写ったり、あるいは思想的な後退と写ったりしたことがあったかも知れない。あるいは世間知らずのおぼっちゃんの持つ弱さと写ったか。

以上に書いてきたことをふまえて、今度はもう一度私にとって、そして生徒たちや私のまわりにいた障害者たちにとって芝本さんがいったいどういう人であったかについて、積極的な評価を加えてみたい。

かれは職場の同僚たちの間でも、また父母に対しても、とかく半人前にみられたり、あるいは戸惑われたりしがちな私を徹底してひとりの教師としてたててくれた。このことの意味は、決して小さいことではない。そのおかげで、私は自分の職場を外側からただひと色のものとして批判し、闘いを挑むというだけではなく、比較的短期間のうちにともかくも実際に内部に位置を占め、その責任を果たしながらそれ自体のあり方を問う、というかたちで闘いをすすめることができた。学校内部の組織や意志決定が現実にどのように行われているかを知り、校長や教頭のみならず各部の主任や平教員など、それぞれの立場やそれぞれの人の本音と建て前、あるいはいろいろな意味での力関係をいち早く読みとって、自分の部署でみずからに引きつけてものごとを考え、行動できたことは、とかく犬の遠吠えのように無責任なものに陥りがちなこの種の「闘い」の在り方から私を救ってくれた。

また、かれは目的のために、相手やそれ以外のさまざまな立場の人たちの意識を読みながら行動することを学ばせてくれた。かれの場合、それはたぶんに政治的な枠内にとどまる傾向が強かったが、このことの意味も、決して小さくはない。おかげで、私は自分ひとりの想いや考え方をじかにとおそうとするのではなく、一度それぞれの関係者の立場にたって物事を考え、その中でよけいな抵抗にはできるだけあわずに自分を実現してゆくことを覚えていった。

それだけではない。これは後に、私が「みずからのありのままのいのちを生かしていきる」と決めていきることができるようになったとき、単なる政治的な次元をこえて、最大限の力を発揮する。ひとに対してイマジネーションがかなり正確に働くようになったのだ。

もちろん、こんなことをとりたてて学ばなくても、「自分のいのちを生かす」という立場にたつことができれば、それは誰もが自然にできるようになることではある。ひととのコミュニケーションもうまくできるようになるし、それによってますますイマジネーションも過不足なく働くようになることはまちがいない。

しかし、私の場合、それ以前にこういう形で鍛えられていたことは、むしろそれ以後「すべての人々とそのいのちを生かしあっていきる」と決めたとき、私にとって確かに大きなベースになったと思う。そういう形で生かしたのは、もちろん私自身なのだが、あの世間知らずでくそ真面目で、自分に心の余裕もなかった私が、気がついてみたらこれほどに人や組織や、起こっている事態を結構正確にとらえながら対応できるようになっていたのだから、そうした基礎はやはり大であったといわざるをえない。

かれとの出会いから私が得たものは、他にもたくさんあった。つまらないことかも知れないが、一時期、私は親鸞思想や、宇野経済学にひとかた

ならぬ感心を持ったことがあった。これも実は、かれの影響によるところがかなり大きい。これらは今でも、私の養分になっているかもしれない。

生徒に対しても、かれは人一倍面倒見のよい教師だった。時に自己犠牲的なまでに。

ただ、はじめの頃かれは、生徒たちの中に差別とたたかう闘士となり得る者をみつけだし、かれらを育てようとしていた傾向があった。それは私も同じだったのだが、生徒たちの障害が年々急速に重度化し、とてもそれどころではない事態になっていったとき、「唯物論者」と自称していたはずのかれが妙に仏教的な思想への傾斜を深めていったように思えるのは私だけだろうか。慈悲、という言葉をかれはよく使うようになっていた。重い障害をもつ生徒に対して、「守る」とか「救う」という発想から、かれはどうしても抜け出せなかったのだ。

くりかえしになるが、私の方はそうしたことを機に「どんな重度の障害者とも、そのいのちを生かしあっていきる」という結論へと跳躍してゆく。そこが「健全者」と障害者の分かれ目、といってしまえばそれまでだが、とても皮肉で、かつ残念なことではあった。なぜならかれと袂を分かってから、むしろ私はかれから学んだことの全てをかえって思う存分生かせるようになったからである。

「自分が健全者であるという立場をよくわきまえた人だった」という評価を、最近、地域で共に闘った障害者の仲間のひとりから聞いた。ある意味でこれはあたっている。かれは差別と闘おうとする障害者たちを含めて、人と人とを媒介し、その闘いの陣形をかたちづくることに腐心はしたが、障害をもつもの同士の意志決定の過程には、決してはいってこようとはしなかった。

確かに、障害をもって生きるという事実や、そのことの意味を素通りしたところで、おせっかいにもあれこれとくちばしをいれてくる「健全者」がいる。しかもそういう人に限って理屈がたつので、障害者側はとてもたちうちができない。思ったことがなかなか言葉にならないのである。

それに比べれば、芝本さんは「被差別者」である障害者との間に一線を引いて、そこまでずかずかと踏み込んでくることはなく、障害者側の決定を重んじてくれたのだから、とてもやりやすい状況を作ってくれた人だった。先の評価があたっているというのはそういう意味である。

しかし、問題はかれがなぜそういう立場に自分の身を最後まで限定していたのかということである。おそらく、かれは「障害者」と「健全者」という区別とその解消の問題や、その間の関係といったことについて、本質

的な問題は全て「革命後」、つまり政治的・社会的な解放をかち取ったのちに先送りしていたのではないだろうか。

しかもかれは非常に自己否定的な価値観をもった人だった。政治的な空間では非常にラディカルで優れた活動をし、また党派性をもたない人だったので、すぐれて柔軟でもあったのだが、その被差別者に対したときの自己否定的な価値観は、障害者である私にも当然のごとくに押しつけてくるところがあった。同じひとりの教師として、また同志として。最もそれが顕著だったのは、被差別部落の出身者や、在日外国人などの問題に対したときだった。私よりずっと重い障害をもつものに対したときも。

だが、障害者である私がかれとそういう自己否定的な価値観を共有するということは、とりもなおさず、ただでさえ機能低下の著しくなっているみずからの身体に、さらに無理を重ねる結果を招くことになる。私のいのちの状態がすどおりされているからである。かれとの感覚の違いは、一番近くにいた人であっただけに、もっとも先鋭に表れてきたのだった。

おそらく、かれは社会的な解放という視点と共に、少なくとも学級経営や授業の中、そしてさらにこれから自分たちで作るべき拠点としての「施設」の中に限っては、自分の心や体をひらき、そこからやわらかな人間関係を創り出してゆく、という視点をも、課題として私といかにもぎこちなくではありながら、しぶしぶ共有していたはずなのだが、現時点での外の世界で後者の視点を優先して考えることなど、考えもしないことだったに違いない。

もちろん、私とてそれは当初はあくまで障害者の解放に向かっての運動の過程での人間関係のあり方の問題として考えていたのは間違いないことなのだが、ある時、自分の生活の忙しさで困り果てているかれに、私が「それじゃあ、芝本さんも介助を頼んだら？」と言ったのを、単に悪い冗談としか受け取らなかったふしがある。その点では、障害者たちの運動の過程に外側からあれこれとくちばしをいれてくる先の「健全者」と同じところにたっていたといえる。「介助する」側がそれを通して代行主義や利用主義に陥ってしまう、という問題も、実はかれには少しも解決できていなかったのである。

こうして、その後私はこの、自分の心と体をひらき、そのいのちを祝福して生きながら、お互いにそのありのままのいのちを生かしあえる人間関係を創り出してゆく、という生き方を自分のものにする。そこではもう、政治的・社会的な解放という課題を来るべき未来におく必要はなく、またそれを運動の過程に限定する必要もまったくなくなってしまった。ことは

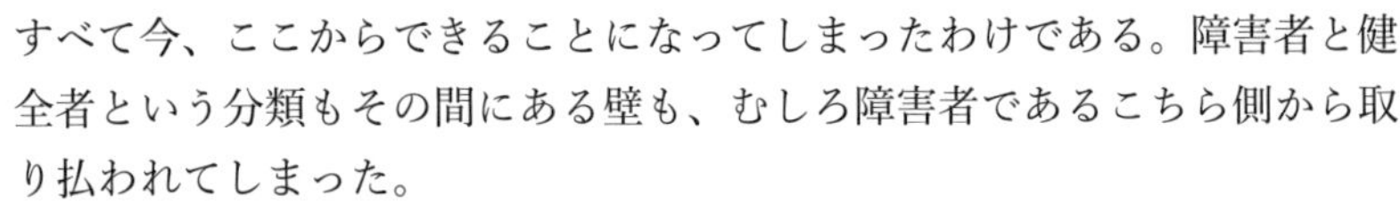

すべて今、ここからできることになってしまったわけである。障害者と健全者という分類もその間にある壁も、むしろ障害者であるこちら側から取り払われてしまった。

残念ながら芝本さんは、それについてくることができなかった。かれは最後まで「健全者」という壁の向こうに立ちつづけ、そして贖罪の意識を持ちつづけたまま、文字どおり自己破滅的にその生涯を終えてしまったのである。

私に残されたのは、私がたどりついた結論としてのいのちを生かしあう人間関係を、新しい形での拠点（交流農場と都会地での地域ケア生活センターをセットにしたネットワーク）づくりとそこを中心にしたこちらがわからの新たな地域形成として、目に見える形としても支えてゆきたいという強い願いである。そして、これは、現在着々と実現しつつある。

と、ここまで書いてきたが、実際の芝本さんは、その妙に欠落した部分まで含めて、ここに書いたよりもっともっと大きな人であったことはまちがいない。かれとの出会いとそこから得たもののすべてを生かしながら、私はこれからもかれと共に生きようと決めている。

すばらしい出会いをありがとう。

1994年7月9日　芝本博志さんの三回忌の日に

2023.2. 3追記　白砂巖

1994年の遠藤滋の文章は、遠藤滋が30年も前に書いたものだが、現在の私が改めて読み直しても、感服している。でも、2010年以降に、もしこの文章のテーマで、遠藤滋が書き直したら、次のように書き加えたことだろう。

『当時､私と白砂巖は『だから人間なんだ』と銘うった本を1985年に作っていて、二人はこの本を創る過程で、「ありのままのいのちを肯定、祝福して生きる」と決めた。このことで、自らの体に伴った後遺症を、「○○が悪い」などと言われ、「劣っている」と思い込んで「劣等感」をもったが､「悪い」とか「劣っている」体を否定しない（肯定する）と自分で決めたことで、周囲から受けた影響で抱いた「劣等感」を、私たちは払拭することができた。

ところが、日本人の中の、いのちが傷ついてしまった人のいのちは、劣っていると言われて、劣等感を持たされ、中には「優生保護法」で子供を残す資格も権利もないとされても、「仕方がない」と言ってあきらめさせられ、反論すらできない精神状態に追い込まれた。

もう一方では、いわゆる五体満足な「健常者」にとっては、戦後の日本で、保守政権によって「いのちが傷つき壊れるのは本人や家族のセイ」､「それは本人や家族が劣っているからだ」「自己責任だ」とした「意識世界」に閉じ込めら

れたことによって、「ああならなくて良かった」「ああなったらお終いだ」という意識で「自分は彼らより優れている』と幻の優越感に浸っている間に、自分で自分の「いのち」に「ありがとう」を言い出せるなんて思いもよらない「意識世界」に浮遊させられたから、自分が他人と比べて少しでも劣っていたりすると「劣等感」を「思い込み」、社会的に不当な扱いを受けても「仕方ないこと」と思い込まされ、我慢させられたりあきらめさせられたりしてきた。

こうした意識世界の中で、いのちが傷ついた人も、いのちが傷ついていない人も、自分で自分の「いのち」に対する明白な意志を持てなくしたから、人は物心つくころから、自分と他人を比べたり、自分が他人からいじめられたり、なんとなく他人から言われた言葉を鵜呑みにして、「不安や悩みや劣等感」を持ち続ける人を大量に生み出してきた。その結果、世の中に「いじめ」や「虐待」や「逆恨み」や「他人を傷つける犯罪」も蔓延させた。

世の中が、「不安や悩みや劣等感」を抱えた人ばかりだから、自分の意に沿って相手の人がやってくれないとか、自分の意見と他人がまったく違うことを言ってしまうと、心にため込んだ他者に対する「不満」や「怒り」の言葉で、お互いに角を突き付け合う関係を生んでしまい、衝突や見ず知らずの他人への攻撃を発生させてしまう。

これまでは、「政治」が変わらなければ「人間の開放」はないから「いのちにありがとう」なんて言えないと思い込み、また、自分は「いのちにありがとう」と言う世界（「差別のない社会」）を目指しているというひともいた。でも、本当に「政治」が変わらなければ「いのちにありがとう」と言って生きることは出来ないのか。「いのちにありがとう」ということを目指すというなら、なぜ、いまそうしないのか。不思議でならない。

私は、「ありのままのいのちを肯定し、祝福して生きる」ことで、「いのちにありがとう」と言って得られる「自己肯定観」と同じものが得られ、自らの閉ざされた意識が解き放されたことで、いわゆる五体満足の人である芝本さんにも理解してもらえると思った。だが、当時も今も、「政治（法律や制度）が変わらなければ解放されない」と信じ込んでいる人にとっては、理解が及ばない指摘になっているようだ。ところが、政治（権力の支配）が変わっても、人の心が変わっていない国の姿を、私たちは目の前で見ている。

いま現在、現代社会において「いのちにありがとう」と言って生きることが出来ないのは、「いのちは傷つき壊れやすい」ことに目をふさいでいたからで、「いのちが傷つき壊れても」それでも、けなげにその人の「いきる」を支えてくれている「いのちだ」という見方が出来なかった。もし、そういう見方が出来ていれば、まだいのちに大きな傷を負うことなく「いのち」が自分を支えてくれているのであれば、後遺症を伴って生きている人の何倍も「いのちにありがとう」と言って生きていくことができたはず。

でもそれが出来なかったのは、後遺症者を目にする時、「ああなったらお終いだ」「ああならなくて良かった」という目線しか持てず、「かわいそう」とか「頑張ってね」とひとごとですませてきたからだ。

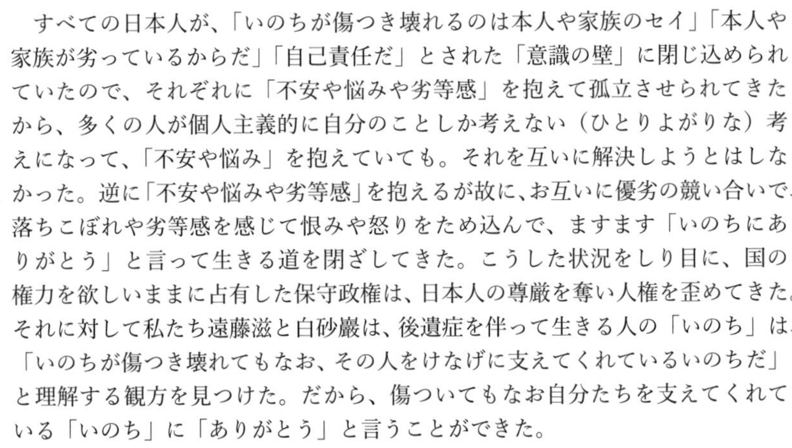

すべての日本人が、「いのちが傷つき壊れるのは本人や家族のセイ」「本人や家族が劣っているからだ」「自己責任だ」とされた「意識の壁」に閉じ込められていたので、それぞれに「不安や悩みや劣等感」を抱えて孤立させられてきたから、多くの人が個人主義的に自分のことしか考えない（ひとりよがりな）考えになって、「不安や悩み」を抱えていても。それを互いに解決しようとはしなかった。逆に「不安や悩みや劣等感」を抱えるが故に、お互いに優劣の競い合いで、落ちこぼれや劣等感を感じて恨みや怒りをため込んで、ますます「いのちにありがとう」と言って生きる道を閉ざしてきた。こうした状況をしり目に、国の権力を欲しいままに占有した保守政権は、日本人の尊厳を奪い人権を歪めてきた。それに対して私たち遠藤滋と白砂巖は、後遺症を伴って生きる人の「いのち」は、「いのちが傷つき壊れてもなお、その人をけなげに支えてくれているいのちだ」と理解する観方を見つけた。だから、傷ついてもなお自分たちを支えてくれている「いのち」に「ありがとう」と言うことができた。

そうであれば、まだ大きな傷を負うことなく支えてくれている「いのち」を生きている、いわゆる五体満足の人にとっても、後遺症を伴って生きる私たち以上に「いのちにありがとう」と言って生きることができるはずだとも考えた。しかも、「いのちにありがとう」と言って生きる人が、この社会の中で多くなれば、その集団は、この社会にあって「いのちにありがとう」と言い合って生きる人間関係を築き、これまでとは異なる社会性を身に着けた集団として、この現代社会の中で生きていけるはずだ。

もはや「政治」が変わらなければ「いのちにありがとう」なんて言えないなんて言っている場合ではない。その気になった人から、どんどん自分の「いのち」に自分から「ありがとう」と言おうじゃないか。そうすることで、いのちを生かしあう人間関係（人間の絆）に根ざした社会性を、私たちは手にできるはず。そうすれば、自らの生活基盤を個人の生活の枠にとどめないで、様々な懸案事項をいっしょに日常の生活の中から、一歩一歩解決に向けて進めていく道も開けるはずだ。その先に、温暖化対策や防災にそなえつつ、子育てや後遺症者や高齢者の支え合いに根ざした地域ごとの「支え合う集合住宅」も出現させていけるだろう』と。

遠藤滋の多摩市・自立ステーションつばさの講演より 2009年12月5日

今から20年余り前、ちょうど私が歩けなくなって勤めていた都立光明養護学校を休職せざるを得なくなるかならないかの頃、ある人と偶然再会しました。私は37歳になっていました。その人はポリオの後遺症で、片足が不自由でした。同い年でもあったので気が合って、人生ちょうど半ばにさしかかってそれまで見聞きしたこと、出会った人達の書いた文章などをまとめて本にしてみようということになりました。そうして出来たのが『だから人間なんだ』です。イラストから表紙の絵まで、全て（障害）のある人たちだけによって成った本です。1985年のことでした。

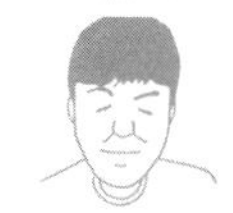

「いのちを肯定する（障害者）の五原則」として、①自分からにげないこと。②自己規制をしないこと。③自分で決めること。④今やりたいことをやること。⑤すべてを生かすこと。・・・これがこの本の結論として書かれていることです。作っている間は（障害）をもつ者だけを対象として考えていたのですが、出来てみるとこれは（障害）があろうとなかろうと、全てのひとに共通して言えることだと気がつきました。それで一挙に世界が開けました。

もちろん、差別は社会的な構造をもったものであり、個人が意図的に差別するか否かに関わらず、この世の中に生きているかぎりそれからまぬがれ得ない、という側面をもっています。でも、よく考えてみるとその差別の構造は、個々人の何気ないふだんの生き方そのものによって、支えられているのです。いのちをありのままに生かすのではなく、むしろそれを殺す生き方によって。たとえば自分を評価するのに、あるひとつの価値観で自分をひとと比較して、劣等感に陥ったり、優越感に浸ったりしているような・・・。

あなたは、いのちをいかして生きていますか？一度かぎりの、ありのままのいのちを。世間体や打算の世の中に流されて生きてはいませんか？（障害）を持っていると、そんなものに流されることはできません。（障害）というのは、だから契機となるのです。そんな意識にあふれた世の中のありかたをしっかりと見通す目をもつ・・・。

立場は逆転しました。いま、私は「健全者」の世界を見通せるようになりました。そして残念ながら（障害）をもつひとたちの中にも、いまだ世間体や打算の世界から抜けられずにいるひとが少なからずある、ということも分るようになったのです。

とはいっても、私のからだの機能は日に日に落ちていっています。また、現実には「（障害者）自立支援法」などというものができ、介助を受けるのに制約となることがとても多くなってしまいました。今回の政権交代を機に「自立支援法」に代わる新法を当事者感覚によって作らせる運動は続けざるを得ない。

でも、たとえどんな姿であろうと、いのちをいかし、いかしあうと決めてそのとおりにする・・・。それは（障害）をもつ者にとって、もっとも無理がなく、しかも輝かしい生き方なのです。世の中の人々がなんと言おうと。そしてそれは目立った（障害）のないひとにとっても同じことであるはずです。それさえあれば差別など、もう問題ですらなくなるような・・・。

ほかの人の「思い込み」も消せると思った二人　白砂巖

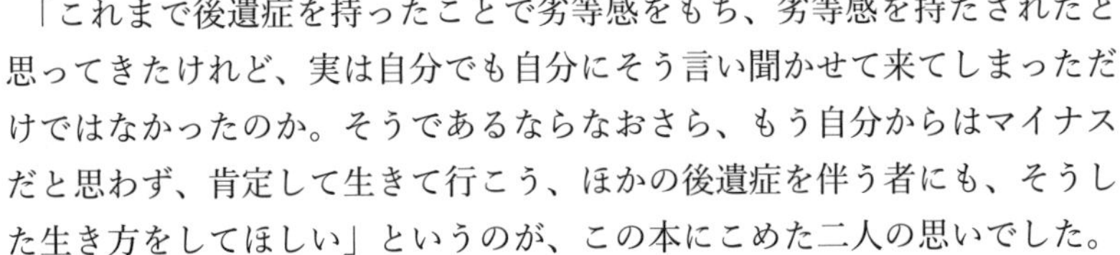

「これまで後遺症を持ったことで劣等感をもち、劣等感を持たされたと思ってきたけれど、実は自分でも自分にそう言い聞かせて来てしまっただけではなかったのか。そうであるならなおさら、もう自分からはマイナスだと思わず、肯定して生きて行こう、ほかの後遺症を伴う者にも、そうした生き方をしてほしい」というのが、この本にこめた二人の思いでした。

だから、この本を読んでもらえれば、自分の体（いのち）に「後遺症」のある人だけでなく、いわゆるいま五体満足の人も、自分を否定しないで生きてもらえるとまで、私たちは思い込んでいました。その理由として、「ありままの命を肯定して生きる」と決めて、自分を生きれば、私たちの「後遺症」は自分たちにとって、否定的に圧（の）し掛かってくる存在ではなくなっていたから。

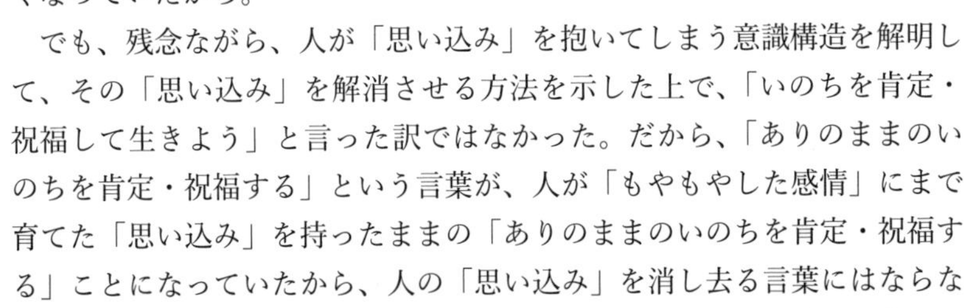

でも、残念ながら、人が「思い込み」を抱いてしまう意識構造を解明して、その「思い込み」を解消させる方法を示した上で、「いのちを肯定・祝福して生きよう」と言った訳ではなかった。だから、「ありのままのいのちを肯定・祝福する」という言葉が、人が「もやもやした感情」にまで育てた「思い込み」を持ったままの「ありのままのいのちを肯定・祝福する」ことになっていたから、人の「思い込み」を消し去る言葉にはならなかったのだ。私たちが、この勘違いを解消するまで、さらに時間を費やしてしまったことは、今にして思うと、非常に残念だったと思う。もう少し若い時に気付いていれば・・とつくづく思う。

1985年当時から耳にしていたと思うが、小学校や中学校で生徒が自殺してしまう事態が起きると、学校の教師が、「いのちはひとつ」だから「いのちを大切（大事）にしよう」と語りかけられている言葉をよく耳にする。しかし、生徒の自殺は繰り返されている。

そんな姿を見ていて、「そんな言葉は生徒に届いていないよ」など思っていながら、自分たちが「ありのままのいのちを否定しないで肯定して生きるためにも、「ありのままのいのちを祝福して生きよう」と伝えた言葉も、実は「いのちを大切に」と呼びかけられた言葉と同じで、人の心の中にまで届いていなかった。

白砂は、中学3年の時、同じクラスの仲間が自殺で亡くしたことから、後遺症の人が差別の言葉から脱却できるようにすると共に、自殺する人が一人でも少なくなることを願っていた。にもかかわらず、私が届いてほしいと思った人に、私たちの言葉も届いていなかったのだ。二人のメッセー

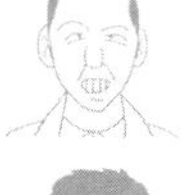

ジが届いていないと分かっていても、私たちが2010年に、この先の人生、どんなことがあっても、自分たちだけでも、「いのちにありがとう」と言って生き抜こう」と決めるまで、その原因はつかめなかった。

いかに、「いのち」の外側から「大事だ」とか「肯定・祝福しよう」とか言っても、心の中に抱え込んだ「思い込み」を払拭できる言葉ではなかった。だから、自分たちが勝手に思い込んだ本を読んだ人の反響は得られなかった。

それでも、「健常者と障害者、住む世界が違う」と言われた考えに、不満を覚えていた私たちは、これをひっくり返す、同じ土俵に立つ考え方はないのか、この後も、右往左往し、手探りでそれを見つけ出すために、こんなことを考えるようになったけどどう思う、などと話をして、二人の考えを突き合わせて文章に書きながらやり取りしてきた。私たちは、多くの人が、それぞれ「思い込み」を抱えていたことを知っていても、注視して分析する能力を、当時は持ち合わせないまま、やり過ごしていました。

そもそも、「いのちが傷つき壊れやすい」。いのちが傷ついても、私たちのいのちはけなげに私たちの生きるを支えてくれている。このことに気づけたから、「後遺症」を持つ身の私たちでさえ、「いのちにありがとう」と言える。そうであるなら、これからは「いのちにありがとう」と言って生きると決めたのだ。だから見えてきた景色がある。

これまで後遺症を持つ身の私たちは、何故、「いのちにありがとう」と言って生きることが出来なかったのかという疑問が、当然のように湧いてきた。だから、戦後社会の意識世界を形成してきた保守政権が、「いのちが傷つき壊れるのは本人や家族が劣っているからだ」「それは本人や家族が悪い」「自己責任だ」と言ってきたことに気づくことが出来たのだ。

2. 自殺をめぐって起きていること

とりあえずは大過なく自分を支えてくれている「いのち」に、「ありがとう」の気持ちを表わせることを覚えぬまま、物心ついたころからの「思い込み」で、「不安や不満や劣等感」をいだいて、卑屈になったり、絶望して自暴自棄になったり、あきらめたり、精神を壊されて無気力に陥ったり、いじめや差別を受けた恨みや憎しみで生まれた「もやもやした感情」を増幅させ、逆恨みで爆発させて、自殺や犯罪を引き起こす引き金になって、他人や自分のいのちを無駄遣いする人が絶えない。

さらには、否定し続けているから、しんどい思いをする。こんなしんど

い思いをするのは社会のセイ、社会が悪いからだと、自分の絶望感と社会や周囲の人間への逆恨みで、罪を犯し、挙句の果てに自殺願望を秘めて道ずれに「ひとを殺して自分を殺してくれ」と、殺人をして、あとは死刑にしてくれと犯罪に走る人間も出現している。

また、スポーツで大活躍する人が、活躍できている時だけ、有頂天に自信満々の態度をみせても、病気やけがで、致命的な後遺症を負い、自信を失って、同じように活躍できなくなることがある。そうすると、将来などへの不安から必ず「絶望的心境」に陥って、自暴自棄になって自分を見失う姿を見せる人が出る。そんな「自信」しか身に着けていないのは、活躍できている時から、自分の「いのち」に「ありがとう」の気持ちを、もともと持っていなかったから、というのが私の理解。

そんな「自信喪失」の果てに、自殺する人が絶えない現実は、私には耐えがたい思いがある。私は、中学3年の時、同じクラスの仲間を自殺で亡くしたことがあるし、私自身、絶望感に取り込まれていた時、「死んだほうがまし」と思い込んだことがあるからだ。

よく学校などで生徒の自殺が起きる。そうすると、繰り返し「いのちは大事」「君のいのちは世界にひとつ」「命は宝」などといって、生徒に自殺しないように呼び掛けられる言葉や、「人間性を取り戻そう」と語りかけられる言葉が語られる。こうした言葉たちは、自分が自分自身に直接語りかける言葉ではないので、人の「もやもやした感情」をその人から直接追い出す言葉にはならなかった。

そして、遠藤滋と私で世に問うたのが、1985年に自費出版した『だから人間なんだ』でした。この本を作る過程で、私たちは、「ありのままのいのちを肯定して生きる」という言葉に出会い、そうすれば、人の鬱屈とした心から解き放たれ、自分を肯定して生きることにつながると思い、「後遺症」を伴って生きているほかの人の文章もまとめて本にしました。

私たちはこの時に、遠藤滋の場合で言えば「手が悪い」と言われたその手が、彼が歩くとき（自力で歩けていたのは37歳までだったけれど）飛び跳ねるような動きをしながら体のバランスをとっていたから、めったに転ぶことなく歩かせてくれていたし、私の場合で言えば、自分の短く変形した左足の膝から下は筋肉も働いていない後遺症の足が、私を歩かせてくれているのだから、私たちにとって「悪い手」でも「悪い足」でもないと自覚することができ、それぞれの後遺症は、劣ってもいないし、「障害」ではないと、自分の「いのちの在りよう」を見て思った。

だから、その後の「いのちを生かし合おう」というメッセージ≪拙著の

『障害者が語る現代人の生きざま（2004.10）』にしても、人（健常者）の「思い込み」を払拭する言葉とはならず、なかなか自分たちが思う反応は得られなかった。この点で、私たちの言葉にしても、一部の人の納得を得られることはあっても、自分で自分の「いのち」に直接言い聞かせて、「もやもやした感情」を心の中から追い出すだけの「言葉の力」を持てなかった。要は、私たちは、新しい言葉の言いかえで、判ったつもりになってしまい、それ以上の探求をしないで、「思考停止（遠藤滋の言葉）」に陥っていた。

この時の二人にとっての「後遺症」は、「差別されるもの」と結びつかなくなっていたから、いわゆる「健常者」が抱えている「思い込み」や「もやもやした感情」は、「ありのままのいのちを肯定して生きる」ことで、意味をなさなくなると勝手に思い込んでいた。しかし、「不安や不満や劣等感」を抱えている人にとっては、「不安や不満や劣等感を抱えたままのいのちを肯定して生きる」ことになっていたのだ。

この時の私たちは、身体の外形に伴って劣っていることにされていたから、身の受け止め方が変われば、差別は解消されると考えていたのだと思う。しかし、いかに「いのち」は「大事」とか「宝」とか「たった一つの花」と持ち上げられても、心が「思い込み」で「不安や不満や劣等感」を抱えている人にとっては、「不安や不満や劣等感」だらけのあなたの「いのち」が「大事」とか「宝」とか「たった一つの花」としか言い表さない言葉になっていた。この事実に、多くの人が気づけずにいた。

当初は、こうした「思い込み」を、自分たち後遺症を持った者が言われてきた言葉と同じテーブルに置いて分析できていなかった。だから、私たちが投げかけた言葉も、思い込んだ「健常といわれている人」の心に届かなかったから、自殺を減らし、人間性を疑う犯罪を減らす力にもならなかった。

「いのちは大切？」

遠藤滋一言集7 < 1998年3月10日 > より

先月、中学生が女性教師を刺し殺してしまう、という事件が起きました。華やかなオリンピック報道の陰で、その後も中学生の起こした同じような事件が相次ぎました。

昨年起きた例の「酒鬼薔薇聖斗」の事件の時もそうでしたが、こうした時、必ずといっていいほど出てくる言葉があります。「いのちの大切さを教えなければ‥‥。」

ぼくはそのたびに、暗澹たる気分になる。空しいのです。言葉になんの中身も感じられないからです。彼らがおかれた状況に対するイマジネー

ションも、無自覚にそういう状況を作ってきてしまった大人としての自分たちの責任も、なにも踏まえられていない…。

いったい、大人たちのどれほどがお互いの固有のいのちを「大切に」生かしあっているでしょうか。いのちよりも、金？　それとも地位？　名誉？　それは、まさに今頃になってなお、みずからの生存権に関わる「介助」の問題で、ひとりで悪戦苦闘を続けることを余儀なくされているぼくら障害をもつ者の姿を見れば、明らかです。

子供を競馬場のようにゲートに一列に並べ、偏差値で競わせる。親たちは子供が机の前に座っていれば、一安心。その上せめて礼儀正しく、お行儀のよい子であれば、なお安心なのです。生きるということを中身として何も伝えていない。十数年前、「校内暴力」や「家庭内暴力」という形で子供たちの反乱が起こったときも、結局はそれをまともには受け止められずに、管理を強化するなどの表面的な対応で抑え込んでしまっただけでした。

いわゆる登校拒否や、いじめの陰湿化などは、その結果として起こってきたようにぼくには思えます。それは教師たちの責任であるだけでなく、親たちの責任でもあるのです。

「きれる」、「むかつく」などというとき、今の子供たちは必ずしもその特定の対象を持たない、といいます。相手が見えないのです。それどころか、「弱い自分」、「よい子になれない自分」に対する嫌悪感をたえずもっている。固有のいのちの否定の、なんという極み！　ナイフなどを持ちたがるのは、そこから逃れたい一心からなのです。そこにまた、わかりきった「注意」がきてしまったら、いったい、どうなるか。

そこまで子供たちを追い込んでしまったのはだれなのか。子供は、たえず大人たちを写す鏡でもあるのです。

3.『だから人間なんだ』後の遠藤滋と私　白砂巖

1986.3.7 〜 1987.6.21　「遠藤滋からのメッセージ」「介助者」雑記ノートより作成

1987 年 6 月 18 日午前 02 時 29 分　佐久間（森田）康志、東京医科大学病院にて 23 歳で死亡。社会事業大学に学び、遠藤滋の介助者として私とも出会う。「いのちの共和国農場」計画に賛同し、ともにやらんとしていた。詳しくは『障害者が語る現代人の生きざま』明石書店参照。

1987 年 7 月 25 日　『雪冤　島田事件・赤堀政夫はいかに殺人犯にされた

か』を出版（社会評論社）。原稿をまとめるのに1年4か月かかる。この作業に入る前、当時行動を共にしてきた人からは、赤堀政夫の供述調書を調べ直しても何も出てこないよ、といわれ、それでも、自白調書があるから犯人に違いない、と言われつづけてしまうから、出来ればこの調書を潰しておく必要がある、と単純に考え、何が判るかわからないけれど、供出調書と目撃証言の分析を始めることにしたのです。

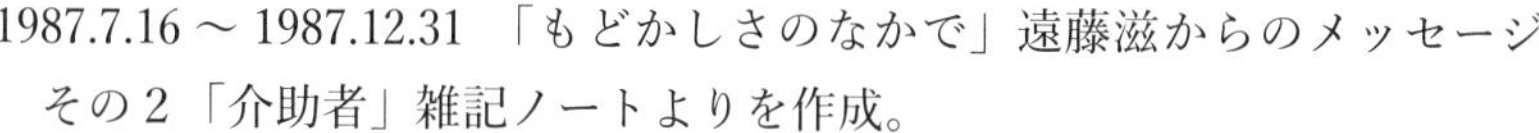

1987.7.16 ～ 1987.12.31 「もどかしさのなかで」遠藤滋からのメッセージその2「介助者」雑記ノートよりを作成。

1987年8月3日か　巣鴨の南をバイク運転中、バスの後を走っていて車線変更したところ、停車中のトラックの真後ろにつく形になり、トラックの後に追突。この事故で左足のひざと踵の間の骨を骨折し入院。文京区・山内病院。

1987年11月7日　『雪冤・島田事件』の出版記念会。

1987年11月15日　遠藤滋の介助をしていた馬場康行君、インドで死亡。肝炎。『障害者が語る現代人の生きざま』に詩あり。

1988年5月1日　白砂巖著『鏡よ鏡（詩とエッセイ）』を文庫・いのちの森3として自費出版。発行・ケア生活くらぶ。この間、伊豆で競売物件をめぐって土地探し。いつの頃かは忘れたが、南伊豆町で土地探しのビラを個別配布して、馬場さんが連絡をくれ、南伊豆町伊浜の斎藤さんを紹介され、土地探しに結びついた。

1988年5月23日　『1リットルの涙』を贈られた木藤亜也さん死亡。

1988年12月25日　関口慎吾君(筋ジストロフィー)死亡。肺炎。葬儀に参列。『だから人間なんだ』のカットを書いてもらう。

1989年、遠藤滋、二次傷該として頚髄損傷の進行により、東京都立光明養護学校を退職。けれど、1985年7月に『だから人間なんだ』を本にしてからは、白砂はもっぱらカバンに詰め込んだ本を持って、各地のグループの集まりに出向いて本売りに精を出したものの、自分たちが期待した反響が得られることはなかった。この原因に気づかないまま、この後も「確信できる答」探しの二人の当てのない心の旅を続けながら､「ケア生活くらぶ」を発足させて、「ケアを前提にした共同住宅の建設」を企画して,その実現を模索してきました。また､自然との関りを持つ「農場」を持ちたいと、伊豆に絞って二人の土地探しを始めることになる。

1989年1月31日　赤堀政夫の再審無罪確定。

1989年12月25日　関口慎吾君のイラスト集『ＳＨＩＮＧＯ』を作成に参加。

1990年4月12日　『だから人間なんだ』の本以降、「ケア生活くらぶ」を

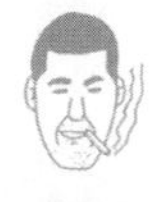

構想し、西伊豆・松崎町岩科南側（八木山）に農場として土地・甘夏の山林を、遠藤滋と買う。約2800坪・1800万円で。山谷の梶さんの農場からさらに奥の山林。標高300m前後。白砂は契約のため父母と伊豆へ。

1990年9月〜 群馬県沼田の鈴木さんからバックフォーを買い、運んでもらい、伊豆のみかん山の開拓・開墾を始める。白砂は、寝泊りできるスペースを確保するために、伊豆の山に竹を組んで合成樹脂のシートをかぶせた小屋を作り、そこで寝泊まりして、手に入れたバックフォーで、改めて段々畑の山の一部を切り崩し、谷を埋める開墾を始めた。1991年1月、ほんの少しの平地を作って、12畳のプレハブの建物を建て寝泊まりできるようにし、甘夏の収穫をつづけ、産地直送をほそぼそと続け、野菜畑に使える場所を少々開いただけ。それも「いのしし」の出現で、畑作りは頓挫。共同住宅の建設に関しては、遠藤滋氏が公共の建築物など建物の調査活動を手掛けてはきたものの、具体的には何の進展も出来ないまま、この21年を過ごしてしまいました。

1991年1月2日　野間宏さん死亡。『心をしばってください』の推薦文を書いてくれた。

1991年1月8日〜　遠藤滋宅に寄り伊豆へ。一樹氏の助勢で基礎工事。12畳のプレハブ小屋を建てる。この農場の甘夏は1991年以降、農薬を一切まかず、みかんの木の周囲の篠竹や草を刈って、集めた落ち葉を木の周辺にまいたものや、薪を燃やしてお風呂を焚いて、残った灰も肥料にしてきた。

1991年8月か　高杉晋吾・門間ファミリー・星野夫妻・五十嵐二葉・横浜事件の木村亨さんと通訳荒井君と、スイス・ジュネーブ（国連・人権委）へ。このあと、門間ファミリー・通訳荒井君と、ポルトガル・リスボン（東チモールの難民の居住地）、スペイン（オレンセの子供村など）、オランダを回って帰国。

1991年8月9日　門間・平野さんたちと行った能登の原発反対行動で知り合った塚原説さん、能登のキャンプに参加。海に落ちた子供を助けようとして死亡。説さんは、伊豆にプレハブ小屋ができたら行きたいと言ってくれていた。

1991年10月23日　遠藤滋の介助をした小山洋子ちゃん死亡。20歳。急性心不全。○下○子さんの住いのマンションで下血して三田の鈴木病院に救急車で担ぎ込まれ入院中だったが、葬儀に参列。横浜市泉区。『障害者が語る現代人の生きざま』に詩あり。

1991年12月　提案します『ケア生活くらぶ』もう一つの暮らしへのパス

ポート　を発行。1990.12.29 朝日新聞の記事「ミカン畑に自立の果実」身障者二人が農場造り「ケア生活くらぶ」設立にあたって　会員申込書も入っている。

1992年　この年、安倍治夫弁護士が、ボクシングの金平正紀の紹介で「袴田巖さんを支援する会」の弁護士になってくれ、袴田巖の弁護人になったことで、裁判記録が手に入り、安倍弁護士の補助として、新証拠探しをすることになり、私は、被害者4人のキズの刺し口の幅と深さの数値から図にして、被害者は4つの凶器（それぞれ包丁に近い形状を示していた）が使われた可能性を指摘したが、静岡地裁の裁判官は、素人の指摘だとして、無視した。ただ、この時に、清水のこがね味噌専務一家刺殺放火事件（いわゆる袴田事件）では、検察官が主張した事件の筋書きを問題にしてきたが、実際に、行われた犯行がどういう姿だったのか、警察の現場検証に基づいて争われてこなかったことに気づいたが、この当時は、安倍弁護士から提出した再審請求を見守ることと、他にやりたいことがあったのを言い訳に、調べるのを先送りしていた。

1992年4月　「ケア生活くらぶ」の活動の一環として、住宅を調査するために「『点検　日本の建造物』調査票」を作成。甘夏の箱に入れて発送。調査を依頼するも記載されて返ってきた冊子は全部で9冊。

1992年4月10日　白砂巖、○下○子と44歳で結婚

1992年5月30日　『えんとこ通信20号』伊豆“いのちの森”山滞在記

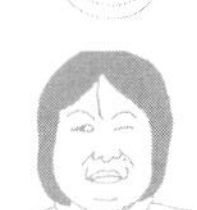

1992年7月9日　芝本博志死亡。49歳。遠藤滋氏の光明養護学校教師時代のよきパートナー。『苦海をいかでわたるべき』を遠藤滋氏と共著。生前、『だから人間なんだ』を出版して以降、遠藤滋氏を変質させたと恨まれる。2020年2月現在、『「いのちにありがとう」人間宣言に辿りつくまで』をまとめ上げてみると、苦海をわたる船は、「いのちにありがとう」と自らのいのちに対して言葉にする、この言葉こそが、その船にあたると、いまは言える。

1994年1月　『いのちの森通信』第1号　ケア生活くらぶ　を発行

「ケア生活くらぶ」のネットワークを　伊豆の農場にて

1994年1月20日　『えんとこ通信27号』1994年の目標　編集者の独り言（かおる）

1994年5月18日　『えんとこ通信28号』新人歓迎パーティーかねて5月のミーティング　アンケート

1994年6月19日　『えんとこ通信29号』単なる「経験」や「思い出」に終わらせてほしくない（遠藤滋）

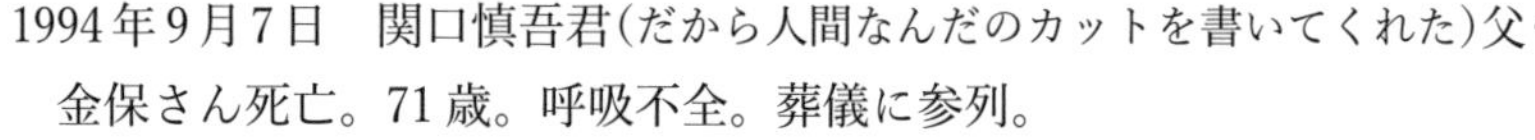

1994年9月7日　関口慎吾君(だから人間なんだのカットを書いてくれた)父・金保さん死亡。71歳。呼吸不全。葬儀に参列。

1995年8月15日〜17日　遠藤滋氏・おびつ君・伊藤君・泉田（女性）さん一行、伊豆に来。

1996年6月『いのちの森通信』第2号　ケア生活くらぶ　を発行

これからの日本・どう生きるの？　いのちの杜季節暦

1997〜2001　また遠藤は、1997年〜2001年、“家・まち調査隊”を作り、調査結果をサイトに公開。

1997年　バックフォーが不調で、劣化した部品を交換すると、しばらく動くけれど、2週間ぐらいするとエンジンが止まるというバックフォーの不調が続く。また、土木用キャリアがブレーキの故障で方向転換が自由にできなくなってしまう。機能しなくなった部品を探したりするが、何分にも古い機械だったので見つからず。

1997.04『いのちの森通信』第3号　ケア生活くらぶ『農薬・ダイオキシンとエストロゲン』いのちをあやめる化学物質」を発行。本文の中の環境ホルモンに関する分析は、この小冊子をもとに、さらに分析を加えてまとめました。

1998年2月1日『えんとこ通信50号記念』ホームページのこと　ケア生活くらぶ調査活動報告　介助者さがしのこと　えんとこ忘年会in1997　ぼくにっとってのテレビの役割（遠藤滋）1998.3伊豆通信・春（白砂巖）

1998年　秋から私たちの農場がある山一帯に、猪があからさまに出没し、人にも目撃されるようになりました。これは、日本の各地で現れている現象だが、山に植林した木が大きくなっても、手入れの施されない森林が増えていて、餌になる木の実を落とす木が減った上、この年の秋には山の木の実が不作だったので、自然界に野生動物の食物が不足したのが原因だろう。

1998年　バックフォーが不調で、劣化した部品を交換すると、しばらく動くけれど、2週間ぐらいするとエンジンが止まるというバックフォーの不調が続く。これまでの土木用キャリアがブレーキの故障で方向転換が自由にできなくなって、土木作業に危険を感じるようになったので、中古の土木用キャリアを改めて買う。

1998年12月末から1999年1月にかけて、新しく手に入れた土木用キャリアで、谷に落としてあった、手で持てる石を集めて、運び、農場入口の崖に石積みして石垣を築いた。

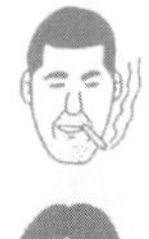

1999年1月20日　クボタ建機に依頼して、バックフォーの部品（燃料ポ

ンプ）を交換して、機械の不調を改善する。その後、2月いっぱい、入口の山側の崖を削るも、山側の崖を削りきれず、2 mの高さで崖が残った。

1999年1月〜3月にかけて　猪にたけのこを食べられる。

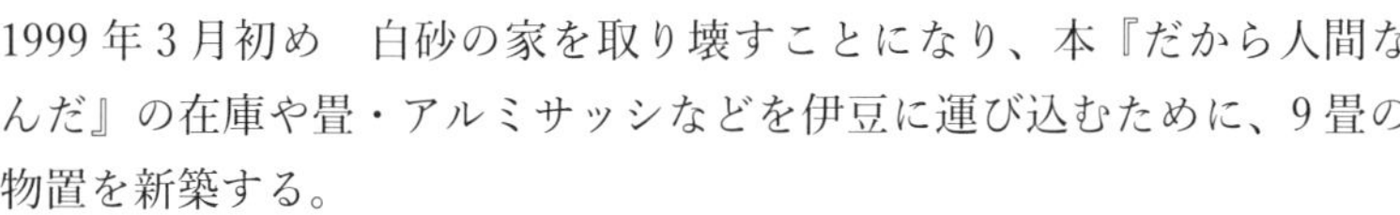

1999年3月初め　白砂の家を取り壊すことになり、本『だから人間なんだ』の在庫や畳・アルミサッシなどを伊豆に運び込むために、9畳の物置を新築する。

1999年3月10日　東京の荷物を運び出す。引っ越し。

1999年3月11日　雨の中を、伊豆の山の農場に運び込む。

4. ドキュメンタリー映画『えんとこ』が完成

1999年3月末　寝たきりの生活を余儀なくされた遠藤滋氏の生活を追いかけた、ドキュメンタリー映画『えんとこ』が完成。監督は、彼の立教大学時代の学友・伊勢真一。いま盛んに全国各地で自主上映がなされています。問い合わせは『えんとこ』上映委員会

『えんとこ』と「徹子の部屋」遠藤滋一言集14＜1999年7月30日＞より

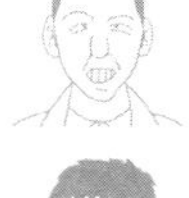

「徹子の部屋」を訪問してきました。映画『えんとこ』の監督、伊勢真一とともに。番組の収録が行われたのは、7月19日のことでした。

当日まで、ぼくはそのことについて何も考えないようにしていました。なるべくいつものとおりの調子でやろうと思っていたからです。

事前にディレクターが来て、それなりに打ち合わせはできていました。正味22, 3分の番組の中で、ぼくが言えることはさほど多くない、ということも、伝えてありました。しかし、ぼくはこれまでテレビ局のスタジオに入ったことなど一度もない。この番組の収録の仕方についても、まったくイメージできてはいませんでした。

控え室に一時間ほどいて、「あと10分だよ」と言われたとき、なぜか急に緊張してしまったのも、あるいはやむを得ないことだったのかも知れません。ミーハー的な雑音には決してのらないつもりでいたのに。

時間との追いかけっこは、ぼくの一番苦手とするところです。スタジオの床から約40センチほどの、いわばステージのように高くなったところにセットがあって、そこに黒柳徹子も現れ、その上でまずは最初のカウントダウン。基本的に撮り直しなしの一発勝負の番組収録の途中に、4回もコマーシャルタイムがあって、そのたびにカウントダウンが繰り返されるのです。そのたびに、ますます緊張が高まっていってしまう。

収録はあっという間に終わっていました。あいだに何を聞かれて、それに何と返したのかさえ、ほとんど覚えていない状態でした。

いのちそのものをまるごといかして生きる、というぼくの生き方の前提が、きわめて不鮮明にしか表現されていなかったこと、それにひと（他人、とりわけ専門家？）や政治に頼るのではなく、自分たちの責任で未来をきり拓いてゆく、ということの積極的な意味が、徹子さんに十分理解されていなかったことなど、それらを残念に思ったのは、7月30日に放送された番組を見たあとのことでした。

事前の打ち合わせを、もっと丁寧に行っていたら、はたして何とかなっていたのでしょうか？　‥‥ぼくには必ずしも、そうとは思えません。

ここが難しいところ。

まあ、車椅子の乙武くん（『五体不満足』の著者。早大生）があれだけ活躍しているのだから、ストレッチャーに乗ったこんなおじさんもいるよ、と自分の姿を人の眼にさらすのも、けっして意味のないことではないのではないか、というところから引き受けた番組出演だったのだから、この程度でも、甘んじてよしとすべきでしょうか？

ともあれ、とてもよい体験をさせてもらいました。

『えんとこ』と「天声人語」　遠藤滋一言集20 < 1999年12月5日>より

映画『えんとこ』が、12月1日の朝日新聞のコラム「天声人語」に紹介されました。この映画の完成上映会が始まってから半年、上映運動にとってはさらなる追い風です。

おそらく、時代にとってなんらかの必要性に応えるところがあるのでしょう。どこまでゆくのか、そら恐ろしい気もします。

でも、そう思うと、ぼくとしてはやはり気になることが出てきてしまう。この映画を観てくれたひとたちの感想のなかに、「“あるがままの自分でいいんだ”と感じることができて、肩の力がぬけ、とても楽になった」というようなものが多いことです。

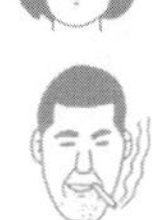

たしかに、こうした感想を持ってくれるひとがいるのは、とてもうれしい。しかし、それは“お互いのいのちを生かしあっていきる”世界の、入り口に立っただけなのです。その入り口の扉を開けて、その中へみずから一歩を踏み出すかどうかは、あなた次第‥‥！

「ありのままの自分のいのちと、それが置かれている状況‥‥。それを一旦まるごと自分でひきうけて、全ていかしてゆけばいい。おいしいところ取りは、禁物。一見難しそうにみえても、ひとの目を気にせず、すこし

勇気をふるって自分のいのちの姿を裸にしさえすれば、それだけで、みずから決めて“今”のすばらしい生き方を展開することができる」。

これが、今までぼくがみんなに伝えようとしてきたメッセージでした。

ぼくがいいたいのは、修行して悟をひらけということでもなければ、だれか特別な能力に恵まれたひとに、教えを仰げばいい、ということでもありません。むしろ、そんなことは考える必要はないんだよ、いま生きている、このいのちを唯一のよりどころとして、それを大切に、まるごといかして生きればいいんだよ、という積極的な姿勢。

そしてそれは必ず、自分のまわりにいる誰彼との関係のなかでしか、できないことだし、考えられないことです。そうやって、ひとはそれぞれにいかしあって、生きてゆけばいい。

映画という媒体は、たとえば文字だけで表現する、評伝とか、評論とか、はたまた随筆などというものとは、表現方法がかなり違っているはずです。その証拠に、本人であるぼく自身がほんとうに伝えたいことまでしっかり踏み込んで、ぼくのホームページにつくってある「雑記帳」や、電子メール等で、ちゃんとかみあったメッセージを返してくれるひともいます。

そこまで読みとってくれる人がいるのだから、伊勢の映画創りも、まんざらでもないのかも知れません。とりあえず伊勢に、感謝、感謝！

『えんとこ』とメール

遠藤滋一言集21 < 2000年4月15日 > より

ご無沙汰しました。数ヶ月ぶりの登場です。

というのも、昨年の12月から、今年の1月までのほとんど2ヶ月の間、身体の緊張が極めて強く、その後も体調が不安定だったからです。そのうえ、確かにうれしい悲鳴でもあったのですが、映画の『えんとこ』を観たという、いろんなひとたちから届いたメールに返事を書く、ということにもかなりの力をさいていました。

知らないひとからのメールでも、ぼくは必ず一度は返信を送ることにしたのです。どんな機会にも、それをいかして、新しい出会いを求めてゆこうと決めているからです。

ぼくの障害は、脳性マヒ。そこからきた、頚椎の変形による神経管の狭窄のために起こる、諸症状をもあわせ持っています。知らずにいつの間にかためてしまった精神的な緊張が、そのまま肉体的な緊張として現れることもしばしばです。

だから、ぼくにとって、あらゆる意味での緊張は禁物。いくらケンカをふっかけられても、それには乗らないようにしています。それが命取りに

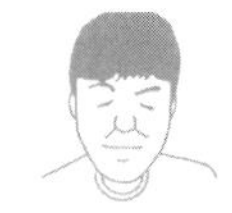

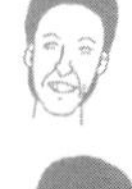

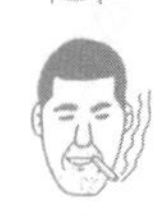

もなりかねないので、できるだけボーッとして、受け流します。

難しい話には、できるだけ乗らない‥‥。

でも、たまにメールで、わざわざカチンとくるような言葉を送ってくる人もいる。不思議なことに、ぼくとおなじような障害を持っている人に、それが多いのです。

思うに、ぼくのどうということもない日常生活が、ドキュメンタリー映画として全国各地で上映されていること、それにテレビやラジオ、新聞などにそれが照会されてしまったことに対する、やっかみの心が働いているとしか思えません。そんなところで、ぼくは自分を誇ろうとはこれっぽっちも思っていないし、第一、それどころではないのにもかかわらず‥‥、です。

ぼくは、これまでの自分の模索のつみかさねのうえに、やっと今のような、自分ならではの固有の生活の形をみつけ、それでどうにか生きているだけで、これが誰か他のひとの生活のモデルになるとは、まったく思っていません。「自立」という言葉すら、久しく使ったことがないのです。なぜって、関わってくれるみんなの力に支えられて、はじめてぼくの生活がなりたっているのだから‥‥。

伊勢にしても、障害を持つ者の、最も新しい生き方として、この映画を撮ったわけではないと思う。あきらめないで、ここまで生きてきて、なお明日を開こうとしながら生きようとしている、そういうぼくの、ありのままのいのちの姿を、ありのままにただ淡々と撮ろうとしただけのことだったと思います。

いま、各地にできている、「障害者自立生活センター」、ぼく自身は、そこで行われている、「自立生活プログラム（ILP)」や、「個人的自立生活プログラム（PILP)」などに、それなりの意義はみとめつつも、それがかえって、本当に自分らしい「自立」生活の仕方を、枠づけてしまうのではないか、ということに危惧の念を抱かざるを得ません。

ぼくは、自分が幸運にも障害を持っていたおかげでたまたま気づくことが出来た、もっと普遍的な視点から、ひとびとの生き様を絶えず見とおして生きてゆくことを、せいぜい楽しませてもらおうと思っています。もちろん。その視点は、可能な限り、多くのひとと共有し、それを積極的にいかしたいのですが‥‥。

『えんとこ』で「札幌に行きました」

遠藤滋一言集 27 < 2000 年 10 月 10 日 > より

札幌に行ってきました。9月30日に羽田をたって、10月3日まで。

「伊勢真一映画祭」というもよおしがあって、その初日の10月1日に『見えない学校』とともに、『えんとこ』が上映され、トークに呼ばれたのです。

上映のあいまの、全体で1時間ほどのトークショウの中で、しかもわりあてられた20分の時間では、遠藤はほとんど何も話せないだろう、ということに気づいた伊勢自身が提案したのか、あるいは札幌の主催者団体のだれかが希望してくれたのか、それは分かりませんが、あくる2日の晩に、交流会を呼びかけてくれたのです。これは楽しかった。来てよかった‥‥、とほんとうに思いました。

主催者側のひとたちを別にかぞえれば、30人以上のひとが集まっていたでしょうか？　映画の感想をきいたり、逆に集ったひとたちの質問に、わざと裏話をまじえてこたえたり、すばらしい出会いのひとときを過ごすことができました。

その前日の夜には、北海道ならではのおいしいものも、食べさせてもらいました。新鮮なイクラに、ナマの卵黄をかけたもの、それにホッキ貝！‥‥ウニはもちろんのこと、カニ、ナマエビなどの鮨も、東京では決して味わえないものでした。それに石狩鍋など。

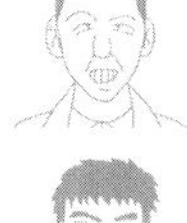

札幌味噌ラーメンも、車いすに座ったままで、かろうじて味わうことができました。

それよりも何よりも、もっと驚いたことがあります。

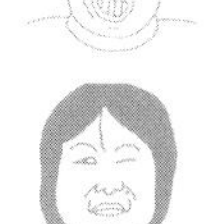

介助者を含めて、ぼくが泊めてもらったところが、小山内美智子さんをそのリーダーとする、「札幌いちご会」が、わずか半年前に実現させたばかりの、念願の施設だったことです。名前を「アンビシャス」といいます。障害者の自立生活を実体験をとおして促すための、いわば総合施設です。デイケア施設の性格や、保養施設の性格もあわせもっています。とっても居心地がよかった。

いわゆる障害者運動にいくつかの流れがある。本州では、やはり「青い芝の会」系運動の流れとしては強いのかな？　それに新旧左翼系の流れ？それ以外の運動のリーダーにも、ぼくはできるだけ会うようにしてきました。例えば山口県からはじまって、いまは沖縄にも本拠をおいている、「土の会」の木村浩子さんにも。

それでも遠すぎて、なかなか会えないできたのが、小山内さんだったのです。『えんとこ』が伊勢の映画祭のメインとして札幌で上映されなければ、ありえなかった事実でした。玄関口で、立ち話ができただけでも、ぼくにとっては幸運でした。だって、弄さずして彼女との人間関係の窓口がひら

けたのだから…！

札幌には、じつはそれ以外にも、きわめて個人的な思い出がありました。甘苦い…。

おなじ大学で、しかも同じ学部・学科だった札幌出身の女性と、結果的に遠距離恋愛（？）とでもいう関係になったことがあるのです。かぞえてみれば、もう、30年も前、２月のいちばん寒いころ。彼女のさそいで札幌に３週間ほど滞在したことがあった。そのとき、すすき野のおいしいラーメン屋とか、のみ屋にもつれていってもらいました。

結果的には、ぼくのひがみ根性が原因で、彼女に縁談がもちあがったとき、冷静な対応ができず、そのために彼女を傷つけるような行動をしてしまったことがあった。それで、自分で自分が許せなくなってしまったのです。豊平川の河川敷にいってみたのも、そういう過去からひきずった気持ちを清算したいという思いがはたらいていたのは事実です。でも、ＨＢＣ（北海道放送）には、そこまで踏み込んできてはほしくなかった。

1999年4月～6月　甘夏の収穫。ただし、この年は、前年からの日照りの影響か、実にスカスカの部分が出てしまい不作だった。

1999年5月21日・22日　西伊豆町の堤さんの加勢で、２月いっぱいかけて削れなかった農場入口の山側の崖を削り、入口の通路を広くする。これまで入口幅は２ｍしかなかったものを、広いところで４ｍくらいになった。夏にかけて、さらに山を削り谷を埋める。この時の作業で、これまで広く感じていた谷が、一段と、狭く見えるようになった。

1999年7月28日朝　安倍治夫さん（袴田巖支援弁護士）脳幹梗塞による意識不明の状態で発見、東京医科大学の救命センターに運ばれ、治療を受けるもその甲斐なく。

1999年8月16日　安倍治夫さん死亡。享年79歳　Am. 2:47　脳幹梗塞

1999年9月1日　馬場時和さん（伊豆の土地購入のきっかけになる人を紹介してくれた）死亡。享年84歳。伊豆の土地探しでお世話になる。

2000年1月20日　バックフォーをひっくり返してしまう。幸い、運転者の私白砂巖に怪我はなし。

2000年1月22日・23日　南伊豆の山本さんに手伝ってもらい、私たち夫婦と３人でチェーンブロックという道具を使って、ひっくり返したバックフォーを引き起こした。

2000年6月　『いのちの森通信』第４号　ケア生活くらぶ　を発行

ここ何年かの伊豆の農場　私の情報ファイル

2000年9月30日から0月3日 「えんとこ」が札幌で上映されるのに合わせて、伊勢監督とともに遠藤滋も札幌へ、宿泊は、小山内美智子の「いちごの会」が実現させた、自立生活を実体験をとおして促し、デイケア施設などを備えた「アンビシャス」に宿泊。建物の設計図をもらってくる。

2001年November（11月）『えんとこ通信58号』入院と手術にメドが立たなくなりました　電話当番募る！　夕食を食材調達の「ヨシケイ」に変えたこと　お知らせ　今年の夏は葉山へ　調査活動報告2001.5.30　えんとこ会計　お願い（遠藤）　編集後記

5．遠藤滋　歌を詠み始める（短歌）

2002年より短歌詠みを始め、2003年、歌誌『あけび』に入会。

いのちを生かしあふ絆　　あけび平成十七（2005）年十一月号掲載

障害をいかにとらへむ過ぎし日に煩悶したり言挙げつつも
絶望の淵より立ちしわれらゆゑいのち生かすに何を恐れむ
ふたつなきいのちを生かし生かしあふ世界つくらむわれらが手にて
わが夢を必ず夢には終らさじかかる想ひを一途に生きむ
わが機能ひとつ損なふそのたびにまた湧き来る新たな意欲
汝と我そが異るを痛切にみつむるがゆゑ思ひを遣らむ
生ひたちの異なるがゆゑおもしろし距離をはからむ生かしあふため
肉薄を怖るるあまり距離さえもはかれぬひとの多かるべしや

還暦に　　あけび平成十九（2007）年八月号掲載

大揺れの体調にただ翻弄をされつつ迎ふ今日は還暦
できうればただひっそりと過ごしたしわが六十歳の誕生の日よ
「えんとこ」の監督はやくも持ち来る赤シャツ頭巾そにバンツまで
六十年ああ六十年よ障害の身を支えこしわがいのちなる
足裏の皮膚を破りて針金のあまた突き出づ古人形のごと
憲法とともに歩みし六十年その精神をわれ誇りとす
われにとり国愛するはただひとつ現憲法の不戦の誓ひ
体調の荒き波間に揉まれつつふつふつ滾るわが創作心

摘まれしいのち　　あけび平成二十一（2009）年一月号掲載

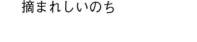

好もしき母娘（おやこ）なりしを突然になにやありけむ心中の報
麻痺持てる故に生まれし恋の詩に深く共感せし君なりき
君はわが教へ子にして利発なる故に未来を期待されにき
自らはいふに及ばず咲き初むる我が娘のいのちまで摘みしとは
夫への抗議ならむや我と我が娘のいのちまで奪ひ去るとは
知人への情すなはち仇となり債務負ひしが悲劇を生みし
いざ世にて羽撃かむとせるその時にいのち断たれし君は教へ子
きらきらと輝く君の目をば思ひ出づるにいよよ切なし

諸行無常　　あけび平成二十一（2009）年六月号歌稿

琵琶法師語り継ぎたり公達の治承寿永の盛衰の様
仏教の本義にあれど世の無常あへて説きたる「方丈記」はも
いつの世に誰が作りしやいろは歌仏の教へよくぞ込めたる
日本の初の歌曲か「荒城の月」は照らせりこの世の栄枯
なにとなく諸行無常といふことの思ひ出さるる昨今の世
金融の危機と不況は深まりて底見えぬまま行方もしれず
ひたすらに仏の御手にすがるとふ教へのありて解き放たるる
無常なる世にありてこそわが命ひたに活かして共に生きなむ

激しくもわが拠り所探りきて　障害持つ身に「いのちにありがたう」

なお、遠藤滋が詠んだ歌は、ホームページ「えんとこ」をご覧ください。

2004年10月22日『障害者が語る現代人の生きざま　あなたの“いのち”が世界をひらく』を明石書店から出版。この本を出版に持ち込むきっかけを本書にこう書いていた「1999年には、遠藤滋氏の生活を追ったドキュメンタリー映画『えんとこ』が、彼の大学時代の友人の映画監督の手で完成し、上映会が日本各地で繰り広げられてきました。

しかし、私たちはこの18年の時間を無駄にして来たのではないか、という思いがよぎっていた矢先の2002年4月、脳障害の日木ルナ君が『ひとが否定されないルール』という本を書いたことを知り、この本を二人でも読み、彼が12歳であることも私たちの間で話題になりました。

日木君の本がきっかけとなり、改めて私たちの思いをまとめてみようという話になり、そこで私は、「いのちを生かし生かしあう」意識で生きてきた18年の生活を通じて、自分の感覚の中に降り積もり、沸き起こってきた思いや願いの数々を拾い集めて、折にふれてワープロでメモ

してきた文章に手を加え、書き直しを始めました。

そして、一通り見直し、書き直しが終わった時点で、いかに智恵を絞っても、私にはもうこれ以上は書けないとなる。でも、遠藤滋氏からはオーケーはでないし、私の頭の片隅にも、もやもやした感覚が残り、暫くおいて、ふとした瞬間、また言葉や文章が浮かんでくる。そうすると、それを忘れないうちに書き加えて手直しをする。手直しすると、自分がそこで何を言いたいのか不鮮明になったりして、改めてキーポイントの言葉が転げ出てくるまで、意識して考えないのに頭の中がもやもやする日々が続く。そんな生活の繰り返しの中で、これを書いてきました。それにしても、感覚として理解していることを、的確に言い表す言葉を探し出すのに随分と苦労するものです。」「今回の文章は、全体を私一人で書いていますが、その都度、遠藤滋氏には目を通してもらい意見も交わし、表現方法に彼の苦言はあっても、ほぼ二人が共感できる内容になっていると私は思っています。私（たち）のたどった心の体験が、混沌とした社会の日常に歯がゆい思いを抱いていて、そこから抜け出したいと思っている人に出会えて、「いのちを生かし生かしあう」世界への心の扉を開くキッカケになれば幸いです。」と書いていた。だが、人が思い込んで抱えている悩みや不満について、個別に分析を試みてはいたが、「思い込み」を抱えたままで「いのちを生かしあう」ことになってしまう人を置いてきぼりにしていることに、この時は気づいていなかった。なお、この本の最後に、「共同住宅」に関する試案　を載せています。

2005年2月14日　世田谷・たびだちの仲間、市瀬幸子さん死亡。

2005年2月17日〜19日　吉井美緒さんと伊豆へ行き、伊豆からの帰り、遠藤滋氏の家に寄った帰り道、山手通りで交通事故を起こす。仁科トンネルを抜けると雪景色だった。

また、この後、伊豆へ出掛けた帰り道、地下鉄工事中の雨の夜道で追突事故を起こしたことから、どんなシステムがあったら事故を起こさないで済んだかを考えて、それを特許として認められたら、うまくいけば、住宅建設の資金作りができると思い立ち、特許申請してみました。

2005年08月　遠藤滋は九段坂病院で頸椎の手術を受けるため入院。

2005年11月11日　自動車の事故防止システムの案を特許申請する。

2005年8月25日　九段坂病院へ。遠藤滋（頸椎の手術で入院）のお見舞い。

2005年9月1日　九段坂病院へ。遠藤滋のお見舞い。

2006年12月12日　特許庁に事故防止システムの特許申請を拒絶査定される。けれど、既存の技術を使ってはいるが、私のような事故防止を総

合的にシステム化したアイデアは、トヨタ自動車でいえば、2006年度7000億円の開発費をつぎ込んでいながら、いまだに実現していないのが現実です。

6．ルーツを追って『日本の家族』を作成

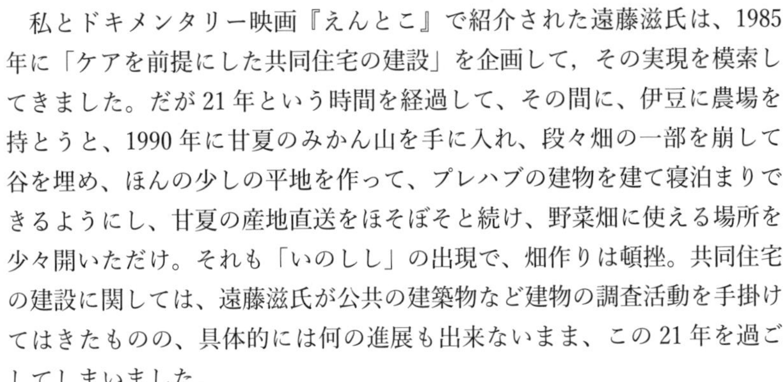

私とドキメンタリー映画『えんとこ』で紹介された遠藤滋氏は、1985年に「ケアを前提にした共同住宅の建設」を企画して，その実現を模索してきました。だが21年という時間を経過して、その間に、伊豆に農場を持とうと、1990年に甘夏のみかん山を手に入れ、段々畑の一部を崩して谷を埋め、ほんの少しの平地を作って、プレハブの建物を建て寝泊まりできるようにし、甘夏の産地直送をほそぼそと続け、野菜畑に使える場所を少々開いただけ。それも「いのしし」の出現で、畑作りは頓挫。共同住宅の建設に関しては、遠藤滋氏が公共の建築物など建物の調査活動を手掛けてはきたものの、具体的には何の進展も出来ないまま、この21年を過ごしてしまいました。

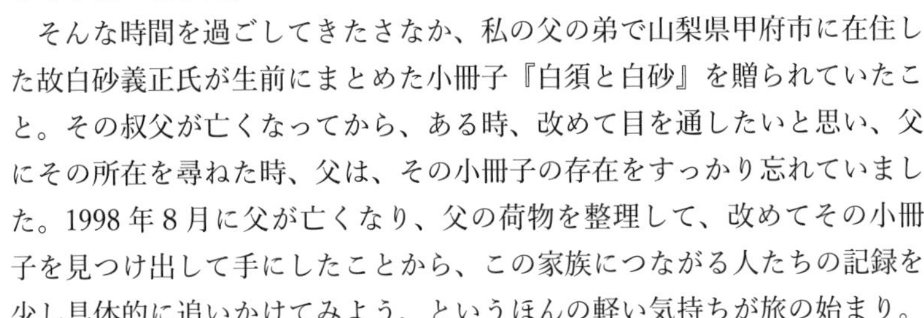

そんな時間を過ごしてきたさなか、私の父の弟で山梨県甲府市に在住した故白砂義正氏が生前にまとめた小冊子『白須と白砂』を贈られていたこと。その叔父が亡くなってから、ある時、改めて目を通したいと思い、父にその所在を尋ねた時、父は、その小冊子の存在をすっかり忘れていました。1998年8月に父が亡くなり、父の荷物を整理して、改めてその小冊子を見つけ出して手にしたことから、この家族につながる人たちの記録を少し具体的に追いかけてみよう、というほんの軽い気持ちが旅の始まり。

現在の私の家族の名字は白砂ですが、明治になるまでは白須姓を受け継いできたと聞いています。でも、江戸時代には、武士として召しだされて江戸に出た家族を除いて、農民でしたから名字を公に名乗っていた訳ではありません。白須姓は『清和源氏武田氏族。甲斐国北巨摩郡白須』の地に起こっています。一方、山梨県白州町白須の白砂（白須）家では、『この地（白須上・白須下・前沢・竹宇を一村として白須村）の荘司（荘官＝荘園領主の代官）として（鎌倉時代末期に）白須三郎貞信に分封され、それを相伝して代々白須清兵衛を襲名し、27代にわたりこの地を守護してきた』（祖父の白砂喜作氏口伝）と言い伝えられてきたと父の弟の徳男から聞いています。

これまでに2度、3度と放火にあったという話もあってか、残念ながら山梨の白砂家には古文書の類は一切残されていませんでした。そこで『白須と白砂』の小冊子を参考に、手始めに一般に市販されている書籍をたどっ

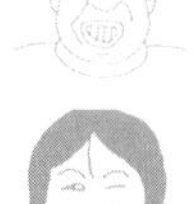

て、家族のルーツにつながる甲斐源氏や清和源氏の家族でつながっている人にどんな人がいたのか、また、どこで何をしていたのかを調べ始めました。

これまでの日本では、女性の存在は家系図などでは、ほとんど無視されることが多く、記録として残る例はまれですが、それでも数少ない記録をたどって、その広がりとつながりを辿っていった時、系図の記録が『尊卑分脉』という本になっていることを知りました。この本に出会ってからは、いっそのこと、日本における生の営みを繰り返してきた家族の記録を、追いかけられるだけ追いかけて、それを元に、ケアを前提に生活しあう「支え合う集合住宅」の建設資金（基金）づくりができないか、「まぁ、宝くじよりは確実だろう」などという遠藤滋氏の甘い殺し文句もあって、ワープロのフロッピーに収めたデータで本を創り、希望する人に提供することで、私たちは集合住宅の建設基金作りを計画し、それを目標に作業を進めてきました。

しかも、私自身が2000年頃の作業中の転落がもとで腰を傷めて、動き回ることが以前より困難になり、かといって、このまま、何もしないでやり過ごす訳にもいかないし、支え合う集合住宅建設の資金づくりにつなげられることが何かないかと思いあぐね、いっそのこと、どうせやるなら日本の記録に残るすべての家族を市販の資料で追いかけて、日本における家族の記録をまとめあげた本を作って資金づくりをしようと取り組んだのが、いわゆる系図の資料。『尊卑分詠』という系図の本に出会ったからでした。

『尊卑分脉』全4巻の本文1779頁に記載の人物を完全収録し、現代日本の基礎を作った人々の主な来歴・事跡を追いかけ、古代氏族の系図の本の指摘により『万葉集』の主だった歌人の系譜や渡来系の家族の記録もある程度追いかけることができました。でも、取っかかりから新たな資料に出合うたびに、分量は増えていきました。また『尊卑分脉』などに登場する人の中には、歌人として和歌が勅撰集に収録されているという記事があり、それではその人たちの残した和歌を調べてみようか？　と問いかけた私に「もちろん」と答えたのが『えんとこ』の遠藤滋氏。

そこで、古典文学全集に収録されている『万葉集』『古今和歌集』『後撰和歌集』『拾遺和歌集』『後拾遺和歌集』『金葉和歌集』『詞花和歌集』『千載和歌集』『新古今和歌集』を手に、歌人として和歌集に和歌が載る人は、主に和歌を通してその人の心の息づかい、また人としての思いや悩みが詠まれている和歌がある場合は、主にそれらを選んで、個人の事跡と共に記録していきました。それで、系図でも人名辞典でもない、これまでにない構成の、全く新しい着想に基づく「家族が歩んだ家族の記録」になりました。

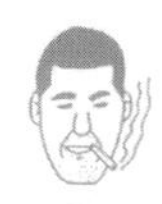

勅撰和歌集に和歌が載っている人で、系図に載っていることが確認できた人の和歌については、一通り読み込んでみて、その中からその人となりが判る短歌を優先的に選んで経歴と共に記事にしました。歌を調べて選んで経歴に書き足していたら8年の歳月を費やしていました。

現在の家族につながる人の多くは、奈良時代から戦国時代までの間に、歴史的な背景があったとはいえ、時の権力の実権や領地をめぐって、親兄弟・親戚同士であっても敵味方に分かれて争い、その果てに殺し合っています。また計略・陰謀の類で罪をきせられ、いのちを絶たれた人もいます。私自身は、こうした家族につながる人の争いや殺し合いを自慢にする気はありません。

けれど、家族でつながっている人、一人一人の「いとなみ」の幸運なつながりと広がりがなければ、いまここにいる私という個性を持った人間や私につながる家族が存在しなかったのも事実です。この自分誕生の奇跡的なつながりの歴史を紐解いて見て、私といういのちの誕生をもたらしてくれた偶然（これを必然という人もいますが）のつながりには、心から驚嘆し、感謝する気持ちを強くしています。

しかし、この作業が、誰にも見向きもされず、単なる、膨大な徒労にしかならないのではと思うこともしばしば。それでも、生の歴史資料の断片が、系図上のその人に結びついた時のひそかな喜びに助けられて、作業を続けてきました。日本の歴史の集大成として永遠に未完のデータではありますが、この本を手にした人が、日本人の歴史とルーツをたどる援けになることを願いつつ、ここに送りだすことにしました。

また、本書に収録したデータは、2005.2.5 朝日新聞が報道した中国で発見された墓誌の主「井真成」が「秦真成」であることを示しています。渡来系秦氏一族のたどった歴史に浮かび上がる新事実となるのかどうか。なお、今回の版では、古田武彦氏が読み解いた『風土記』や『古事記』の指摘について、触れきれませんでした。　　2006年12月28日　白砂　巖

おわりに

これまでの8年を越えた作業で、昨年（2006）末に至って、資料を読み込んでワープロに向かう作業を、これ以上続けたいと思えなくなり、とりあえず、いったん切り上げて、ひと区切りにしたい（終わりにしたい）と、私は痛切に思うようになり、今回、組版したデータには、残念ながら、各県すべての年表の記事や古田武彦氏が読み解いた『風土記』や『古事記』の指摘を検討して読み込めた訳ではありません。

なお、今回の版では、日本で記録され伝えられた系図の記事と、その記事の大雑把な解釈については、そのほとんどを、これまでの記録のまま記載してあります。また、本書は、これまで出会った資料を拾い読みして、その一部を収録してあるにすぎません。

実際、このような形式の記録を、日本の歴史資料の一つとして集大成することは、永遠に完成することのない作業だと感じています。それでも、日本の古代史に関連する部分を含め、今回は割愛した各県の年表の記事を読み込んだ改訂版を、いつの日か、用意できれば・・と考えています。

2007年1月18日記す。　白砂　巌

この後、私は「私のいのちは、小児マヒという病気で左足が細くか弱い足になっても、けなげに私の歩みを60年も支えてくれた。この事実だけでも自分のいのちに感謝できるのに感謝しない手はない。またこんなけなげないのちの他に誇りにできるものがあるのか」という思いを一層強くしたのです。

2007年3月20日『記録の中の日本人／時空を旅した日本の家族』3分冊各800頁を自費制作。

2020年になって、改めて、本のページをめくって、収録した和歌を見直したところ、ワープロの漢字変換のところで、登録文字に化けて、そのまま印刷してしまったことが発覚。改めて、和歌の部分を中心に正誤表をさくせいするため、和歌を詠んでいる作者とともに抜き出して、和歌集を開いて正誤表を作成し、元データの訂正版を作った。その上で、和歌をテーマごと再分類して編集し直したものを、遠藤滋には見てもらいたいと、作業をしたが、完成前のデータは彼に提供したが、完成した物を彼に見せることが出来なかった。

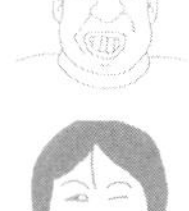

追記　良く、自らの系図の来歴で、自分の家系を自慢する人や、民族の歴史を自慢する国がありますが、たかだか200年や2000年や4000年だと言って自慢している人は相手にしないで、私たち現代に「いのち」を受け継いでいる者は、「ホモサピエンス」20万年の約8000世代から1万世代の間の親からの「いのちのバトン」を引き継いでいることを誇りに思っていればいいだけのこと。　2023.2.3記

この和歌のデータの中から見つけ出した、「いのち」について詠んだ歌が次の通り。

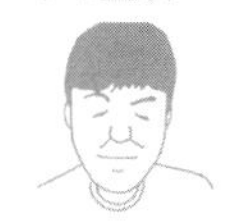

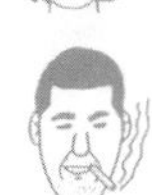

7．歴史の中の列島人が見つめた「いのち」とは

江戸時代の**木喰五行上人**が残した和歌がある。彼は、

皆人は　神と仏の　すがたなり　なぜに其身を　しんぜざりけり

あさましや　理も非もしれぬ　ぐちとぐち　にてもやいても　くわざりけり

みな人の　心のぐちは　いらぬもの　ふじやう（不浄）けがれと　おもえ人々

南無阿弥陀仏　かけてぞたのめ　ホトトギス　生死（障子）一重は　地獄極楽

ゆだんして　あさきゆめみし　しやれこうべ　しるしの塚に　とうば一本

いつまでも　おる娑婆なれば　よけれども　今にも行けば　捨る宝ぞ

などと詠んでいる。

木喰五行上人も、「愚痴は要らない」と言うだけだった。これまでは、こうした言葉を言えば聞いた人にとどいていると錯覚し、わかったつもりになって、「愚痴をいう代わりに何といえばいいのか」「いのちを大事にするには、自分に何と語りかければいいのか」「人間性を取り戻すには、自分に何と語りかければいいのか」ということまでは考えなかった。

だから、いのちが傷ついていても、いなくても、大概の江戸時代の人も、「皆人は神と仏のすがたなり　なぜに其身をしんぜざりけり」と言われても、信じることが出来なかった。「愚痴」ばかりこぼして、「いのちにありがとう」と言って生きていないから、他人の態度や言葉の結果、人と比べて自分の中に芽吹いた「もやもやした感情」に取り巻かれていて、常に自分の頭を締め付けている「思い込み」を持っていたからだ。

参考までに、「いのち」についての考えを詠んだ、いにしえの人とその和歌を拾ってみると、

花山（かざん）天皇（968.10.26 ～ 1008.2.8 没 41 歳）（冷泉天皇と母は太政大臣藤原伊尹の娘懐子）『千載和歌集』天台宗の立場から三身（法身、応身、親身をいう）如来を観ずる心を詠んだ（1204）

世の中は　皆仏なり　を（お）しなべて　いづれの物と　分くぞはかなき

大伴旅人（665 ～ 731.7.1（25）没 67 歳）（大伴安麻呂と母は巨勢郎女）『万葉集』酒を讃ほむる歌（338 ～ 350）13 首の内（349）

生者（いけるもの）　つひにも死ぬる　ものにあらば　今（こ）の世なる間（ま）は　楽しくをあらな

藤原惟成（これしげ）（953 ～ 989）（藤原雅材と母は摂津守藤原中正の娘）『詞花和歌集』

『寛和二年（986）内裏歌合』に詠んだ（195）

いのちあらば　あふ世もあらむ　世の中に　など死ぬばかり　思ふこころぞ

藤原慈圓（じえん）（1155 ～ 1225）（藤原忠通と母は太皇太后宮大進藤原仲光の娘家女房［皇嘉門院女房］加賀局）『新古今和歌集』（1827）

思ふべき　わが後（のち）の世は　あるかなきか　なければこそは　この世には住め

などがある。まず、花山天皇の和歌は、木喰上人の和歌「皆人は神と仏のすがたなり　なぜに其身をしんぜざりけり」と同じ考えを詠んでいると、私は思う。また、大伴旅人の「今（こ）の世なる間（ま）は　楽しくをあらな」にしても、旅の途中で、道端で亡くなっている人に出会うこともあったから、官職について旅をしたり、人と出会って、それぞれの見聞を語り合ったり、詠んだ和歌の良しあしを語り合ったり、悩みや嘆きをお互いに和歌にして吐露しあって（いにしえの人たちは和歌という表現の中で隠しあったりしていない）いる中で、生きている間は不平不満をため込まず、「いのちにありがとう」という思いを持って、「楽しんで生きる」ことを、同時代の人に呼び掛けているのだと思う。

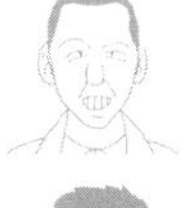

藤原惟成、藤原慈圓の和歌は、『のちの世のことなど判らないのだから、死ぬことや自分の身の回りへの不満や不安から、憂さをはらして生きるのではなく、いのちがこの世にある限り、「いのちにありがとう」という気持ちで、この世にしっかりと根を張って、生きること、生きていることを思う存分楽しもう』という思いを、思い思いの言葉で。和歌にしたと私は思っている。けれど、これらの和歌の言葉も、人が心に抱え込んだ「不安や悩みや劣等感」を、きれいに押し出す言葉ではなかった。

8．通称・袴田事件（こがね味噌専務一家刺殺放火事件）で実際に行われた犯行を調べる

2009年1月～2010年1月にかけて袴田裁判でやり残していた、裁判記録の中の、被害者の橋本宅の現場検証記録の分析を始める。はじめは「袴田巌さんを救う会」の有志のメンバーとの共同作業だったが、最後は一人になって文章化する。まとめた内容は、そもそも袴田の犯行だとして検察官がまとめた供述調書どおりに、橋本一家4人はそれぞれ遺体発見場所で刺され、放火されたのではなく、原判決で認定した『罪となるべき事実』

どおりに実際の犯行が実行されずに、被害者が最初に刺された場所や放火された場所も違っていた、というものでした。

そこで私は、袴田巖に手紙（2010.4.10発送）で「このように、事件の真相がわかってくれば、なんでこんなことをいままで解明できずにいたのかと思う反面、その原因と責任の一端が、一審の裁判以降、事件の証拠を歴代の検察官たちが隠してきたことにあるのは明白ですが、事件の真実を解明できずに袴田さんを43年以上にわたって無実の罪におとしいれ、死刑囚にしてきたことを考えると恐ろしくも悲しくもなります。このような結果を招いた原因に、検察官の不公正な証拠の取扱いを許している、いまの刑事訴訟法という法律にあることは明らかで、これには、不公正な検察官の姿勢を許さない法律に変えることを怠ってきた、日本人全員に責任があると私は思っています。その一人として、袴田さんには誤らなければならないし、また、安倍弁護士が支援に参加してくれた時に、裁判記録に触れられるようになってから、私の能力不足でなかなか事件の真相を解明できず、こんにちまで18年も費やしてしまったことも、袴田さんにわびるしかありません。」と書いて、「一日も早く、袴田さんが出てこられるよう、法務大臣に手紙を出したりして、私も手を尽くします。袴田さんの自由を今度こそ取り戻すまで、気を引き締めて最後の頑張りをしましょう。」と約束をした。

こののち、「橋本家で領置された13点の血痕などの血液型鑑定」の証拠の開示請求をする段になり、安部弁護士（逝去）の後任として顧問に就任してくれた菊田幸一弁護士の補助者として、2010年以降、二人三脚で検証作業をし、弁護士会を通して「照会申出書」（証拠開示請求）を静岡地検検事正あてに出したのが、2012年1月のこと。これを地検の担当検事は、「袴田巖からの依頼名が明記されていないこと」を理由に拒否してきた。

しかし、検察官には、警察が捜査し起訴した案件でも、証拠や捜査に不備があれば起訴しないことが職務権限として認められている。それは再審においても同様であり、当該裁判の支援という第三者の立場からの指摘であっても、きちんとした袴田の無実の事実と論拠を突き付けられているのであれば、再審を認める判断をする権限と責任が検察官にある。ところが、地検の検察官ならびに検事正は、その責任を放棄した。

そこで静岡地検に対して行った証拠開示請求の書類と、私がまとめた冊子をつけて、静岡地裁の裁判官にぜひ目を通してもらいたい、というわずかな可能性にかけて意見書（手紙）を菊田弁護士と私の連名で送付したのが、2012年5月26日のこと。

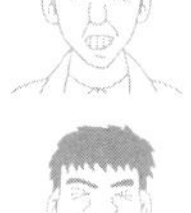

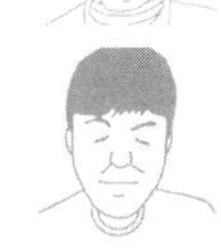

その後、2014年3月27日に静岡地裁から「再審開始決定」が出た後、静岡地裁での三者協議の間に裁判官が袴田弁護団から「清水署の捜査記録」を取り寄せていたことがわかった。実は、私白砂の冊子のなかで「藤雄の血痕」について捜査記録に記載の事実を引用している。

なお、この原稿は、改めて橋本宅の現場検証記録などを読み直した上で、あらたな事実を書き加えて、社会評論社よりブックレットとして2023.9.1出版。

9．温暖化・災害対策の生ごみ発電と支え合い型の多世代の集合住宅

重度の後遺症を伴って生きる人が一人になった場合、ほとんどのケースで、施設に収容されて、社会に参加する道を閉ざされてきた。だから、重度の後遺症を伴って生きる人が一人になっても、地域で生き続けられる仕組みなくして、差別はなくならない、と考えたから、重度の後遺症者も一人一人が自分の生活を維持するために孤立して1から10まで自分でやらなくてはならない現状を変える必要があると考えた。

そういう、補い合うことのできる仕組みとして、「地域に集合住宅（共同住宅）を創る」ことを考えたのだ。そこに、住宅費に苦労している若者や子供を持つ世代や高齢者も含めて、時には介助を担う学生や仕事として担う介助者も一緒に住むことで、介助が必要な人の介助も効率的に、また介助者として専任でない人も、生活の中で補い合える部分を担えると考えたのだ。

しかも、「うんち」を含め、生ごみをメタン発酵して電気を起こせば、寝たきりの人も生産者になれるというもの。この発電は、生ごみを地域ごとに車で集めて高額な建設費をかけて焼却場を建設して燃やすよりも、ずっと経済的に生ごみの処理をできるし、温暖化対策の一助にもなる。また、自前の電気は、地域が協力するなら、災害時の対策にもなるというもの。しかも、自前の電気が、生活で使う以上の電気を賄うことができれば、この電気を使った仕事の創出できるはず。

2023.2

そんな中、2007年3月24日に「朝日新聞・世界発2007」で紹介された次の記事で、ドイツでは国が集合住宅を建設して、支援していることを知ってからは、自己資金や財団方式による資金の調達だけでなく、国や自治体が無利子や低利で建設資金を貸して、こうした集合住宅の建設を支援する政策を実現させる方法もあるのだと思うようになりました。

一方で、人間の活動で大気中に吐き出される炭酸ガスなどが、地球の温暖化による気候変動を招いている実態が知られるようになっても、相変わらず日本の多くの都市の自治体を通して私たちは、生活で出す生ゴミだけでなくプラスチックゴミも、燃やして処分しようとしています。東京都区内の場合、この時のゴミ焼却場の熱利用率は12%に過ぎないし、これを将来、上げる計画でも熱利用率は20%に向上するだけといいます。したがって現在のところは、88%の量の炭酸ガスと熱を、ただ撒き散らしていることになります。

その結果、ゴミを燃やし続ける私たちの生活が、日々、温暖化による気候変動を加速させるマッチポンプの役割を果しています。そして、台風などの暴風雨を強力な爆弾低気圧に変えたり、都会の放射熱がゲリラ豪雨を多発させて、その被害で亡くなる人を増加させてしまうのです。

いまのままの私たちの「天に唾する」生活が、「ロシアンルーレット」のように誰かを傷つけるのに、私たちが何もしないでいることは、これからも起こる無差別の大量殺人を黙って見過ごすことにつながるのです。ところが、大阪の女性の言い分は「自分は決められた通りゴミの分別をやっている」「だから自分に責任はない」「あとは政治（行政）の責任だ」というものでした。

でも、巨大台風やゲリラ豪雨に襲われて亡くなる被害者からすれば、大多数の人の一人として自分も加害者になりながら、責任の所在を特定できないで加害責任を誰にも問えずにいるのですから、個人が個人を殺害する事件よりタチの悪い、悪質な殺人といえるでしょう。殺人事件に死刑がつきもので、報復の刑罰が正しいのなら、気候変動を通した人殺しに手を貸している私たちは、自分で自分を死刑にされても仕方ない存在に追いやっていると言えませんか。

この温暖化という気候変動を促進させている生活から、私たち一人一人が自分の責任を感じて、行動を起こさないで、人ごととして、大企業や国のセイにしていては、いのちを生かし合う社会を実現することはできません。

そこで、私たちが生活から出す生ゴミの焼却処分をやめ、生活排水と生ゴミをメタン菌で発酵させ、発生したメタンガスでガスエンジンを動かして電気を起こし、余熱を温水にして活用する方式に転換することから始めたいと私は思っています。こうした設備を、私は、障害者や高齢者が多世代の人と住む集合住宅に併設して運営することで実現したいと考えています。こうした生ゴミ処理設備を設けた集合住宅を一定の地域ごとに建設す

ることで、生ゴミを集めて遠くへ運ぶという余計な労力を減らせるうえ、発電した電気や排熱からの温水や雨水などをろ過することで、大地震などの災害時に、電気や水の供給が止まって生活に支障をきたしても、地域で電気や水を確保しトイレの処理もできる支援拠点として、生ゴミを出した地域の人が活用できることになるのです。こんなにメリットのある災害対策や温暖化対策が他にあるでしょうか。(詳しくは「支え合う集合住宅」のホームページに「企画書」案を掲載しています)

だがいまさら「いのちを生かし合う社会」なんて実現する必要がない、また出来っこない、理想論だといって何もしないでいると、人と人のエンドレスな殺し合いを加速させる役割を、私たちは果たし続けることになるのです。あなたが自分だけ楽しくやり過ごせればいまのままでそれでいい、というのであれば、これからも自分や自分のいのちを否定し続け、不満があっても変えられずにいる社会の仕組みをそのまま引き継いで、自分の世界に閉じこもり、ひとりよがりに人のいのちをかえりみない生活を続ければいいでしょう。

しかし、もうこんな生き方や社会は御免だ、やめようというのであれば、私たちだけでなくあなたも、この先、例え自分の心や体がどんなに傷ついたとしても、まずは自分を支えてくれる自分のいのちに感謝することと、自分のいのちを誇りに生きることを頭の片隅に置いて、自分のいのちを生かして生きることをやりとげてください。それをしないと、いのちを生かし合う人と人の絆は成り立たないし、また、それをしないでいるから、理不尽な逆恨み殺人や家族の中の殺し合いをいつまでも繰り返すことになるのですから・・。

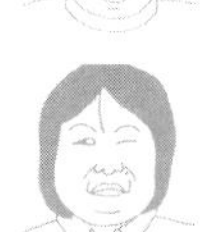

戦後、私たちは個人個人の自由と幸福の追求をしてきた。個人の自由をえて、自分は自立していると思っていても、都会の住民は衣食住のすべてを他人に依存して生活しています。しかし、個人の自由を手にした筈の私たちは、その隣り合わせに横たわる孤立する自由も手に入れていました。

マイホームという細分化された暮らし方のなかで、取り残される個人を生み出してきたのはいまに始まったことではありません。高度成長期には、労働力として役に立たない重度の後遺症者が、まず置き去りにされ、地域社会からはじき出され、その結果、支え合う心を地域住民が忘れるようになりました。

そして今度は産業の高度成長を支えて働いた人が高齢者になって、体の衰えや病気や怪我で自力での生活が困難になったことで取り残され、行政からだけでなく家族からも見捨てられる人を出す事態を生みました。それ

もこれもマイホームという生活様式しか選択しなかった生き方に原因があります。

大地震などの災害のときにボランテアとして活躍する姿に、「まだ日本に助け合いの心が残っている棄てたもんじゃない」と思って安心する。でも安心していいのだろうか？ 支え合いに程遠い孤独死や虐待死の発生は、自分や自分の回りの人の日常の生活にひそむ孤立に原因があるのですから。

また若者が日々の生活の場で自分の居場所がないと思うのも、自由と引換えの底無しの孤立を感じているからではないのか。孤立して互いに干渉しあわない人間関係のなかにいるから、自分にとって損か得かで自分だけが良ければいいという独りよがりの処し方を生み出しているのではないでしょうか？

一方、地球の温暖化からゲリラ豪雨の災害が頻発しているとしたら、漫然と生ゴミを焼却処分するなどもっての外ということになりませんか。私たちの日々の生活のシステムが、ゲリラ豪雨などの災害の引き金の一つになって、誰かを何処かで災害に巻き込んで殺していく手助けをしているとしたら。

また、大地震などの災害に遭遇した時のことを想像してみてください。電気・ガス・水道が止まり、炊事やトィレや風呂が使えず洗濯もできなくなった時、最低でも何が心配なくできるようにしてあれば良いのか。動ける人には我慢できても、例えば赤ちゃんで必要なこととは。

いざという時に、そうした事態に対処できる集合住宅が一定の地域ごとに区内にあったら。全体からみたら僅かでも、最低限の必要を満たしてくれたら。そういう必要に応えられる能力とは。電気や水が供給できトイレが使えお湯も確保できれば、取り合えずは必要を満たすことができるのでは。

でもそんなことができるはずはないと大方の人は思うでしょう。現在の地域社会を見回しても絶対に無理だと。確かに現状のままではできません。でも、地域で集めた生ゴミと集合住宅の下水をメタン菌で発酵させ、発生したメタンガスで発電して余熱で水をお湯にすれば、そのすべてが可能になります。

つまり、生ゴミなどの発酵タンクと発電機としてガスエンジン、熱交換機としてジェネレーターを備え、雨水もためる集合住宅を、一定の地域ごとに配置して造ればそれは可能になります。こうした地域の対処能力、つまり地域力を高めることが、地域の自立度を向上させることにつながります。

でも、生ゴミの収集は誰がどうやるのと疑問を持つのは当然です。文京区の平成18年度のデータによると、区民一人が一年に棄てるゴミは、全ゴミ量267.13 kgの内、生ゴミ分（植物の残滓も含む）87.46 kgで、これ以外に食品を157.91 kg（平成17年の農水省の食品廃棄物のデータ）を棄てている。

食品廃棄物を除くゴミの焼却で、全ゴミ当たり103.4 kg、生ゴミでは27.69 kgの炭酸ガスを排出している。この生ゴミの収集に文京区では、6千人当たり年間2458万円（一月204万円）がかかっている。この収集費を発電のための生ゴミ収集の人件費にするという手があります。

文京区では、6000人分の生ゴミをメタンガス発電に回すと、1トンの生ゴミで約6000円分のガスが発生し、ガスエンジンで発電すると約6000円分の電気（東京ガスの社員の示唆）になるので、年間314万8600円分の電気と温水を得て、その上、生ゴミの焼却費用961万4828円を節約できることになります。

この発電設備を備えた集合住宅を文京区に30箇所配置すれば、生ゴミを全量処理することができます。また、焼却で排出する炭酸ガス166トンは、発電により既存の発電で排出する炭酸ガス166トンを削減することになります。

一方、産業界が炭酸ガス1トンを減らすのに476ドル（×80円=38,080円）かかるという試算（2009年末）がありますが、生ゴミ発電すれば166トン=632万1280円、文京区全体では30倍の4980トン=1億8963万8400円分の炭酸ガスを一年間に産業界に代わって減らすことになります。

この集合住宅に、高齢者も含め介助が必要な人や、若い世代が共に住んで、住民による会社が集合住宅を管理し、子育てや介助の仕事を担うスタッフだけでなく、生ゴミを集め発電を維持する人にも地域スタッフとして住んでもらい、地域の必要に応じた事業を展開するというのはどうでしょう。

先ずは支え合う暮らしを望む人が集合住宅を建設する資金の不足分を自治体が無利子で貸して、住む人が主体になって建設してはどうだろう。そして、この集合住宅の住民と周辺住民との支え合いという協力関係を育てていけば、もっといろんなことを実現することにつながるはずです。

温暖化や化石燃料の枯渇を横目に自らの生活のシステムを変えない私たちは「いのちを生かし合って生きてる」とはいえません。いまこそ一人一人が自分に問うべきではないでしょうか。私たちが、これまで通りに他人を切り捨てて孤立する自由に満足して生きていく生き方を続けるのか。

それともこれからの自治体に、人が人生のあらゆる場面で共に支え合って暮らし続けられる地域作りをサポートする役割をもたせ、衣食住のすべ

てを他人に依存して生きている都会の生活者として、「いのちを生かし合って生きる」関係を自分たちの地域で日々創造して暮らす道を模索するのか。

私たちは、これまでの生き方でよいと思っていない、ここにまとめた内容に賛同していただける方に、2011年を共に議論し実現していく年にすることを呼びかけます。あなたもあなたのできることから始めませんか。

2011.1.1　「支え合う集合住宅」を創る会　遠藤 滋・白砂 巖

ところで、日本人一人が一年間に廃棄するゴミは、全ゴミ量267.13 kgの内、生ゴミ分（植物の残滓も含む）87.46 kg（平成18年度の東京文京区のデータ）で、これ以外に食品を157.91 kg（平成17年の農水省の食品廃棄物のデータ）を廃棄して、食品廃棄物を除くゴミの焼却処理で、全ゴミ当たり103.4 kg、生ゴミでは27.69 kgの炭酸ガスを排出している。

もし、これを、日本の人口1億2000万人として、6000万人分の生ゴミをメタンガス発電に回すと、1トンの生ゴミで約6000円分のガスが発生し、ガスタービンで発電すると約6000円分の電気（東京ガスの社員の示唆）になるので、年間314億8600万円分の電気（一地域ごとでは314万8600円分の電気＝電力会社のlkwhあたりの発電コストがいくらかわからないので314億8600万円分の電気が何万kwの電力になるか不明）と温水を得た上で、焼却費用の1678億3659万9532円を節約できることになる。また、焼却で排出している炭酸ガス166万1400トン分は、既存の発電で排出している炭酸ガス166万1400トン分を削減したことになり、産業界が炭酸ガス1トンを減らす経費に476ドル（×80円=38,080円）かかるという試算（2009年末）があるが、炭酸ガス166万1400トン分を産業界が削減した炭酸ガスとして排出権取引をしても、産業界は年間で672億2024万4000円分の費用のほとんどを出費せずにすみ、日本全体で1年間に、ほぼ2350億5684万3532円の経費の削減につながる。

これに対して、500坪の土地に基本80世帯で240人位の人が住める、メタンガス発電設備を備えた集合住宅を、坪単価80万円・建坪300坪5階建てで100年住宅として、6000人の地域住民ごとに建てた場合、土地代を全国平均坪100万円とすれば一棟当たり17億円かかる。これを、6000万人分として1万棟建てると総額17兆円かかるが、それぞれの集合住宅が100年もつから、1年あたりの負担は1700億円になる。これにメタンガス発電設備と温水を作るジェネレーター400万円やメタン発酵タンク代として試算2000万円×100で年間24億円を加えても1724億円という計算になる。

この建設資金を、集合住宅を建設する住民に無利子で貸し付けて25年～30年で返済することにすれば、メタンガス発電設備やメタン発酵タンク代のほか公共的な使用に供する部分を公費で負担しても、大半の資金は戻って来るので、日本全体で1年間に、2350億5684万3532円の経費（これには生ゴミ発電をすることで減らせるゴミ焼却装置の建設と解体費用は含まれていません）を削減できることに変わりはありません。だから、国や地方自治体の懐は痛まないことになる。生ゴミ発電量に応じて減らせた炭酸ガスを、産業界が排出権取引で幾らかの負担（2%位か）をする以外は、建設資金の出所を、国債を買い戻しする日本銀行にすれば、国や地方自治体に財源がなくても実現は可能となる。

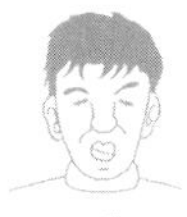

メタンガス発酵タンクの構造案

これで、大人一人あたり最低月3万円ほどの家賃で住める住宅を1万棟、確保でき、さらに発電で1棟当たり年間314万8600円分の電気と温水を得られる計算になる。

したがって、集合住宅の資金として平均17億円がまるまる土地と建物の建設資金にかかっても（実際には地域によって土地代の負担がかからない場合もあるはず）、発電設備や公共的に使用する部分の建設資金を自治体が負担して、住民が使用する発電分の電気代を集合住宅の建設資金の返済にあてても、最終的に貸し出した17億円は戻ってくるので、国と地方自治体・産業界の3者で、結局は1年間で2350億5684万3532円（100年で23兆5056億8435万円）の資金を浮かすことになる。

そればかりか、木材を搬出する地域では、アイ・ケイ・ケイ㈱の木材を低温乾燥する設備をメタン発電とセットで活用すれば、国内の森林資源を有効に活用して、日本の山林にも資金が回って人材を確保することで、山林崩壊を減らすことにつなげられる。

☆アイ・ケイ・ケイ㈱（東京・板橋区坂下1-17-15　3967-4711。三田線志村3丁目）

こんな、夢のある処し方があるのに、それを実現しないで、あなたはこの先もこれまで通りの生活を続けるのですか。

それとも、こうした方策に夢を感じているのは、私たちだけの思い込み？そうだとしても、私たちは、自らのいのちを生かす生き方をして、人との間でもいのちを生かし合う関わりを広げ、無縁社会といわれる日本を、いのちを生かし合う社会に再創造するサポートの役割を行政にもたせたいと考えています。閉塞状況に陥っているといわれるいまの日本が、問われて

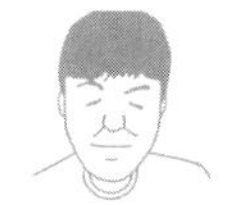

いる解決策が、ここにあると私たちは考えています。

ガスエンジン発電機 ㈱日立製作所・ヤンマーエネルギーシステム㈱・三菱重工業㈱ 水の浄化装置 富士吉田市の会社 風力発電機 ゼファー株式会社（東京都渋谷区初台1-51-1初台センタービル）など

2011年4月 文京区長選の候補になる。3110票。

メタンガス発酵タンクの構造案

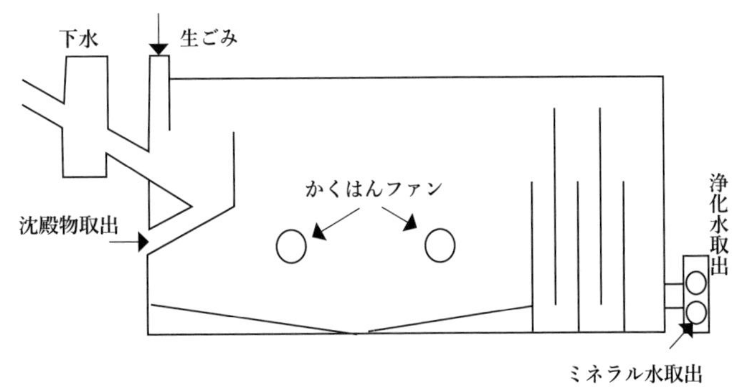

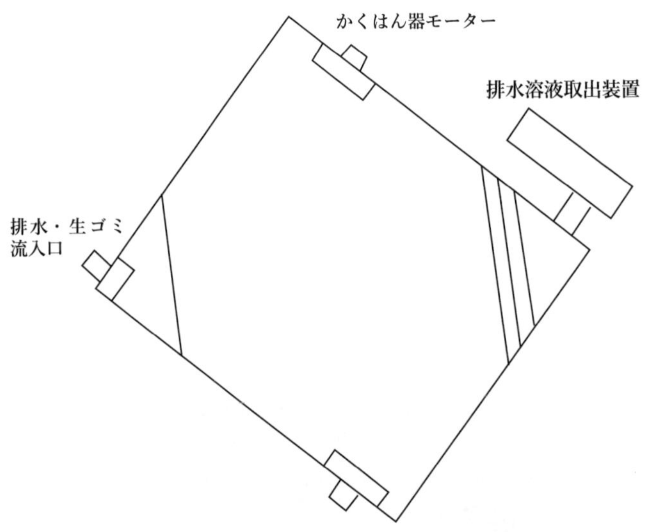

第4章　自分の「いのちにありがとう」と言って生きると決めて

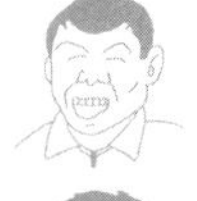

1.「いのち」に「感謝」から「ありがとう」へ

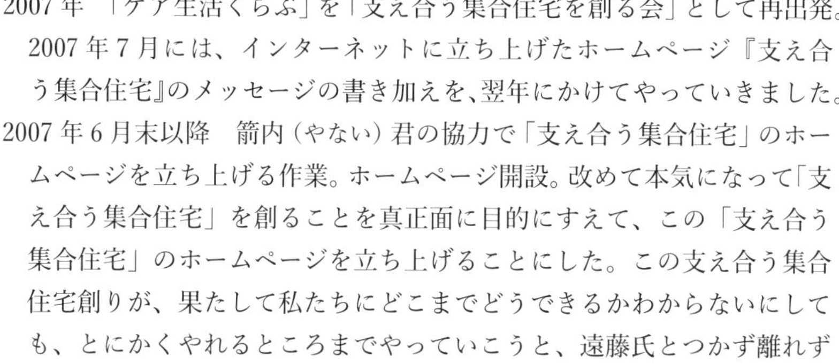

2007年　「ケア生活くらぶ」を「支え合う集合住宅を創る会」として再出発。
2007年7月には、インターネットに立ち上げたホームページ『支え合う集合住宅』のメッセージの書き加えを、翌年にかけてやっていきました。

2007年6月末以降　箭内（やない）君の協力で「支え合う集合住宅」のホームページを立ち上げる作業。ホームページ開設。改めて本気になって「支え合う集合住宅」を創ることを真正面に目的にすえて、この「支え合う集合住宅」のホームページを立ち上げることにした。この支え合う集合住宅創りが、果たして私たちにどこまでどうできるかわからないにしても、とにかくやれるところまでやっていこうと、遠藤氏とつかず離れず歩み続けてきた私のいまがあります。

2007年9月13日前後　岩手県葛巻町へ。メタン発酵発電などの施設の見学に行く。

「いのち」についての手紙

2007年10月15日付、白砂巖

私たちは別々の時間、別々の空間に誕生するきっかけを受けて生まれてくる。そして、いのちの成長とともに、自分という意識を持ち、生きてきた。しかし、たかだか30年前の日本の社会において、多くの日本人の意識の中の「人間」とは、「五体満足」が当たり前で、「五体満足」でなければ「人間として欠ける」※1というものでした。

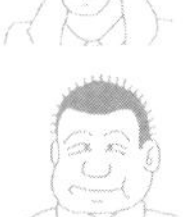

※1　それだけでなく、五体満足でない労働の役に立たない障害者は、社会から排除されてきた。社会から排除される存在であった障害者（児）は、家族の手などによって殺された歴史をたどったし、第2次世界大戦の最中（さなか）、障害者は青酸カリを持たされたと、私は聞いている。

「五体満足」でなければ「人間として欠ける」という認識は、現在もし

ぶとく日本人の意識の中に沁み込んでいて、男女を問わず多くの若い世代の人たちまでがいまだに振り回されている。

けれど、人の「いのち」は、誕生するところから「いろんな困難」にみまわれていく。でも、決定的なダメージを受けない限り、私たちはそのことを忘れがちである。人の「いのち」が少しずつ傷を受けたとしても、その傷を無心に修復したり、その傷をものともせず引き受けて自らの「いのち」をまっとうするために、自分の意識※2をコントロールして生きようとしているのが、本来の「いのち」の姿だと私には思える。※3

※2　自分という意識はなぜ生まれたのか？

そもそもいのちは、時として悲しいくらい弱いものだ。自らの成育の過程、いろんな出来事がいのちに振りかかってくる。外側からウイルスや細菌に侵入されたり、事故などで体に傷を負うことがある。けれど、いのちは、そうした出来事をなんとか無傷に切り抜けようと最大限の努力をする。そして、この時無事に切り抜けられるいのちもあれば、少しずつ体や心に傷を負ってしまういのちもある。それればかりか、力不足で決定的なダメージを受けて、自らのいのちを維持できなくなることもある。

だから、いのちのリレーを受け渡してきたいのちの長い時間の中で、いのちは、さまざまな危険から自らの身を守るために、聴覚・臭覚・味覚・触覚・視覚などの感覚を発達せることで危険を認識し、個々のいのちが生き長らえるために危険を回避するよう自覚ることから自分という意識が生まれた、というのがほんとうのところだと私は思う。

※3　果して自分という意識は万能なのか？

自分という意識が自分をコントロールしていると錯覚する人がいる。ほんとうに自分という意識がなにもかも自分の体（いのち）をコントロールしていると思っているのだろうか。そうであるなら、ぜひ、自分の意識で自分の心臓や血液の流れ・食べ物の消化活動を止めたり動かしたりして見せてくれないか、といいたい。

また、時には「自分」「自分」と一人歩きする意識が、なにもかも自分をコントロールしていると思い込んで錯覚してしまう人がいる。そういう人たちの中に、自然を征服できる、いや征服したとさえ錯覚して発言することもある。しかし、地球に発生する地震や台風などの内の大きなエネルギーに直接出会ってしまうと、人間のどんな建造物も無力なことを私たちは知っている。

江戸時代に生きた木喰五行上人（1716～1810）は、「皆人は神と仏のすがたなりなぜに其身をしんぜざりけり」と詠んだ。その通りだと私も思う。

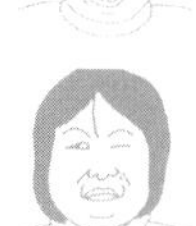

実際、人の「いのち」は、日々生活している私たちのいまを、もくもくと支えてくれているのだから、私たちの「いのち」はそのままで、なんとけなげな、抱きしめたくなるほどいとおしい「いのち」※4ではありませんか。

※4　少し「いのち」について考えてみよう。

　私やあなたの体の中で、絶え間なく、心臓を動かしたり、血液を体のすみずみまで流して、細胞や呼吸や活動を維持したり、食べ物を食べたあと消化したりという、これらのいのちのメカニズムをコントロールしているのは、私やあなたの意志ではなく、いのちそのものが自らおこなっていることである。そう、不思議なくらい自然に、ただもくもくと体の中を信号やエネルギーを駆けめぐらせて、体のメカニズムをコントロールし、私やあなたの「いのち」を支えている。

しかし、自らのいのちの有り様（よう）を否定してやまない意識は、いのちへの感謝といのちをいとおしく感じる心を、私たちから消し去ってしまう。そればかりか、自分を支えてくれるいのちに感謝することなく、そのいのちを誇りにしない人は、自分のいのちの有り様を否定して、自分の欲求を満たせないことを他人（ひと）のセイにして逆恨みし※5、他人のいのちを否定する意識におちいることが少なくない。だからといって、なん人も故意や不注意で他人のいのちを否定したり殺す権利もなければ、理不尽に他人から自分のいのちを否定されたり殺されたりする義務もない。

※5　なぜ人は逆恨みするのか

　自分から自分の体について、あそこがダメ、ここがダメなんてことを思い、愚痴をこぼすことが、自分のいのちの有り様を否定することになって、また自分を支えてくれているいのちへの感謝の心や自分のいのちを誇りに思う気持ちを消し去っていく。そのため、自分が自分を生きていることを、他人（者）に動かされて支配されているという意識にとらわれて、自分が自分の主人公として生きているという意識を持てないから、自分から逃げだす生き方をしてしまう。そこで、ウソを言って誤魔化したり、他人に評価されないと自分を評価できないむなしさから依存症におちいるばかりか、自分が目的をもって行動した結果を自分で引き受けることもできず、ひとのセイにして、他人（者）を逆恨みすることになる。

ところが、私たちが暮らす現代社会は、どんな社会なのかと問う時、現代社会をひとことでいうと、とても「いのちを生かしあう社会」には見えず、残念ながら地球規模でいのちを否定してやまない「いのちを否定しあう社会」になっている。

これに対して日本では、「いのちは地球より重い」「いのちは大切（大事）」

という発想で、いのちをあやめる行為やいのちを自分で絶つ行為を止めようとする人がいる。また「自分は生かされている」として、宗教の対象である神仏や自分以外の周りのひとに感謝の対象を見いだす人もいる。こうした発想や発言の内容を否定するつもりはないけれど、こうした発想や発言をしている人の中から、自分への不満や愚痴が聞こえてくることがあり、そのたびに私はがっかりしてしまう。

ほんとうに大切にしているのか。ほんとうに感謝しているのか。もし、ほんとうに大切にし、感謝しているのなら、自分への不満や愚痴をこぼすという行為が出て来ることはないのではと、私は思う。

小児マヒ（ポリオ）という病気で私の場合、自分の左足の細くて短い変形した力の弱い足となった「いのち」が、これまでの58年間、私の歩みを支えてきたのですから、私が少年時代に言われたように、私は「足が悪い」のでなく、力の弱い私の足は「すごい足」なのです。だから、この左足に有り余る「感謝」をしても感謝しつくしたことにならないと感じているし、また、病気によって左足の変形という傷を受けても、そこにとどまって、私の歩くという行為をけなげに支えてくれている「いのち」を私は誇りにしています。

ところが、こうした「いのち」の過程で、たまたま大きなダメージを受けず、健常な体をとりあえず維持してもらっている「健常者」であれば、自分の「いのち」に対して、ほんとうなら私たち（障害者）以上に何倍も感謝する気持ちを持っていても不思議ではないと思うのです。けれど、自分のいのちを否定してしまい、自らのいのちを生かそうとしない・生かせない人が、他人（ひと）のいのちを生かすことなどできないのは自明のこと。でも、こうした事実をきちんと認識して自分の「いのち」に「感謝」し、「誇り」にしている人に、私はこれまで残念ながら出会ったことがないのが現実です。

また、ここに「いじめ」問題の根っこがひそんでいると私には見えます。自分を支えてくれるいのちに感謝する気持ちを持たず、自分のいのちに誇りを感じない人が、辛うじて自分より劣っていたり、逆に勝っている人に対して、自分が優位に立とうとして、言葉の暴言や実際の暴力で、他人をおとしこめたり、おさえつけて従わせる行為がいじめです。逆にいじめにあう人にしても、自分を支えてくれるいのちに感謝する意識を持たず、自分のいのちに誇りを感じないことから、言葉や実際の暴力にあった時、自分を見失ってしまうからいじめが成立してしまうのだと思っています。

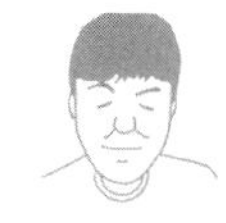

こうした現代社会の中で、私はどう生きたいのか、どんな人の絆に囲まれて暮らしたいのか問う時、いのちを否定し殺し合ってやまない現在の社会が、このままでいいというのであれば、人が他人のいのちを否定して殺しても、殺人犯罪の抑止力にならない死刑制度を維持するから構わないということで現代社会を維持すればいいだけで、自分のいのちを否定して、自分を支えてくれる自分のいのちに感謝することなく、また自分のいのちを誇りに思うことなく生きていく人の中で、自分だけの生き方を、私は続けることになる。

でも、いのちを生かすのに、自分だ、他人だという境界を設けて、個人的な生活の範囲で満足するのでは、繰り返し社会的に摩滅（まめつ）する存在になってしまい、社会的に「いのちを生かし合う」絆を築くことにはならない。

そうではなく私が、少なくとも自分のいのちを生かして生きたいと考え、いのちを生かしあう人と人の絆に囲まれて暮らしたいと思うなら、人がいのちを生かしあう社会を実現しようと、まずは自分を支えてくれる自分のいのちに感謝し、そのいのちを誇りにして、自分を生かして生きること。そして、他人（ひと）のいのちも否定しないと決めて生きること。そして、他人（ひと）といのちを生かし合って生きる関係を日常の生活の中で持続する方法を模索し、実現すればいいだけの話。

だから、こうしたことを問題にしないで、ただ、死刑制度をなくすことを目的にするだけなら、いのちを生かしあう社会を創ることにはならないだけでなく、逆に死刑制度もなくすことができないのでは？　と、私は考えている。

ところで、かけ離れた時間に生まれ、現代の世界の片隅にそれぞれ出現した私やあなたが、たまたま、同じ社会の空気にふれて違ういのちの世界を見てきたにもかかわらず、自らを支えてくれるいのちに感謝し、自らのいのちをいとおしいと思い、ひとのいのちもいとおしく思いあえる心を、はっきりと自分の言葉にできる可能性を秘めて、ここでこうして出会う機会を持てることは、実は奇跡なのだと私は思う。

こんな出会いを、運命で出会うべくして出会うように定められていたのだと、運命論者ならいうのでしょうが、運命づけられているにせよ、いないにせよ、これを幸運な出来事にできるかどうかは、改めて私やあなたの決断や行動にかかっていると私は思う。そう、あなた自身も自分で自分のいのちに対して、ほんとうに感謝し、そのいのちを誇りに思って生きるこ

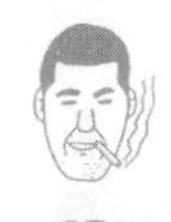

とを、あなたが今後どんな目に会おうと、またどんな姿になろうと、自らに死がおとずれるまで持ちつづけていくと自ら決めて生きることで、変われるのだと思います。

でも、「いのちを生かしあう人間関係（人間の絆）」に根ざした「いのちを生かしあう社会」を、ほんとうに私たちが実現したいのであれば、自らの生存根拠を個人の生活の枠を越えて、他人との関りを維持した日常の生活の中に確立することが不可欠なのではないだろうか。それを実現する一つの方法が「支え合う集合住宅」を出現させることから始まるのだと私は考えている。 2007年11月1日発送　白砂巖

2008年5月12日　車で東京出発。滋賀県竜王で有料道路を降り、旅館八幡屋泊。13日、妹背の里、鏡神社、義経産湯の池、三井寺、源義光の墓、逢坂を経て、大山崎で名神に入り中国道へ。車中泊で14日、徳山東インターで降り、フェリーで九州・国東半島竹田津へ。宇佐神宮から別府へ。おにやまホテル泊。15日、別府地獄めぐり、明礬温泉により大分へ。竹田市・岡城、椎葉村から大口市、水俣市・堀宅へ。16日、堀君・高島君と水俣市内と資料センター・相思社、夜ほっとはうす。17日、高島君と湯の児温泉、もやい館で田中正造の映画、夜ほっとはうす。18日、ほっとはうす、福田農園。20日、堀傑・よしみ夫妻と鹿児島からフェリーで屋久島へ。

2008年5月21日～22日　堀よしみさんと縄文杉まで登り、山小屋泊、山小屋で一緒になった二人（江戸川の加藤肇さんと中島慧さん）に同行してもらい下山。23日、屋久島を車で一周。24日、平田宅により、千寿の滝、フェリーで鹿児島へ、千宝の湯により堀宅へ。25日、産廃処分場計画の場所へ。26日午後、五木村・川辺川ダム計画地へ。27日～30日、堀宅を出て、高千穂へ向け、通潤橋、吊り橋、清和文楽座、高千穂峡、高千穂神社、宿。28日、国見が丘、天の真名井、くるふし神社、荒立神社、延岡・南方古墳群、日向・国分寺跡・木喰五智館、29日、西都原古墳群、考古博物館、日向・国分寺跡・木喰五智館、霧島へ、30日、霧島宮、高千穂峰・御鉢まで。雲で御鉢は見えず。丸池湧水、大口経由で堀宅。31日、堀夫妻の予定変更で代わりに、高島君と水俣コンサート（服部克久、サーカス、元ちとせ、大橋純子、さだまさし）見物。

「人を殺したら死刑？」

人のいのちは、誕生の瞬間から、化学物質や放射線・紫外線に曝され、また細菌やウイルスに接しても、自らを維持するためにいのち自身で対処して、大方の場合、運良く傷つかずに無難にやり過ごします。だが、時には体や神経の一部が傷ついて、その機能を損う後遺症に見舞われるいのちもあります。けれど、多くの人は、いつの間にか自分のいのちは自分の意思で自由にできると思い込み、いのちに支えられていることを忘れ、いの

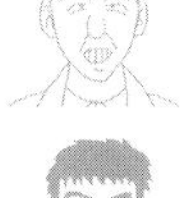
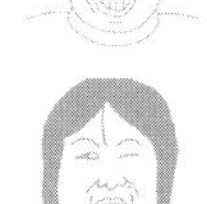

ちへの感謝と誇りを見失っています。それでも少年の頃に、自分を支えてくれるいのちに感謝して生きれることを、誰かに気づかされていたら、どんなによかったろうといまでも私は思います。しかし、そうした機会に恵まれなかったからといって、誰も他人を恨むことはできないと私は思っています。すべての人が生まれてこの方、始めての世界に飛び出て、初体験を繰り返して歳を重ねて生きていくのですから。でも、こんな歴史をこの先も繰り返してほしくないと私は思っています。

だから、考えてみてほしいことがあります。それは、お世話になった屋久島のユースホステルで、たまたま大阪からご自身の母親といっしょに旅行にきていた同年輩の女性とテレビを一緒に見ていて少し議論になったことです。その時のニュースは、ある事件の加害者に「死刑」の判決が出たか、死刑にされたことを伝えていたので、そうした死刑に賛成か反対かという話になりました。

その女性の言い分は、「人を殺したのだから死刑になって当然だ」「死をもって償うべきだ」「自分の家族が殺された時、私なら犯人を殺すわ」というものでした。確かに理不尽に人を殺すことは許されない。でも、だから殺す（死刑だ）というのでは、死刑にするから、幾らでも殺していいよと言っているように聞こえ、理不尽な殺人をなくすことにならないと私は考えています。実際死刑を言い渡す基準をどんどん下げて、死刑の刑罰を増やしても理不尽な殺人事件はなくなっていません。逆に、どうせ死刑になるなら一人殺すも二人殺すも同じだ、また自分一人では死ねなくてそれでも死にたいから、道連れに人を殺すから死刑にしてなんて考える人を繰り返し登場させている始末です。

これとは別に、証拠を捏造されたり誤った判断で死刑にされることが日本でも起こっています。こういう人が実際に死刑にされた時、こうした過ちをどのように誰が償うのでしょう。以前、九州で人違いで人を殺した事件がありました。冤罪による処刑も人違い殺人に変わりはない訳で、こうした事件に関わった警察官や検事、また、この人は死刑でもしょうがないと思い込んで死刑に賛成した裁判官や弁護士・一般の人も含めてどう罰を受けるのでしょう。理不尽な処刑を行わせた人は、同じように死刑に該当しないのですか。これでは「もともと、理不尽な人殺しを無くしたいと思わないし、殺したら殺す社会をこのまま続けたいから死刑制度に賛成するんだ」と勘繰りたくなります。

「旅先にて」と題した一文に、こんなことを私は書いていた。

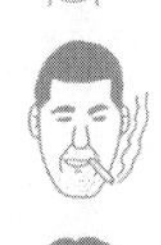

「自分のいのちに感謝？」

出会ったのは、2008年5月27日の午後4時のこと、八百年も生きてきた杉の巨木（きょぼく）のまじる森の神社だった。私のかたわらで同じように生きてきたであろう近くの杉の大木（たいぼく）を抱きしめた若い彼女は、「(巨木の）パワーをもらいに来たの」と話した。

「どうかしたの？」と私。「人間関係で落ち込んでいるの」と彼女。

そこで、私は私のことを話し始めた。「(私を）見ていて歩くのヘンだったでしょ」

私は自分の左足を見せながら「小さい時、小児マヒという病気でこの（左）足が短く細い足になってね。子供の頃は、この足のことで、まわりの大人から“足が悪いけど（勉強して）頭でがんばれば普通の人にまけないんだから頑張れ”と言われたけど、“悪い足”なんて言うのはとんでもなくて、実は“すごい足”なんだよね。この力の弱い足が、60年近く私の歩行を支えてくれているんだから。

実は、この足で、先週（5月20日)、水俣にいる友だち夫婦（堀傑さんと芳美さん）と屋久島へ行ってね、彼の奥さんと5月21日、健脚の人が10時間で行って帰ってくるところを、足は悲鳴をあげながらも11時間かけて縄文杉まで登って山小屋に泊まり、次の22日、9時間かけて下りてくるという山歩きをしてきたんだよ。彼傑さんの方は、10年ちょっと前、脳の出血の後遺症で杖をついて歩くようになって、山歩きができない体になってしまったので、宿で待っててもらってね。ここの杉もすごいけど、屋久島の杉はもっとすごいよ」といって、私はデジタルで写してきたカメラの写真を見せながら、話をすすめた。

「屋久島の杉は、ここの杉よりも（生きるのに）条件が厳しいのに、中には千年、二千年と生きて、縄文杉に至っては七千年も生きてきたと言われている。人間の場合、生きるのに条件が厳しいと、長生きできるとは限らないけど、10代の頃に“あなたは心臓が悪いから長生きできない”と言われて80歳を迎えて生きてきた女性に、2、3年前にその話を聞いたけど、その人の心臓、実は“すごい心臓”だよね。

この縄文杉の場合も、枝がもがれても、それでも生きてる。実際、すごいと思う。だから、小児マヒという病気になって私のいのちは傷ついたけれど、それでも私を支えてくれている自分のいのちに、いまではすごく感謝しているし。それに、自分のいのちを誇りに思ってるよ。

そう考えてみると、大抵の人のいのちは、小児マヒやハンセン病という病気を引き起こすウイルスや細菌に出会っても、たまたま発病しないで、

自由に歩いたり、見たり、聞いたり、しゃべったり、考えたりする自分を、これまで曲がりなりにも支えてくれている。だから、ほんらいなら、私やほかの障害をもった人の何倍も感謝してもいいはずだと思うようになったけど、あなたは、自分のいのちに感謝している？」

「う〜ん。感謝する気持ちは持っている」と彼女。

「ほんとう？　ほんとうに自分のいのちに感謝しているの。だったら、自分のいのちも誇りに思えるよね」

「・・・」彼女は少し考えていた。

これから熊本まで帰るという彼女に、私は結論を急いだ。「自分のいのちを誇りに思えるなら、それだけでいいんじゃない。自分に自信をもって生きていけるんだから。でも自分に自信がないから、まわりに振り回されて自分を見失って、不安に思ったり、いやな思いをしたり自分をダメだと思い込んで悩むんだから。ちゃんと、自分のいのちにも感謝して、自分のいのちに誇りをもっていけばいいだけじゃない‥‥自分のいのちを生かして‥‥」

別れ際に握手を求められた時の彼女の手は力強かった。

2008年6月1日　堀宅に別れを告げ、八代、宇城市から天草五橋、天草上島、牛深、やすらぎ荘泊。2日、牛深・河内浦城跡、津崎・大江天主堂、鬼池でフェリー、島原半島に。諫早・松崎さん、長崎・平和祈念館泊。3日、キリシタン26聖人と資料館。雲仙の山で車中泊。4日、普賢岳、島原城、吉野ケ里へ、車中泊。5日、吉野ケ里遺跡、うきは市・大津留氏に寄り、山国町・道の駅車中泊。6日、青の洞門、五百羅漢の羅漢寺、中津、門司、山口・下関へ。川棚温泉泊。7日、萩市・萩焼、阿武町、須佐町・歴史民俗資料館、田万川温泉、太田市先の道の駅泊。8日、須佐神社、出雲大社、古代出雲歴史博物館、松江・中村宏子宅・本人とは会わず、境港、皆生かいけ温泉立ち寄り湯、北条公園車中泊。9日、鳥取砂丘、余部鉄橋、豊岡町・コウノトリセンターで外から見学、宮津市天橋立・温泉民宿泊。10日、京都で昼食を大湾さんと。嵯峨陵・清和山稜を回り、大湾さん宅に泊。11日、伊豆着。梅13.8 kgを収穫・塩漬けして、19日、帰宅。

自分の「いのちにありがとう」と言おうと決める

私たち後遺症を持つ者は、後遺症の体を丸ごと使って生活している。私の場合で言えば、細くて短く変形して脚力も弱い左足が、健気に70年以上も私の歩行を支えてくれている。だから、私の後遺症は、私にとって「障

害」ではない。だから、いわゆる「健常者」が、私たちの後遺症を「障害」というのは真実ではないし、誤っている。しかも、「障害」があるということによって、「劣っている」という思い込みを、両者に生むのだから、即、差別を成立させている。しかし、ほとんどのいわゆる五体満足に安住している「健常者」には、「いのちにありがとう」と言えることにさえ、これまで気づけないできた。

きっかけは、2010年ころ。私の後遺症の左足は、変形し、脚力も弱い、しかも時々悲鳴を上げることもある。けれど、にも関わらず、健気にも私の歩行を60年以上も支えてくれている。だから、私の左足は、私にとって「障害」ではない、と考えるようになっていて、しかも、私の「いのち」は、自分の後遺症を含めて私を支えてくれているのだから、「いのち」に「ありがとう」としっかりと言って、これからは生きていこうと、遠藤滋と話し合ったことにあった。

また、いのちは、人が自分の意識でコントロールしていると思う以上のところで、自動的にコントロールして、私たちを支えてくれている。だから、余計に、「いのちにありがとう」と、「いのち」に伝えるべきだとも考えた。

2010年10月4日付けの『温暖化と支え合う集合住宅』と題してまとめた文章の中に、白砂が書いた次の一文がある。

初めて「はいはい」できた時、初めて掴まり立ちできた時
初めてひとりで歩けた時、笑顔で無上の喜びを表せた時があった
目を合わせて言葉をかけられると　満面の笑顔を見せてくれた
バギーに寝たきりでいた少女の　ひちちの出合いは無上の喜びに満ちていた
だから　いまそれができるなら　喜びを感じて一日を過ごそう
今日それができたなら　喜びを感じて明日を迎えよう
いつか忘れてしまった感激を取り戻し
そして　何はともあれ　いのちにありがとう

どこにいても　何をしていても　どんな姿でいても
まだできることが残っていて　それをいかせることができるなら
何はともあれ　いのちにありがとう

でも、『いのちにありがとう』という言葉が、人が育ってくる過程で、

他人と比べて思い込んだことや、他人から言われて思い込んだことで抱いた感情を吹き飛ばしてくれる言葉だとは、当初は自信をもって考えていませんでした。だから、この『いのちにありがとう』という言葉が、どれだけ自分たち以外の人に届くのかを見極める、「試用期間」が必要でした。

2011.12.6付けでまとめた文章の中で、私は、

『当時、この本『障害者が語る現代人の生きざま』を読んだ人の感想の中に、「みんながそうなれたらいいね（そうなれたら自分もなれるの？）」とか、「自分からはとてもできない」という意見がありました。

いのちを生かす　や　肯定する・否定しない　と共に　現在は、「障害とは、自分のいのちが困難（私の場合はポリオウイルス）に出会った時、自らの体の機能の一部を引き換えにしても生き抜くことを選んだいのちの印」。だから、「自分を支えてくれている自分のいのちに感謝し、そのいのちに誇りを持つ」と決めた。

ひとは多かれ少なかれ困難に出会い無事にやり過ごせたことも同じ印。でも、機能に障害がない分、これまで無事に来れた人は、障害者の何倍も自分のいのちに感謝していいのでは？　といいうのが私見。それなのに何故「感謝している」と言い切れる人が少ないの？　でも私や遠藤氏は、それまで無事に来れた人は、それまでのことで　何かあっても生き延びている人は生き延びていることで　国籍・人種・民族・性別・属性・党派・宗派のちがいにかかわらず、すべてのひとがいのちに「ありがとう」と言える、と思えるようになった。』とも書いた。

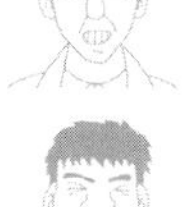

この後からは、「いのちに感謝する」とか「いのちに感謝している」という言葉で書いたり言ったりするのをやめて、自分が自分の言葉で直接自分の「いのち」に「ありがとう」と言わなければ、本当に「ありがとう」と言ったことにならない、と思ったから、すべて「いのちにありがとう」と書き、言うことにした。

だから、2012年3月28日～31日、遠藤滋の要望で、京都山科の蓮如と本願寺跡を訪ねた旅行（同行は、介助者の小島・加藤・趙・谷口と私）に行った後、私が、遠藤滋宅を4月10日に写真やビデオどりのDVDを持参して訪ねた時、たまたま同じ旅行に同行した加藤に会えたので、二人は「いのちにありがとう」と言ってこの先、生きていくが、この「いのちにありがとう」の言葉が、人のさまざまな悩みを解決する究極の言葉だと思っているけれど、初めて会って話をした人に、どれだけ伝わるのか、確信を持

てるまでの期間が必要だ、という内容の話をしたものでした。

2. 出会った人と「いのちにありがとう」

2015年8月、滋賀県長浜の図書館で出会った、遺伝子の一部が置いてきぼりをくい、両足の大腿骨を造れず、足が短くなって生まれた12歳前後の少女は、階段を上がるのに、ひと目もはばからず、私の目の前で両手も足の足しにしてうつ伏せに歩いて距離を稼いでいた。たくましい少女だった。私はいっしょに図書館にきていたお母さんと二人に声をかけ、「いのちにありがとう」といって生きてほしいという思いで、自分はポリオ（小児マヒ）でこんな足をしているけれどと、左足のズボンをめくって足を見せながら、この足が自分の歩くのを健気に支えてくれているから、私は自分の「いのちにありがとう」と思って生活していると伝えた。

また、友人の堀傑夫婦が、彼の定年後、水俣で生活していた時、私も水俣に押しかけ、2016.11.12に胎児性患者の坂本しのぶと話をする機会があった。ポリオの私は、いまでは「いのちにありがとう」といって生活していると話した時、彼女からも「いのちにありがとう」と思っていると返事が返ってきたので、安心もし、うれしかった。

ともすると、水俣病というと長い間、公害企業のチッソや国や県の行政の責任を問う戦いに明け暮れて、公害の被害者という立場が前面に出てしまう。だから、こうなったのは他人（ひと）のセイ、という理解で止まってしまいがち。しかし、すべての患者にとっては、出会ってしまった後遺症とどう向き合うのか、どう向き合って生きて行くのか、ということを抜きにしたら、本当の解決策にならない。

また、私白砂はある時、行きつけの薬局で出会った、口の後遺症に出会って生まれた幼い子のお母さんに、この子になんて言ってあげればよいかと聞かれた時、私は「いのちがちょっと手違いを起こしたけれど、それ以上大事を起こさないように頑張って君が生まれたんだよ」と話をして、だから「いのちにありがとう」と言って接してやってと伝えたこともある。そうしたら、そのお母さんの隣で聞いていた年配のおばさんもうなづいていた。

またある時、まったく別の用件で一人の男性が、私を訪ねて家にきた。彼の要件を済ませた後だったと思うが、話をしていると、家で家族と生活していた若い頃（その時の年齢は聞かなかった）、父親と兄にさんざん言葉で攻撃されたという。暴力でもいじめられたかは聞かなかったが。

その彼は、この話をしたとたん、いじめられた時の怒りが、全身に湧き上がってきた。それに対して、私は、ポリオ（小児マヒ）になって、少年のころ「足が悪い」といわれ、劣等感を持ったが、大人になってから、細く短く力も弱く変形もしているこの左足が、私の歩きを健気に支えてくれているのだから、劣等感を持つのを止め、「いのちにありがとう」と思って生きていると話をした。だが､彼は､そんな考えは出来ないと言っていた。

確かに、親や兄弟からひどい体験を受けたかもしれないが、このまま、その時のトラウマに自分の心を支配させたままでいいのか。自分は自分の心の主人として、自分は「いのちにありがとう」と生きて行くことはできないのか。トラウマを学んだかもしれないが、自分は「いのちにありがとう」と思って生きて行くことも学べるのではないか、と問い詰めて話をしたところ、最後に彼は、「いのちにありがとう」と思って生活していくと話してくれた。

この後も､「いのち」が傷ついて足に後遺症を持った若者と出会った私が、彼に、君の後遺症は君の歩きを支えてくれているから「障害」ではないよね、君と同じ私は、「いのちにありがとう」と言って生活しているよ。君も自分の「いのち」に「ありがとう」と語りかけてごらんと話すと、彼の眼は、その場で、輝かせるようになったこと。

また、「いのち」が傷ついていない若者にも、君の「いのち」はまだ傷を負うことなく君を支えてくれているよね、だから、事故や病気で後遺症を負った人以上に君は君の「いのち」に「ありがとう」っていえるよね、だったら君も「いのちにありがとう」と君の「いのち」に語り掛けてごらん。そうしたら、「ありがとう」の言葉に反する、いままで君が感じてきた他人と比べて持ち続けた劣等感や、他人から投げかけられた態度や言葉から受けて思い込んだ「もやもや」が、君の心の中に入り込む余地がなくなるよね、と話したその場で、「もやもやした感情」が消えていく様子を目の当たりにして、私たちの「いのちにありがとう」の言葉への思いは確信になった。

3.「いのち」に「ありがとう」と言い合えば

つまり、自分の息を吐くときに、自分から自分の「いのち」に「ありがとう」と言えば、いのちが傷ついていても、傷ついていなくても、多くの人が、周りの人から言われてきた言葉や社会の評価が、自分を決めていたと思い込んできた、「いのちにありがとう」にそぐわない「差別や卑下や

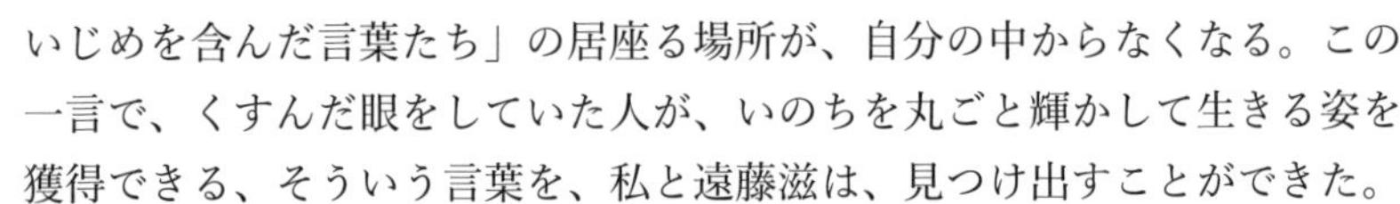

いじめを含んだ言葉たち」の居座る場所が、自分の中からなくなる。この一言で、くすんだ眼をしていた人が、いのちを丸ごと輝かして生きる姿を獲得できる、そういう言葉を、私と遠藤滋は、見つけ出すことができた。

でも、「いのちにありがとう」と自分に語りかけていない、差別されていると感じている人が、相手の言葉や態度を問題にして、差別反対と追及しても、「差別をなくそう」などの標語を獲得できても、差別の構造は変わらない。変わらないのは、互いに、成長の過程で受けた「もやもやした感情」に覆いかぶされていて、自分以外の世界が見えず、互いの「もやもやした感情」を、「自分ごと」と「他人ごと」として捉えて、「もやもやした感情」に取り囲まれたままだからだ。

しかも、他人を差別したりいじめたりして、優越感を感じる人間は、「いのちにありがとう」と言って生きていないだけでなく、心に「劣等感」を抱えているから、優越感を感じて喜んでいる姿が透けて見えてくる。でも、「いのちにありがとう」という言葉に互いに立てば、まず「もやもやとした感情」から解き放たれ、はじめて人は、ほかの人と差別を超えて同じ土俵（いのちにありがとうの世界）に立てると、私たちは確信できた。

4．医師デニ・ムクウェゲさんの話と「いのちにありがとう」

朝まで眠れなかった日（12月22日早朝）の朝、テレビを付けたら偶然、コンゴ民主共和国のレイプと戦う医師デニ・ムクウェゲさんが語る番組を放送していたので、途中からでしたが心して彼の話す言葉の翻訳字幕を目にしながら聞いた。

レイプという、女性に対する暴力は、何もアフリカのコンゴだけの問題ではない。先進国といわれるすべての国で起きていること。それを見て見ぬふりをする、沈黙は共犯だ。平時に起きていることだから、紛争や戦争時でも起きる。

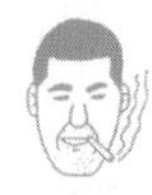

被害者が、心と体に傷を負った時、怒りや恐怖を持ち続けることはその人の「ため」にならない。また、自分を卑下したり卑屈になったりしないで、自分自身と和解し、「自分はこんなに傷つけられても、くじけることなくどっこいたくましく生きている」と思い、技術を身に着け、経済的にも力をつけて生活することによって、自分の尊厳を取り戻すことが必要だと語っていた。さらに、広島の原爆資料館に行って、感じたことは、暗黒の恐怖に対しては希望を持つことを、メッセージとして受け取ったと語った。

問題はレイプに止まらず、差別やいじめ、虐待・他人からの価値観の押しつけによる精神的支配も同じ問題を含んでいて、人間の尊厳を奪っているし、生活費が必要な人がひと月の生活費を賄う収入を手にできない経済的な状況も、その人の尊厳を奪っていることにおいてレイプと同じだと私はいいたい。

どうしたらいいのかという司会者の質問に、男と女は同じ人間だと子供には教え（当然、大人は同じ人間だと自覚し）、相手を尊重する人間性を、人が根っこに持つことで、こうした被害は少なくしていけるのでは？　と語っていたと記憶している。そして、被害当事者が、こうした状況と戦う武器は、彼は、人間性を身につけることや、自分自身と和解することだと語った。

司会者の質問はここで終わっている。「人間性」と言われて判ったと思い、納得したのだろう。さまざまな問題があって、よく議論を戦わせているが、多くの場合、こうした抽象的な言葉を引き出してきて、結論にしている。でも、本当に、この抽象的な言葉でひとくくりにすることで、判ったといえるだろうか。

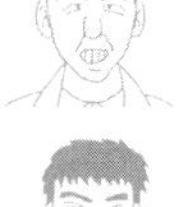
しかし、今では私は、これで納得することはしません。「人間性って何」「どうしたらそれは手に入るの」と聞きたい。私たちは、それが、自分が自分の「いのちにありがとう」という思いを持って、そこから先の人生を生ききることだと思っています。そして、すべての人が傷ついたり、差別されたり、虐待や暴力で蹂躙されても、「いのちにありがとう」という思いを持つことで、再び自分を取り戻し、自分の考えや思いで、心を自分でしっかりコントロールできるようになるから、人生を自分のものとして生き、誇りをもって歩み出す力になる、と考えています。

5．ドキュメンタリー映画『えんとこの歌』と75歳までの約束

2016年4月頃～2019年12月末　日本の地震の分析から日本列島がどのようにして形成されたのか解明するため、平凡社の『地学事典』を中心に紐解いて調べ始める。この時、私は遠藤滋に、「日本列島についての調べ」と「いのちにありがとう」について、75歳までに、一定の答を出してまとめることを約束して、分析に取り掛かる。

2019年　要所要所に遠藤滋の短歌を効果的に入れたドキュメンタリー映画『えんとこの歌（伊勢真一監督）』が完成。NHKでも放送される。

毎日映画コンクール・ドキュメンタリー部門でグランプリ、翌年、文化

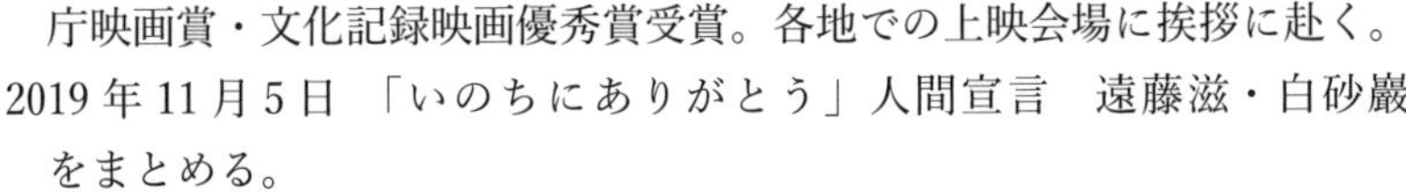

庁映画賞・文化記録映画優秀賞受賞。各地での上映会場に挨拶に赴く。

2019年11月5日　「いのちにありがとう」人間宣言　遠藤滋・白砂巖をまとめる。

2019年11月21日　「(障害) ならびに (障害者)」表記は差別語か？　遠藤滋・白砂巖　をまとめる。

2020年1月28日　差別語 (障害者) とNHKとやまゆり園　遠藤滋・白砂巖　をまとめる。

6.「いのちにありがとう」人間宣言

2019年11月5日　遠藤　滋・白砂　巖

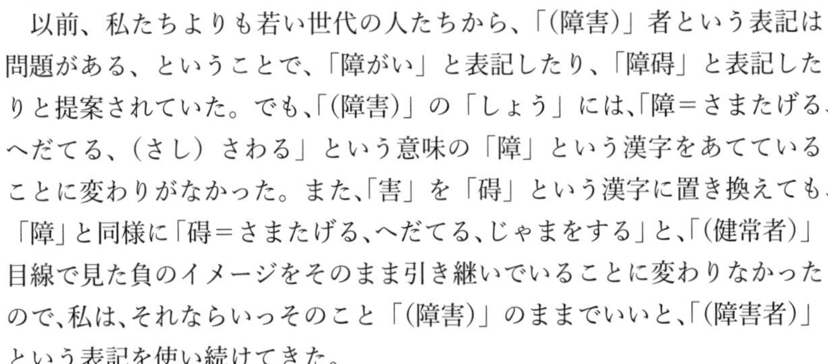

以前、私たちよりも若い世代の人たちから、「(障害)」者という表記は問題がある、ということで、「障がい」と表記したり、「障碍」と表記したりと提案されていた。でも、「(障害)」の「しょう」には、「障＝さまたげる、へだてる、(さし) さわる」という意味の「障」という漢字をあてていることに変わりがなかった。また、「害」を「碍」という漢字に置き換えても、「障」と同様に「碍＝さまたげる、へだてる、じゃまをする」と、「(健常者)」目線で見た負のイメージをそのまま引き継いでいることに変わりなかったので、私は、それならいっそのこと「(障害)」のままでいいと、「(障害者)」という表記を使い続けてきた。

もともと、病気や事故やけがによる後遺症を、「さまたげる、(さし) さわる、じゃまをする」もの、という見かたは、戦後生まれの私たちより前に生まれた先達が、(健常者) がかつて「健全なる精神は健全なる肉体に宿る」とした考えや、いのちが傷つき壊れやすいものという認識を排除して「(健常)」がいつまでも続くと思わせたことを、「健全者幻想」と呼んだ認識に基づいている。

だから、いのちに残った後遺症を、健全な体の人が動ける動きを妨げているから「(障害)」と呼ぶ、(健常者) の目線で成立した言葉だった。同様に、英語の「ハンディキャップ」も、(健常者) 目線の言葉といえる。

そもそも、いのちは傷つきやすいもの。その傷ついたいのちに対して、これまで「(健常者)」は、「しょうがいしゃ」といい、「(障害者)」と表記してきた。だが、翻って見てみると、これまでの「(障害)」ならびに「(障害者)」という表記は、(健常者) 目線で、(健常者) と同じようにふるまえない「(障害)」を持っている者＝劣っている者というところから表現された言葉であることを、改めて自覚した。

ところが、私にとってのポリオによる後遺症は、「障＝さまたげる、へだてる、（さし）さわる」ものでも、「碍＝さまたげる、へだてる、じゃまをする」ものでもなく、唯、後遺症を含めて私を「支えてくれているいのち」だった。だから、ただ、いのちが傷つき、「傷」として残ったものでも、私に備わっているものにすぎない。個性という言い方をする人もいたが、体の機能の違いを個性と呼ぶには、私には違和感があった。

これまで「(障害)」と言われ、傷つきやすく傷ついたいのちに備わった後遺症も含めて、健気に自分たちを支えてくれている「いのち」であることに、私たちは気づくことができた。だから、私たちは、自分を支えてくれている「いのちにありがとう」と生きている。

そんな私が、ずいぶん前に、「しょうがいしゃ」関係のファイルにタイトルを付けた時、当時いろいろ考えての結果、書いていたのが「傷該者」という表記だった。「(健常者)」に対して「しょうがいしゃ」という言葉の対比が、音によって現代人の脳裏に染みついている現状では、いきなり異なる発音の言葉で漢字表記しても、理解しにくいし、いまの段階で、とりたてて、新しい言葉を思いつかないこともあって、漢字表記を変えることしか思いつかなかった。

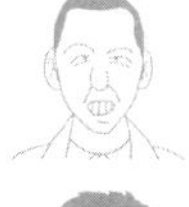
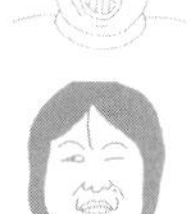

今回、改めて、遠藤滋の講演の内容を再録して読み直し、「いのちにありがとう」のその先の世界を見ていくと宣言するのは、「いのちにありがとう」のその先の世界を作っていくことでもあるので、改めて「しょうがいしゃ」の表記を考え、調べ直した結果、「該＝かねる、そなわる、そなえる」という意味で、傷になったものを備えているという意味で、これまでの「(障害)」を「傷該」と表記することはあっても、「傷該」に「者」を付けて表現することは止めにする。それは、人間を、「(健常者)」という見かたに対して、「(健常者)」のようにできない「(障害) を持っている者」という見かたを表現してきた言葉の発音と同じだからだ。

もはや、「いのちにありがとう」と日々自覚して暮らしていることと、人が「いのちにありがとう」と思って暮らしているか、それとも、傷つきやすいいのちに対して、傷つかないことが善だと思って、後遺症を伴ってしまうことを「忌み嫌ったり」、「否定したり」して暮らしていることには大きな違いがある。いのちがどんな姿でいても「いのちにありがとう」と言う、また言えることを自覚しないで暮らすことと、「(健常)」と「(障害)」を対比して生きることとは、世界が違うと私たちは思うからだ。

そこで改めて私たちは、「いのちにありがとう」と自覚して生きている人間であることを公言する意味で、いのちが尽きるまで「いのちにありが

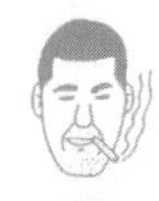

とう」人間として生き抜くことをここに宣言する。

7.「(障害)ならびに(障害者)」は差別語か

2009年12月5日の遠藤滋の多摩市・自立ステーションつばさの講演から、『最近、私は自分のことを「(障害者)」と言うのをやめることにしました。もちろん、ひとは私を見て「(障害者)」と言うでしょう。でも、それはそれで構いません。あえてそう言うのをやめることを誰かに押しつけようとも思いません。それではなぜそうすることにしたかと言えば、何も自分から自分のことを「(障害者)」という枠に括(くく)ることはないと、ふと気がついたからです。自分で枠にいれておいて、何らかの(障害)をもつ者を差別するな、とは言えないだろうと改めて思ったのです。説得力を持たないというだけでなく、そもそも自分の立ち位置に関わることでもあります。

それはそうと、私はこれまで「自立」という言葉をあまり使ってきませんでした。ひとに合わせて言うことはあっても、自分のことについてはとても口はばったくて言えませんでした。そもそも、今でもなお、自立が出来るような環境はどこにもありません。私の場合は結婚によって家を出たのですが、なにかといえば親にも頼っていたし、また介助者グループのひとたちひとりひとりにも事実上頼って生きざるを得ないわけです。意外に思われるかもしれませんが、私は「(障害者)の自立」という言葉をほとんど口にしたことはなかったし、今はなおさらのことです。』

私は、この遠藤滋の多摩市・自立ステーションつばさの講演を、当時読んでも、どうせ差別されているのだから、差別語としてキチンとした分析ができていないという理由で、「(障害)ならびに(障害者)」という言葉を、差別を際立たせる意味で使い続けていく選択をしていました。

2019年になって、遠藤滋の講演の文章を読み返したら、「(障害)ならびに(障害者)」という言葉を、きちんと分析しないまま、放置してきたことに気付き、ここで決着をつけることにしました。

8.「(障害)ならびに(障害者)」表記は差別語か？

2019年11月21日　遠藤　滋・白砂　巖

「(障害)」ならびに「(障害者)」という言葉が、そもそも「(健常)」という状態が存在するという前提(幻想)から、「(健常)」でないからとか、「(健常者)」のように動けない後遺症を「(障害)」といい、後遺症を持ってい

る者という意味で「(障害者)」という言葉を使い、呼称してきた。しかも、「(障害)」という言葉が、「障＝さまたげる、へだてる、(さし) さわる」や「害＝そこなう、さまたげる」ことを意味しており、「(健常者)」目線で見た負のイメージをそのまま引き継いでいることに変わりはない。

スポーツで、優劣を競う場合、例えば、100 m走で、9秒台で走る人に対して、10秒台で走る人は、比較すれば劣っていることになる。けれどその一点で、10秒台で走る人を、劣っている人と呼称した場合、人格まで劣っていると、人格規定したことにならないのか。

同様に、数学に長けている人が、国語や古文がからきしちんぷんかんぷんだったり、国語や古文に長けている人が、数学が苦手だったりすることがある。だからと言って、高名になった数学者や国語学者を、劣っている者とは言わない。そもそも、オールマイティにできる人など存在しない。人は、秀でたところがあっても、どうしても苦手な部分を持っていることが多い。そういう状態を、いちいち「劣っている人」とか「劣っている者」とはいわない。「劣っている」に「人」や「者」を付けて呼称することは、全人格が「劣っている」ことになるからだ。

そもそも「いのちは傷つきやすい」もの。だが、「いのちは傷つきやすい」という認識をもたず、「(健常)」という幻想にあぐらをかいているから、いわゆる「(健常者)」でありながら、熱中症で亡くなる人が後を絶たない。企業は、従業者に過度の労働を強いて、肉体や精神を破壊する行為が繰り返されている。そうした状況のなかで、肉体や精神が悲鳴をあげて病気になっても、病気になった者が悪いのだとなる。また、NHKは、若い女性記者に過度の取材活動を要求して自殺に追い込んでいた。

いのちを傷つけ破壊する行為は、行政や教育機関でも繰り返されている。

そして、「(健常)」という幻想に溺れた人間に、いのちが傷つき後遺症とともに生きている人間をみて、「ああなったらおしまいだ」などと思わせ、「恐怖心」を抱かせてきた。この「恐怖心」を利用して、企業や保守政権は、日本社会を統治して来た。

それに対して、「いのちは傷つきやすい」という認識に立てば、傷つき後遺症を抱える人間を増やさないためにも、むやみに傷つけないように注意しながら行動することになり、仕事にしても、行楽にしても、過度の行動は自分でも極力避けることになるだろう。

また、「いのちは傷つきやすい」ものという認識を持たないから、後遺症を被った人間に対して、後遺症を「(障害)」と呼び、「(健常者)」のよ

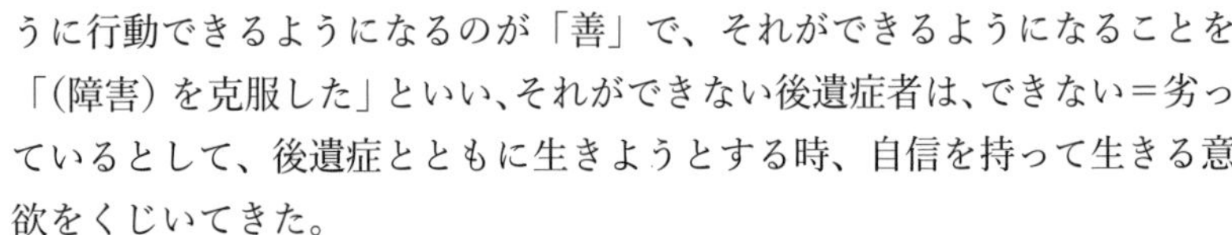

うに行動できるようになるのが「善」で、それができるようになることを、「(障害) を克服した」といい、それができない後遺症者は、できない＝劣っているとして、後遺症とともに生きようとする時、自信を持って生きる意欲をくじいてきた。

「(障害)」や「(障害者)」という言葉の裏で、後遺症者に、後遺症を抱えて生きるようになったのは、家族や本人の「セイ」だとして、国や地方自治体は、「公共の福祉」のためには許されるとして、戦前の「就学猶予」に始まり「座敷牢に閉じ込められる」状況を黙認し、後遺症者を社会の片隅に追いやってきて以降、車いすのバス乗車拒否に始まり、これまですべての対応を後回しにしてきた。こうした背景を生んで来た言葉が、まさに（健常者）のようにできない「(障害)」を抱えている「(障害者)」という言葉にある限り、この「(障害)」や「(障害者)」という言葉が、後遺症を抱えて生きる後遺症者を差別して来た言葉だし、いまも差別を助長する言葉であることに疑いがない。

脂肪などが滞留して、血液の流れが、少なくなったり止まったりすることを、血行障害と呼ぶのとは訳が違う。これまで、「(健常者)」に言われるがまま、自らを「(障害)」や「(障害者)」と言われて、そのまま使ってきた「後遺症」とともに生きるすべての仲間たちよ。もう、「(障害)」や「(障害者)」という言葉を容認しないで、後遺症とともに生きる人間として、後遺症を含めて自分たちを支えてくれているいのちに「ありがとう」という気持ちを寄せて、「いのちにありがとう」人間として生き抜くことを、私たちと共に宣言して生きようではないか。

また、「(障害)」や「(障害者)」という言葉を、何の疑いも持たず、何の検証もしようともしないで、使い続けている国や地方自治体、企業、ＮＨＫを含めすべての新聞社など報道機関の責任を追及しようではないか。そして、私たちは「(障害)」や「(障害者)」という言葉に変わって、どう自らを語るか考えてみよう。

ちなみに 1978 年版「広辞苑（岩波書店）」では、「**後遺症**こういしょう＝病気の初期の急性症状が治癒した後に長く残存する機能（障害）（原文のママ）。例えば脳出血後の手足の麻痺、一酸化炭素中毒や脳外傷後の精神神経（障害）（原文のママ）など。」。「**疾病**しっぺい＝身体の諸機能の（障害）（原文のママ）。健康でない異常状態。病気。疾患。やまい。」。「**麻痺**まひ＝①しびれること。感覚のなくなること。②神経または筋の機能が停止する状態。運動麻痺と知覚麻痺がある。」と説明。

また、1966 年版「新漢和辞典（大修館書店）」では、「**痕**こん＝①きずあと。

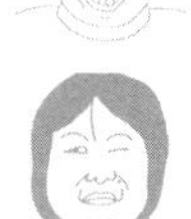

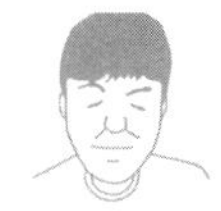

②あと（跡）。痕跡」。「**疾病**しっぺい＝病気。病気が重態である。」。「疾しつ＝①やまい（病気・急病・疫病・悪性の流行病）。②きず。③欠点。④くせ、悪癖。⑤悩み、苦しみ。難儀。⑥やむ。病気にかかっている。⑦やむ。なやむ。苦しむ。思いわずらう。うれえる。⑧やましめる（やましむ）。やませる。なやます。苦しめる。⑨いためる。そこなう。⑩しいたげる。⑪にくむ。⑫ねたむ。⑬うらむ。⑭そしる。⑮いかる。⑮いかる。⑯わるい。⑰とし。はやい（はやし）。すばやい。⑱せわしい。⑲はげしい。⑳つとめる(つとむ)。精を出してする。」。「症しょう＝①やまい。病気。②病気の徴候。病気のしるし・揚子・状態。症状」。「病びょう・やむ・やまい＝①やまい。病気。②きず（傷）。③欠点。④くせ。悪癖。⑤うれえ。心配。苦しみ。なやみ。⑥やむ。なやむ。（病気にかかっている。病気が重くなっている。疲れている。うえている。苦しむ。思いわずらう。はばかる。）⑦うれえる。⑧やましめる。やませる。なやます。苦しめる。⑨そこなう。害する。⑩はずかしめる。⑪そしる。⑫とがめる。⑬しおれる。かれる。⑭やぶれる。」と説明。

これらの漢字や言葉の意味を勘案すると、「残疾」や「残疾者」、「残病」や「残病者」、「残痕」や「残痕者」、「後遺症」や「後遺症者」などの言葉が考えられるが、どれが適切か考えてみよう。そして、これらの案を、私たちに断りなく使用する国や地方自治体、企業、ＮＨＫを含めすべての新聞社など報道機関が現れたその時には・・・。

9．改めて差別とは

後遺症を「障害」と書くこと、ならびに「障害者」と書くこと、それ自体が「差別」である。

いのちが病気や怪我などで傷ついて、運動能力を失ったとしても、体に残された「後遺症」の部分が、その人の運動能力を低下させているとしても、生命維持機能の一部を果たしていて、生命維持の「障害」となっていないのであれば、「障害」ではない。本人が自力で動くことができない体であっても、その体全体が、その人の生命を維持する機能（役割）を担っているのであれば、その人が生き続けることへの「障害」にはならないからだ。

しかも、私ごとで言えば、ポリオによって、左の足の骨は短く細く変形し、筋力も弱い。けれど、この左足が、時に悲鳴をあげたとしても、ポリオにり患してから73年を超えて、私が歩く行為を、健気(けなげ)に支え続けてくれている。この後遺症のどこが、私の「障害」になっているというのか。このことからも、「後遺症」は「障害」ではない。

たまたまあなたのような「後遺症」が「障害」になっていないだけで、ほかの人には、行動の「障害」になっている例はいっぱいある、と人はい

うかもしれない。しかし、言葉は、例外を設けて使うべきではない。私にとって、「障害」でないなら、ほかの人の「後遺症」も「障害」ではないし、ほかの人の「後遺症」が「障害」なら、私にとっても「障害」となるというのが、言葉というもの。矛盾を持った、誤った表現の言葉は使うべきでないし、差別に当たるというのが私の見解。

また、後遺症者を、施設という名の「別世界」に閉じ込めること。

重度後遺症を伴う子供の親たち家族を救済するため（家族の中に重度後遺症者がいると介護で時間をとられ、働きに行けないという欲求）、親たちの要望にそって、その子供たちを収容する施設づくりをはじめ、その結果できたのが「島田療育園（1961年開設）」でした。この重症心身障害児施設島田療育園開設時（1961年）、初代園長小林提樹は、入所時に保護者全員から、入所者死亡時の解剖承諾書をとったという。 それを受けて、重度後遺症を「施設」に収容する（事実上当事者の行動の自由を奪った）行政の処置が平気で行われるようになった。

「（健常者）と（障害者）住む世界が違う」ということが平然と言われていた1976年（私の29歳時）。こうした考えが、いつから起こったのかわからないが、戦後、国民をリードしてきた保守政党や国と地方の行政組織や企業人の考えは、「いのちは傷つき壊れやすい」にもかかわらず、「いのちが傷つくのは本人や家族のセイ」＝「自己責任」だとして、政策や行政や企業活動を行ってきた。

こうした考えは、第二次世界大戦中は、「いのちが傷ついて後遺症をともなった人」は、「非国民」とされ、さらにさかのぼれば、明治政府の「富国強兵」の考えが、影響していると私は考える。戦争の兵士になれない者や企業の労働に役に立たない者は、社会の邪魔。お荷物だという訳である。

1976年以降も重度の後遺症者を収容する「施設」が運用されて、現代に至っている。こうした施設では、意志を表に出せる人が「外出したい」とか「○○したい」という自由な「意志」を黙殺し、そんな意思を示した1982年当時32歳の斉藤秀子（脳性まひ）が施設から出た時、家族からの捜索願いを出させ、改めて彼女の外部の人との交通を遮断して、閉じ込める刑務所同様の生活をかつての島田療育園では強いてきた。

「ハンセン病」患者の特効薬が導入されて、発症しなくなってからも、施設に閉じ込め続けたことも差別だった。また、避妊手術や堕胎手術を強制的に行ったこと。同様に、後遺症者の子供の避妊手術を、本人の了解なしに行ったこと。これらは、重大な「差別」に当たる。

それに対して、**運動能力や、知的活動能力について、「劣っている」** と言っ

て、言葉で揶揄して（からかって）はやし立てたり、無視したりすることは、まさに「いじめ」や「差別」であり、暴力をともなってこうした行為を行えば、「虐待」になる犯罪だ。

10. 差別語（障害者）とNHKとやまゆり園

2020年1月28日　遠藤　滋・白砂　巖

2020年1月、やまゆり園で後遺症者を殺害した男性の、裁判での発言が伝わってきた。その一つが、「健常者（親）の障害になる（障害者）を殺すことは、社会のためになる」というものだった。

ところで過去に、「私（自分）は（障害者）ではない」と、率先して、そう呼ばれることを拒否してきた人が、後遺症者の中にいた。だが、当時は、白砂自身深く考えられなかったし、彼や彼女らにしても、自らを「同じ人間だ」というのがせいぜいで、白砂には納得できる答ではなかった。その当時は、納得できなかった意味が分からなかったが、今は、それが何か言える。

つまり、その当時も今も、自分は健常だと思い、健常でない存在があると思って、「健常の世界」に自分は生きていると思っている人間たちしかいない世界で、同じ人間だということは、健常と（障害）を対比する人間と同じですといっていることにしかならず、本来、（障害者）といわれることを拒否したはずが、未だに人に降ってわいた後遺症を（障害）と言い続けている人たちと同じ人間ですと言っていることになってしまうからです。

また、「**皆人は神と仏のすがたなり　なぜに其身をしんぜざりけり**」「**あさましや理も非もしれぬぐちとぐち　にてもやいてもくわざりけり**」「**みな人の心のぐちはいらぬもの　ふじやう（不浄）けがれとおもえ人々**」と詠んだ江戸時代の**木喰五行上人**にしても、「**愚痴は要らない**」と言うだけだった。

けれど、木喰五行上人は、では人は、自分から何と言って生きればいいのかということまでは考えなかった。私たちは、その答こそが、自分自身が依って立つものがいのちそのものにあるのだから、そのいのちに自分から「ありがとう」ということだと考えるようになった。これが、「自分は（障害者）ではない」と語っていた、彼や彼女らの答にもなっているといいのだが。

（健常）とか（障害）とか、区別することで、（障害者）と言われてきた

後遺症と共に生きている人たちの間に、やまゆり園の殺害事件が起きた時、「自分も殺されてしまうかも知れない」といって恐怖を覚えたことを言葉にした人たちがいた。健常者は、それに対してそんなことはないよと、簡単にあしらうことしかできないが、はっきりいって、彼らが恐怖を覚えた意味を理解していない。

「リンゴは紅くなる」という表現が、「紅くなるのはリンゴ」という逆説を生むように、不充分な規定が間違った逆説を生んでしまう。同様に、「(障害者)」という言葉が、健常者から見て、「健常者のようにできない（障害）を持っているから（障害者)」だと表現することで、これまで「(障害者)は（できない）（劣っている）（障害になる＝健常者の邪魔になる)」などの逆説を人々の間に生み、撒き散らして来た。

物心つく時から、後遺症を伴って生きることになる子供たちは、(健常）の人が出来ていることが出来ないことを嫌でも意識させられる。しかも、「○○が悪い」と言われ、劣等感を持たされ、健常者から私たちは、それを「あなたがたは（障害者）で劣っているのよ」としか表現しない言葉をさんざん言い聞かされてきた。だから、否応なく、「自分は劣っている」と劣等感を自分の心に刻み込まされてしまうし、自分は（障害者）だと意識させられ、自分でも自分をそう表現することに慣れさせられてきた。

しかも、私たちの中には、街に出て、時には家の中で、「邪魔だ」とか「迷惑だ」という言葉を、健常者から強い口調で浴びせられた体験を持つ者が少なくない。だから、意識するとしないにかかわらず、私たちの中には、この社会では「邪魔になる」「迷惑をかける」存在だと思い込まされる扱いを受けてきた。こうした体験を持つから、自分も殺されていたかもしれないと思い、恐怖を覚える仲間が出るのだ。

だから、NHKが差別語を差別語だと意識するとしないにかかわらず、相変わらず、後遺症者のためだといいながら、(障害者）を連呼するNHKに公共放送を名乗る資格があると、私には思えない。

こうした背景に思い至ると、NHKが、私たちに対して（障害者）と呼称し、呼びかけて、この言葉をまき散らしてきたことで、「(障害者）は（できない）（劣っている）（障害になる＝健常者の邪魔になる)」などの逆説を人々の間に氾濫させてきたことを、彼らは自覚できていない。私たちは、視聴料金を払わされた上で、さもあなたたちを尊重していますという口ぶりで、毎日のように差別語をあびせられるのだから、たまったものじゃない。

また、後遺症者を施設に集めることでしか方策を示さなかった国や地方自治体と選挙民の多数派は、いまになって自分の親や自分自身が高齢に

なって、地域で生き続けることができなくなる状況を作り出していて、生き場を失う状況に陥っていることを、自らが招いたと自覚すべきだろう。

戦後、後遺症を伴って生きる者を（障害者）ということで、言葉で殺しまくってきたと、改めて、「(障害)・(障害者)」という言葉の分析を通して、私は思うようになった。また、こうした言葉を垂れ流してきた、国や地方自治体やその議員・職員、公共放送を押し売りするNHKやあらゆる民間企業を含め日本社会の構成員が、やまゆり園で殺害事件を起こした男性を生み出し、彼の後押しをしてきたと私たちには思える。あの男性と差別語を差別語と思わず浴びせ続けてきたNHKと、どこがどう違うのか、私は問いたい。ただ、実際に手にかけるか、私たちの仲間のすべてが、どんな状態でいても自分を支えてくれるいのちに誇りをもって生きていけるようにできない言葉（見えない手）で、生きる意欲を奪って息の根を止めてきたかの違いでしかない。

例えば、「(認知症)」と言われる症状にしても、認知が出来ないのではなく、自分が呼び覚ませる記憶と、自分が存在する周りの現実世界が結びつかず分断しているから、不安になったりする。だから、私たちは、「認知分断症」という表現が的確だと思い、今後はこの言葉を使っていく。

同様に「視覚（視力）後遺症」「聴覚（聴力）後遺症」「下肢（脚力）後遺症」「運動神経後遺症」「発達（知的）後遺症」「心的外傷性後遺症（外傷性心的後遺症ないし外傷性心の後遺症)」「外傷性心身後遺症」などと今後は表記していく。ここで私たちは、言葉狩りをするつもりもない。だからといって、過去に差別語を無自覚に使用したことを公式に反省することなく、私たちが編み出した言葉を勝手に盗用して、個人を除く団体や企業が、言葉の言いかえで済ますことは許さない。

中でもNHKの従業者が、これまでの自らの安易なやり方を反省し、今後、どういう社会、どんな内容の人と人との関わりを踏み込んで創っていくのか考え尽くした上で、何のために仕事をするのか、何を実現するために生きていくのか、どうするのか見ていくだけだ。だから、「いのちにありがとう」と本気で思って生きようとしなくても、また、ひとりよがりに自分だけは問題の輪から部外者面して生きていったとしてもかまわない。ただ、それだけの人間たちでしかないと思うだけだから。私たちは、一人でも多くの人が「いのちにありがとう」と言って生きあえる関係（社会）を作って行くことに力を注いでいくだけだ。

私たちは、やまゆり園の彼を後悔させる社会を、今は築けていない。でも、誰もが自分の「いのちにありがとう」と言って生き合える関係を築くその

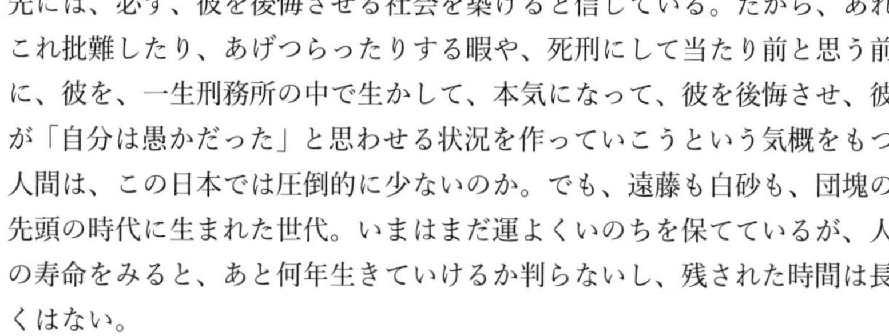

先には、必ず、彼を後悔させる社会を築けると信じている。だから、あれこれ批難したり、あげつらったりする暇や、死刑にして当たり前と思う前に、彼を、一生刑務所の中で生かして、本気になって、彼を後悔させ、彼が「自分は愚かだった」と思わせる状況を作っていこうという気概をもつ人間は、この日本では圧倒的に少ないのか。でも、遠藤も白砂も、団塊の先頭の時代に生まれた世代。いまはまだ運よくいのちを保てているが、人の寿命をみると、あと何年生きていけるか判らないし、残された時間は長くはない。

2020年1月28日　『日本列島の形成と日本の地震』と『「いのちにありがとう」人間宣言に辿り着くまで』を見本版として印刷、本にする。この後、遠藤滋から、どうしても記録として残しておきたいと言われ、追加した文章がメールで送られた、1981年1月1日付けの「11月行動がきりひらいた地平　11・29「区長」交渉を終えて」と「11月行動がきりひらいた地平　その2」で、本書にそのまま収録した。また、介助者の日下部洋介君に聞き取ってもらって書き留めた遠藤滋の略歴を、本書にそのまま載せた。なお、2冊の見本版を、中学生の時の教師・柿本勇（2022年6月亡くなる）に届けてから、2011年の選挙で（本人は当選すると考えなかったが）「当選しなくてよかった」と声をかけてくれた。これは、『日本列島の形成と日本の地震』での、新しい事実の発見があったからだと、私は思っているが、『「いのちにありがとう」人間宣言に辿り着くまで』の、「いのちにありがとう」の考えに至る分析にも同意してくれていたならうれしい。けれど、本を渡してからの期間、体調を崩されていて、詳しい話を聞けぬまま亡くなられてしまったのは残念でした。

11. まくら詞　2020.12.13　白砂巖

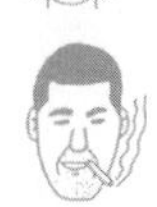

それは自分のまくらことば？
自分が自分で見つけたもの？
なぜ自分のことばだと思うの？
ダメなやつとか
劣っているとか
価値がないとか
誰が決めたの？
それらは「いのちにありがとう」って

生きていない奴らの言葉
それらは「いのちにありがとう」って
生きられない奴が口にすることば
それでも劣等感を持つの
それでも自分には価値がないと
思ってしまうの

そんな周りの言葉や評価に
どっぷりと取り囲まれている
どうして？
自分で自分のことばを持てと
教えてもらわなかったから？
自分で見つけることが
君にはできない？
体が万全な時、活躍できたやつが
事故や病気で後遺症を負うと
ほとんどの奴が絶望する
なぜだと思う
いのちにありがとうって
これまで生きてこなかったから
後遺症に出会ってもいのちが
支えてくれていると気付かないから

ひとより優れているからえらいと
威張るやつもいる
心の奥底に劣等感をもっているから
いのちにありがとうって暮していれば
憂うることも威張ることも
気にならなくなって
自分を自由にはばたかせて
いのちをまっとうすることができるのに
それでも君は自分のまくらことば
見つけ出そうとしないの？
それは自分の体の中で
健気に脈を刻んでいる

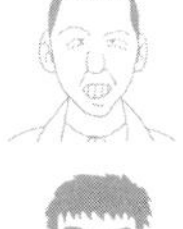

これまでに書かれたことに少しは賛同された方、また、後遺症を伴って生きてきたすべての仲間たちや、劣っているという言葉やいじめや差別に心がなえてしまうトラウマを身にまとっている人よ、これまでの悪夢を脱ぎ棄てませんか。そして、いままで健気に自分を支えてきてくれた自分の心と体の奥底に向かって、つぶやいてごらん、「いのちにありがとう」と。

このつぶやきが、自分に心地よかったら、声を出して、自分に「いのちにありがとう」と。

そうすれば、あなたも気づくだろう。どんな時代や社会の荒波や人間関係の軋轢の中でも、健気にいのちをつないで自分を支えてくれたのが自分のいのちだったことを。また、どんな後遺症を抱える事態に出会っても、生き抜こうとして健気にいのちをつないで自分を支えてくれたのが自分のいのちだったことを。

米津知子は、ここまで読んで『「いのちにありがとう」とつぶやいてみると、からだの奥底に温かいものが湧いてきます。自分を好きになれる気がします。やまゆり園の彼にも、生きて自身を振り返って欲しいと私は思っています。彼が自分のいのちにありがとうと思えるときが来るのかどうか、わかりません。でも来て欲しいし、もし来るのならその時に、自分のしたことの意味を考えられるのではないかと思いました。』と感想を書いて送ってくれた。

この「いのちにありがとう」の意志を持てば、共有する者が、共感・共鳴しあって、まだ足を踏み込んでいる人間が少ない世界を切り開いていける。誰もが初体験する今という瞬間から、後遺症のあるなしにかかわらず、「いのちにありがとう」の意志を持った人間の歴史は創られる。その一人に、あなたは？

12.「差別語を使って差別なくそうとは？」 2021.1.5 ~ 5.30 白砂巖

ここまでにまとめた『誰もが 自分の「いのちにありがとう」と言って生き合う社会へ』は、遠藤と白砂が、「いのちにありがとう人間宣言」に至る過程を、出会いからこれまでのやり取りを掘り起こしてまとめたものです。それに対して、感想を含め意見を寄せてくれたのが、米津知子でした。

なぜ、私と遠藤が、このような追及を重ねてきたのか、というと、二人の間の暗黙の了解があったからだと思う。それは、「まくら詞」として、「同じ」人間や「同じ」宗教や「同じ」民族など、「かさぶた」のように人間の

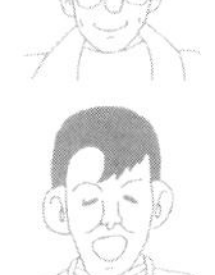
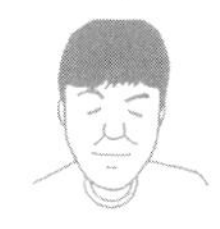

思考回路にこびりついている言葉が何に入れ替わっても、そこからは依然として、対立や差別や殺し合いが生まれてくる。それは「同じ家族」の中にさえ起きている。それらにどんなに「同じ」という枕詞をつけて同感を得ようとしても、一向になくなっていかなかったのは何故か。

簡単に言えば、「同じ」とくくってみたところで、決して同じにはならなかったからだ。だから、折衷案として、「人はみな違う」、「違いがあるからいい」とか、「違いを認め合おう」という言葉が投げかけられている。それでも、繰り返される軋轢。根本は、「いのちを否定する生き方」のうえに、「いのちは傷つき壊れやすい」という認識を持たず、現代の地球上のすべての文明社会だと豪語する人間の関係が成り立っているからだ。

その中で、「後遺症」を「障害」と呼び、「障害」と「健常」を分離させる見方とは異なる「共通の見方」を探り当てることだった。最初二人は、後遺症を伴って生きることになる「いのち」のありのままを「肯定して生きる」ことで、「いのちを否定しない」生き方につながっていくと考えた。しかし、「ありのままを肯定する」というだけでは、ひとそれぞれの「いのち」が体現する表の姿を肯定することに止まっていて、「いのち」そのものを根本から肯定することにつながっていかなかった。だから、自分のいのちを否定して生きているひとでも、そのありのままを肯定することにもなってしまい、どうも、自分のいのちをまるごと肯定して生きていくという転換を誘発させることが出来なかったようだ。

のちの「いのちを生かし合う」にしても、同様に、自分のいのちに対して欲求不満を持って、いのちを否定して生きてしまう人の生き方を、根本から転換させるキーワードにはならなかった。

江戸時代の木喰上人が「皆人は神と仏のすがたなり　なぜに其身をしんぜざりけり」「あさましや理も非もしれぬぐちとぐち　にてもやいてもくわざりけり」「みな人の心のぐちはいらぬもの　ふじやう（不浄）けがれとおもえ人々」と詠んで、「愚痴を言わなければ本来人は神と仏の姿でいられる」と伝えようとした。

けれど、一般的には「ひと（人）」という概念の言葉に立ち返ってしまうと、「人」の中にはよこしまな人間もいれば嘆いている人間もいるなどと、訳が分からなくなる。相手を尊重する「人間性」に依拠するといった、発想の置き換えにしても、同様の限界を抱えていると、改めて思うようになった。自分の「いのち」を尊重しない人間が、そもそも相手を尊重できないのが現実だと考えるからだ。だが、相手を尊重する「人間性」を獲得するには、まず自分を尊重するようになることが重要で、「自分はもうお終いだ」

と「捨て鉢になる気持ち」から脱却しない人に、「相手を尊重しよう」と言うだけでは、そのように思ってくれるようになるとは思えないと私たちは考える。

それでは、否定しない生き方は、どうすれば実現できるのか。それを実現しない限り、現代社会の人間の差別構造は根本的に反転しない。つまり「いのちを生かし合う」ことになっていかない。どうすればいいのか、と問い詰めた先に、ふと「いのちにありがとう」という言葉が私たちの前に立ち現われてきたのが、二人が辿りついた地平だった。

要は、「いのちにありがとう」という立ち位置で、人が自分の「いのち」に立ち向かえば、もう、自分からは自分に象徴される「いのちそのもの」を否定しないことになるので、愚痴を言ったり、自分自身への欲求不満から他人や社会のセイにして逆恨みしたりすることがなくなる。そこで初めて木喰上人が言う「皆人は神と仏のすがた」を獲得できるのだと思う。だから、このキーワードになる言葉「いのちにありがとう」を、自分自身に対して言い続けることで、始めて「皆人は神と仏のすがたなり」という立ち位置に立てるのだと私たちは考える。

そこにはどんな人間の違いがあっても、人は人として共感できるし、本来のいのちに根ざした「絆」が生まれることになる、という予感を含めて感じられるところに、「いのちにありがとう人間宣言」をまとめてから、二人はやっと立てたと実感した。

ところが、現代の若者が、○○の課題が問題だと、まくら詞を変えて問題にしている。この時、若者は、日本のかつての若者の運動とは違うと思っている。けれど、かつての若者たちの異議申し立て同様に、今の若者も目の前の「差別や社会的問題」に目を奪われているだけにしか見えない。「いのちが傷つき壊れるのは本人や家族のセイ」=「本人や家族が劣っている」=「自己責任だ」という考えの元では、人は「いのちにありがとう」と言えなくされてきた。このことに気づかず、戦後の日本社会の「自己責任論」のもとで、「いのちにありがとう」と言えないで、自分が自分のいのちに対する立ち位置を持てずに育つから、その心の隙間に、他人からの言葉を鵜呑みにしたり、自分で他人と比較したりして、「自分は○○だ」思い込む「思い込み」に囚われたまま成人していくことになる。

「差別語（障害者）を使って差別をなくそう」とか、「障害者の解放」と言いながら、差別語としての「障害者」という言葉を使い続けてきた私たちは、矛盾に足元をすくわれて、「いのちが傷ついても傷つかなくてもいのちにありがとう」と言って生き合う共通の土俵に立っていないことに気

づかないで、「いのちが傷つき壊れるのは本人や家族のセイ」＝「本人や家族が劣っている」という考えから抜け出せていない。だから、言葉だけの批判・避難に終わり、差別の関係の中にどっぷりと浸かって、差別の構造は変わっていない。

「○○の差別をなくせ」と主張するだけでは、例えば後遺症を伴って生きる者（障害者）が受けている差別だということで、その差別を受けている者だけの問題だと捉えられている。けれど、後遺症を伴って生きている者が、『自分たちはすべての人が「いのちにありがとう」と言って生きあえる関係（社会）を作っていくために、この差別もなくそう』と言っていると言えば、この差別は、差別を受けている、受けていないに関わらず、「いのちにありがとう」といって生きようとする人間共通の問題となる。

したがって、『自分たちはすべての人が自分の「いのちにありがとう」と言って生きあえる関係(社会)を作っていく。それをしないということは、「いのちにありがとう」と言って生きあう関係（社会）を作っていくことにならない。差別にさらされてきた自分たちは、差別の成立しない「いのちにありがとう」という立ち位置に立って生きていく』という具合に、現代の若者も、いかなる問題に直面していようと、「いのちにありがとう」と言って生活し、すべての人が「いのちにありがとう」と言って生きあえる関係（社会）を目指して生きる人間としての立ち位置を自分のものにすることを勧める。それが現代の若者に限らず多くの人の未来を拓くカギになると私たちは思うからだ。

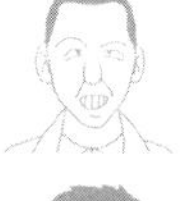

国会や地方自治体の議員や公的機関に携わる者が、『すべての人が「いのちにありがとう」といって生きあえる関係や社会（制度を含む）を作ることを目指す、ないし目指している』と明言しないことが、いのちを否定し、差別する人の生き方を黙認することになっていて、自らもいのちを否定し、差別する立場にあることに気付かない。日本の現状は、与党・野党に限らず、このことを自覚している議員はまだいない。だから、差別をなくそうという啓発のための法律の成立を、大手を振って妨害する自民党の議員に対して、ほかの議員はまともな反論ができない。このことは、それぞれの議員や公的機関に関わる人間が、「いのちにありがとう」という自覚をもってこれまでも生活してこなかったことを暴露している。

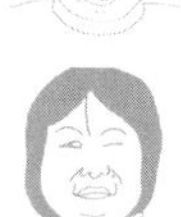

13. 差別がある限り「いのちにありがとう」なんていえない？

問題は、人が社会的制度や他人からの差別にさらされている場合、そう

した差別がなくならなければとても「いのちにありがとう」なんて言えないと、足踏みをすることにある。

差別がなくなった時「いのちにありがとう」と初めて言えるとすると、年とともに自分の肉体的機能が失われていった時、「なんで自分が（こうなってしまうのか)」と言って嘆き、「いのちにありがとう」なんて言えないことになってしまう。遠藤滋の場合で言えば、後遺症の程度が年齢とともに重度化していったわけだから、ある時点で何々が出来ているから「いのちにありがとう」と言えると思っていたとすれば、年齢を重ねていき、出来ていたことが出来なくなったら、「いのちにありがとう」なんて言えないとなってしまうからです。

しかも、「いのちにありがとう」と言って生きている人間がほとんどいない日本の現状（2022年現在）では、多くの人は「思い込み」の中にいて、「自分ごと」に取り囲まれている人と人が出会うことになり、「自分の欲求」を押し付け合うことになる。こうした中、力の勝る相手が、「自分の欲求」が思い通りにいかない時に、DVや男女間だけでない人と人とのトラブルや軋轢を繰り返し起こしている。

また、人が「差別されている」と感じるのは、自分の「後遺症」や「他人と違うこと」を、マイナスに捉えていることを物語っていて、差別を受けるいわれは微塵もないという意識を持っていないからだ。だから、差別されていると感じる意識から人が脱却するには、自分が自分で「いのち」に「ありがとう」と言える根拠を見出して、差別され、卑下される理由は微塵もないと、自覚することが、まずは肝心なのだと思う。

これまでは、「いのち」を外に置いて、それを眺め観て「語りかける」言葉を追求しただけだった。「大事」だというなら、自分のいのちを「大事」にしていることを表す自分に呼び掛ける言葉や、また、「人間性」を取り戻すために、自分の「いのち」に直接語りかけることで、「思い込み」や「もやもやした感情」を吹き飛ばす言葉が必要だったのだ。

14. 2021.10.30の衆議院議員選挙について　2021.11.2記す

与党・野党という振り分けに甘んじている日本だが、その中で、「政権選択を」と言って、与党に対する野党が、野党の立憲民主党・共産党・令和新撰組・社会民主党が協力して候補者の一本化をして戦ったのが、今回の衆議院選挙だが、大きな成果を挙げられなかった。

何が問題だったのか。はっきりしていることは、与党保守政権が作り上

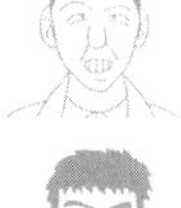

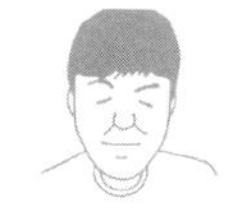

げた日本社会を向こうにして、どんな改革をしてどんな社会の仕組みを作り上げていくのか、戦後76年経ても、提示できていないからだ。

保守政権は、「いのちは傷つき壊れやすい」という事実を前提にした社会合意を形成せず、「いのちが傷つき壊れるのは本人や家族のセイ」にして、「自己責任だ」として来た。経済活動では公害や自然環境の破壊を許して被害をくり返し、企業や団体の従業者の酷使などで、人が潰れるのは「本人が悪い」と見て見ぬふりをして、「そうしない、そうさせないための予防的処置」を政策としてそもそも取り入れず、置き去りにしてきた。

こうした戦後の日本社会に対して、被害者への雀の涙程度の補償で妥協して、根本的に改めさせることが出来なかったのが、まさに、野党という称号に甘んじている政治家と政治団体だ。こんな現状に、日本維新の会の、ただ改革を連呼するだけで、どんな改革をするのか中味の無い「改革」に比例票をさらわれた既存政党。

野党という呼称を返上して、リベラルでも改革党でもいいが、保守政権が作り上げた政策に対して、単に反対の立場や要求を並べる政策に甘んじるのではなく、保守政権とは違い、「いのちは傷つき壊れやすい」ことを前提に、どんな改革をして、温暖化対策や災害を予防する住宅政策と低所得者が安心して住める住宅政策や改ざんされない情報公開制度の創設などを提示して、誰もが自分の「いのちにありがとう」といって生き合う社会を作り上げていくのか示すべきであろう。まさに「改革派（改革党）・リベラル派」として、「いのちにありが党」を名乗る位の気持ちで。

もっとも、まだ「いのちにありがとう」といって生きていない人が「議員」になっている現状では無理な話だが。

15.「いのちにありがとう」の時代を開けるその矢先に

そんな中、日本では、男性への「性教育」はほとんどなされていない、なされてこなかった現状では、私も含め男性は、男女の「生理」の違いすら正しく理解しているとは思えず、しかも、人が自分以外の人を愛する「愛し方」を学ぶ＝「人間教育」がおろそかにされてきた、と私は認識している。

私の場合は、夢精が始まった頃、父が母と「大人になったら判る」と話し、両親からの指南だけでなく、学校教育の中でも生理の違いや接し方を理解するサポートを一切受けることはなかった。だから、私の記憶の中にある認識は、テレビや文字で読んだ断片的な知識の寄せ集めが分散しているだけ。

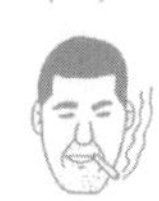

そんな状況を打破する手立てとして、まずは、「いのちにありがとう」と言える自分をしっかりと見出して生きる考え方を学ぶ手助けをして、人の「不安」を利用した脅しに屈しないようにすること。また、自分の抱えてきた「自分ごと」や「もやもやした感情」をお互いにさらけ出して認め合い、男と女の「生理や欲求の違い」や人がほかの人を好きになり、いとおしいと思う思いをどう表すのか、その表し方を学ぶ＝「指南書」が必要とされているのかも知れない。その上で、社会の制度や周りの人の生き方を、改めて問い直していくことだと思います。

コロナウイルスの蔓延に右往左往した姿を見るまでもなく、本来「いのち」は「傷つき壊れやすいもの」という前提に立ち戻ればなおのこと、「いのちにありがとう」と言いつつ、更には、「いのち」の生かし方、育て方を学んで、いたずらに「いのち」が傷つき壊れないようにすべきなのだ。

「いのちにありがとう」という言葉に出会え、2019年11月になって、私と遠藤滋は、自分たちが互いに死を迎えるまで、「いのちにありがとう」といって生き抜く決意を、『「いのちのありがとう」人間宣言』にまとめた。こんなやり取りをしてきて、これから改めて、周りの人から、「いのちにありがとう」と言って生きていく人の輪を作っていこうと話をしていた。

2021年12月10日　『いのちゆいのちへ』遠藤滋短歌集を七月堂より出版。

2022年5月12日　遠藤滋、体の調子を崩し、病院へ検査を受けに行く。

2022年5月19日　介助者と妹さんが病院へ検査結果を聞きに行く。夜7時頃、伊豆に滞在中の白砂にも連絡が入る。のどからのガンで「ステージ4」と言われたと。この翌日の、

2022年5月20日午後1時2分、遠藤滋は、突然「いのち」の時を刻めなくなった。75歳の誕生日の9日前のこと。2022年4月、プレハブの床の張り替えをし、5月になって甘夏の収穫をして、個人宛に送ったり頼まれたりしている分の甘夏を箱詰めして宅急便で送り終わった5月20日、遠藤滋が急逝。

彼は、調子が悪いということで、5月12日に病院に行って検査を受け、5月19日に、妹さんと介助者が検査結果を聞きに行き、その報告を、私は伊豆で夜の7時頃受けた。「のどからのガンが全身に転移してステージ4だった」と。この翌日の午後1時すぎ、彼は帰らぬ人となったと、夜になって私は知らせをうけた。この日の夜、私は東京に戻り、早朝に彼の住まいに駆け付けた。

29歳で出会って45年。私が投げかける文章の言葉にツーといえばカーと反応するだけでなく、投げかけた内容を上回る指摘をしてくるのが遠藤滋だった。反対に、彼の指摘の穴を私が埋める。でも、彼がうまく喋れなくなってからは、手の込んだやり取りはできなくなったが、こんなやり取りができる相棒は、私の人生の中で、もう現れることはないかもしれない。

介助者が聞いた、遠藤滋は「自分？　もこれまでか」とつぶやいたという。本書の再構成にあたり、引用した遠藤滋が47歳の時に書いた「芝本さんと私」の中に、こんな文があった。

「いちいちここに書いてみても仕方がない。ひとつだけあげれば、かれと同じクラスを受け持った年度の終わり頃、私は妙に虚無的な精神状態に陥っていた。37歳という年齢がなぜか急に意識にのぼり始めたのだ。2倍すると74歳。今の身体の状態からしてそんな歳までまず生きてはいられないだろうな、とふと思ったのだ。だとしたらいつのまにかもう人生の半分以上は終わってしまっていることになる。つい1、2年前までは私は職場で妙に若僧扱いだった。芝本さんはかれの流儀で問題を詰めてゆき、その場で解決のつかない問題はさっと先送りしてしまうが、このままいったら最後までそうなってしまうのではないか。そもそも、職場に入って以来ついに私は自分の土俵では相撲をとってくることができなかったのではないか？」

伊豆にいて、プレハブの床の張り替えと甘夏の収穫にいそしんでいた私と遠藤滋との間で、会話がなかったのは致し方ないことだったにせよ、彼は息が止まる直前まで、子供たちや妹さんや、介助者の顔を浮かべて、また、私に対しても、何を思い、何を言いたかったのかと思う。沢山たくさん思いのたけが頭の中を巡ったことだろう。

そもそも「支え合う集合住宅」を創る私の目標の一つは、まずは、遠藤滋に新たな環境の中で、重度の後遺症者として、生活をして、様々な仕組みを作り上げてもらうことだった。彼が亡くなったからと言って、その先へ、私がどこまで行きつけるか判らないにしても、歩みを止めることはないと、判ってもらっていたとはいえ、どんな思いを持っていたのか、知ることができないのは残念でならない。

2023年3月現在、私の手元にある、遠藤滋が過去に書いていた文章の内、本書のテーマに沿うものを見つけるたびに追加してきたが、改めて読み返してみると、私の文章よりも論理的というか、文章の構成も優れていて、

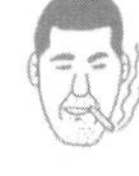

改めて彼がしっかりとした文章を書けなくなったこと、残念に思う。こうして文章をまとめることに意識と時間を取られ、伊豆での草刈りに手を抜いているため、篠竹が幅をきかして繁茂している状況を作ってしまった。

この先、私が、彼との間で思い描いた「後遺症とともなって生きる者や高齢者が地域で暮らし続けられる仕組みとして、いのちにありがとうと言って生きる人と人の間で、温暖化対策を取り込んだ太陽光や風力、生ごみの発電設備を備えた多世代で支え合う集合住宅を地域につくる」夢の実現に、どこまで辿りつけるか判らないが、少なくとも、彼や私との関わりの中で、自ら進んで「いのちにありがとう」と言って生き合うことを決める人の広がりを作って、その中で、これからも遠藤滋と共に、私は生きていく。

第５章　現代日本は保守政治のツケを払わされている

1．保守政治の経済政策のツケとは

CO_2 排出の削減、高齢化・少子化などで抜本的な策を打ち出せず、企業利益を優先し従業者を使い捨て、多くの若者の生きる希望と誇りを奪い、経済対策という決まり文句を信じ込ませられ、見返りの補償もないのに保守党政治家に投票する若い世代の支持で、政権を維持してさらに悪化させている政府・自民党と利権に群がる企業経営者たち。おまけに、これまでの日本の政治が、いのちの有りようを否定したことで招いてきたあらゆる不条理を是正することなく、慰謝料でお茶を濁すだけの国会議員。

そして、私たちだけでなく、「野党」とその支持者が、こうした状況を変えられなかったことで、国民のすべての人が、戦後の保守政治と国の行政や企業活動が生んだ害として、差別問題、健康問題、生活費や住宅費の問題、災害予防と、あらゆる手抜きのツケを払わされているのが現実だ。

しかも、「いのちは傷つき壊れやすい」と思わず、いのちが傷ついて「後遺症」を伴って生きている人を見て、「ああならなくて良かった」と思っている人は、「後遺症者」を見て「かわいそう」「頑張って」と言葉をかけている。しかし、めぐりあわせが悪く、自分が病気や怪我にあって、「いのち」が傷ついて「後遺症」を伴って生きる状況に遭遇すると、「なんで自分が」「自分はまじめにやってきた」「悪いことはしていない」と愚痴をこぼすことがある。それだけでなく、「いのちは傷つき壊れやすい」と考えないから、自分を大過なくいまも自分を支えてくれている「いのち」に「ありがとう」という意識を持つことがない。

これまで、自分のことしか考えず、「日本の社会がどうなっているか」などということは「自分には関係がない」とやり過ごして、自分の周りにあふれる「化学物質」がどんな影響をもたらしてきたのか注意を払わず、「環境ホルモン」が人体に入る道を一切断ち切る政策を実施しないから、ひ

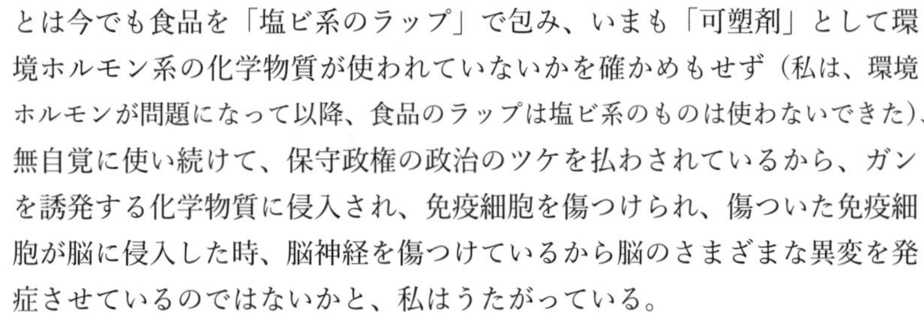

とは今でも食品を「塩ビ系のラップ」で包み、いまも「可塑剤」として環境ホルモン系の化学物質が使われていないかを確かめもせず（私は、環境ホルモンが問題になって以降、食品のラップは塩ビ系のものは使わないできた）、無自覚に使い続けて、保守政権の政治のツケを払わされているから、ガンを誘発する化学物質に侵入され、免疫細胞を傷つけられ、傷ついた免疫細胞が脳に侵入した時、脳神経を傷つけているから脳のさまざまな異変を発症させているのではないかと、私はうたがっている。

1945年以降、私たちは、心の不安定と、地球規模の生活環境の汚染に晒され、日々、経済活動と保守政権がもたらした害悪の「ツケ」を、現在も払わされている。けれど、この保守政権を維持してきたのは、3割ほどの保守党とその支持者の有権者と、4割から時には5割に及ぶ投票に行かない有権者と、保守党には投票しないけれど、「いのちが傷つき壊れるのは本人のセイ」という保守政権の言葉に足元をすくわれ、翻弄されて、真相を解明できずに的外れな保守党批判に終始してきた3割近い野党とその支持者並びに若い頃の私も含めた批判者だったと、今では思う。でも、かつての友人の中に、ここまで言い切る私の指摘に賛同できる人、一体何人いるのだろう。

2．保守政治の心のツケとは

1945年以降、経済活動と保守政権がもたらした害悪の心の不安定や社会制度と、地球規模の生活環境の汚染に晒され、私たちは、日々、その「ツケ」を現在も払わされている。けれど、この保守政権を維持してきたのは、3割ほどの保守党とそれを支持した有権者と、4割から時には5割に及ぶ投票に行かない有権者と、保守党には投票しないけれど、「いのちが傷つき壊れるのは本人のセイ」という保守政権の言葉に足元をすくわれ、翻弄されて、真相を解明できずに的外れな保守党批判に終始してきた3割近い野党とその支持者並びに若い頃からの私も含めた批判者だったと、今では思う。でも、かつての友人の中に、ここまで言い切る私の指摘に納得する人、一体どれだけいるのだろう。

私たちには、2つの反省点がある。それは、もっと早く（75歳になってしまった現在からして20年位、前に）気づけなかったのか、という点と、20代から30代にかけて、当時の若者の戦後世代の一員の一人として、保守政治や国際情勢の問題に表面的な異議申し立てをしただけで終わってしまい、保守政権と日本経済団体連合会や日本商工会議所に主導された国や

地方の行政が一体となった保守政治の根本を暴けず、その保守政治の害悪をこんにちの日本社会にバラまいたままにして、そのツケを現在、国民が払わされている状況を作り出してしまったこと。

問題は、「資本主義」だ、「新自由主義」だの掛け声に対して、それに対する「アンチテーゼ（反対の主義主張）」が必要だったのではない。「主義主張」と無関係に行われてきた「いのちが傷つき壊れるのは本人や家族のセイ」という保守政治の「自己責任論」から脱却し、別の地平、それこそがまさに「いのちは傷つき壊れやすい」、だから、自分を支えてくれている「いのち」に「ありがとう」と言って生き合うこと、それを実現すべく、努力すればよかったのだ。

しかし、よくよく考えてみると、私たちが63歳になった時、「いのちにありがとう」と言って、人生の晩年を、自分たちだけでも生き抜こうと決意するまでは、「いのちが傷つき壊れるのは本人や家族のセイ」で、それは「自己責任」だとされた日本人の意識世界に、私たちもどっぷりと漬かったままで、アップアップもがいていたにすぎないのだから、遠藤滋が死ぬ前に「思考停止に陥っていた」と漏らしたように、保守政治の構造を見通せる訳がなかったのが真相。それでも、『だから人間なんだ』の本の発表以降、これまで、遠藤滋と私とで喚起した当時としては精いっぱいに絞り出したメッセージに、陰ながら応えてくれた人に「ありがとう」と、そして、判ったつもりになって不十分な言葉を投げかけていたことでは「ごめん」と書いておく。

私たちのメッセージの言葉も、「不安や不満や劣等感を抱えたまま」の「ありのままのいのちを肯定して生きる」になってしまうことに、25年も気づくことが出来なかった。そうは言っても、一歩一歩、階段を踏みしめて上がるように、その時その時に辿りついた言葉を噛みしめて生きて来なかったら、「いのちにありがとう」の言葉には辿りつけなかったし、遠藤滋一人でも、私一人でも出来なかったことも確かだろう。

人は「物心ついた思春期に、反抗期をくぐって、大人になっていく」のが普通、それが常識だとされてきた。常識にされているから、なぜ反抗するのかなどという心の内の真相を、圧倒的多数の「健常といわれる人たち」は誰も解明しようとしなかった。だから、自殺する人を目の当たりにするたびに、「いのち」は「大事だ」「宝だ」「同じ人間だ」から、「あきらめるな」「頑張れ」などの言葉で、繰り返し投げかけられてきた。

確かに、「頑張れ」と激励する人も、濃い薄いはあっても、「不安や不満や劣等感」を思い込んで生きてきて、今はこうして生きている「同じ人間」

だ。「人生には苦しいこと困難なことがあるけれど頑張ればきっといいことがある」。だから「頑張れ」と激励するだけで、これまで思い込んできた「不安や不満や劣等感」から解き放たれる道を、残念ながら示せている訳ではない。したがって、激励を受けている人にとっては、「不安や不満や劣等感」を抱え続けても「頑張れ」と言われていることになり、この「思い込み」が強い人にとっては、絶望的に暗闇に閉じ込められることになるという思いに追い込められてしまう。

また、歌謡曲に応援ソングと呼ぶ歌がある。「世界にひとつだけの花」にしても、「歌詞」の目新しい言葉が新鮮に見えるうちは、確かにもてはやされ、ブームになる。しかし、ブームが去って翻って「不安や悩みや劣等感」の「思い込み」を現に抱えている人にとっては、「世界にひとつだけの花」という言葉は、同じように「自分は世界にたったひとりの不安や悩みや劣等感を抱えている花だ」という言葉になっていく。

この「思い込んだ境遇」への反発を持っていて、仕事や家庭での不満が繰り返されると、保育士として働く人の場合は、自分の不満を現場（保育所）で担当する1歳児を「叩いたり投げ飛ばしたりという」ぞんざいに扱うことで解消しようとしたから、「虐待」事件に発展したし、また、沖縄では、報道されたことが事実なら、娘の母親への幼児期からの反発で、大人になってからの言い争いが引き金になって、娘が夫婦で母親を殺害する事件に発展したとしか、私には見えない。

「パンドラの箱」という話がある。「ゼウスがパンドラに、人生一切の罪悪・災禍を封じ込めて渡したという箱。エピメテウスがこれを開いたため、あらゆる罪悪・災禍が逸出し、人類の不幸を招いた（広辞苑の説明）」という説明と、「ギリシャ神話で，ゼウスがすべての悪と災いを封じこめて，人間界に行くパンドラに持たせた箱。パンドラが好奇心から開けたため，人類は不幸にみまわれるようになり，希いに望だけが箱の底に残った（インターネットの説明）」という説明がある。

本当は、古代から現代社会までの歴史時代の人間界は、「いのち」が人を支える仕組みですら奇跡に満ちているのを知らず、また知ろうとも思わず、「いのちにありがとう」と言わず、自分が生きているのは「自分がいのちをコントロールしている」からだと思い違いをして、民族だ、国家だ、男だ女だと、優劣を競うなどして、角を突き合わせてうごめいてきた。だから、現代社会までの人間界こそが、「パンドラの箱」の中に閉じ込められていた。人がこの「パンドラの箱」から抜け出す手助けをしてくれる唯一の手立てが、自分の「いのち」に自分から「ありがとう」を言うことだ

と私は思う。

ここから先は、私を含めて人それぞれにどれだけの時間を生きるか判らないが、自分の人生の生き方を変えようと思うなら、「いのちにありがとう」と言い続けて残りの人生を生き抜くか、それとも、それまでの自前で作り出した「もやもやした感情」を引きずったままで、私たちの指摘に気付くことも顧みることもなく、「ひとりよがり」に生きて死んでいくかは、あなたの自由。

「いのちにありがとう」の扉は、誰もが自分の中に持っている。その心の扉は、自分で開くことでしか開けない。でも、勇気というか決意をして、「いのちにありがとう」とつぶやいてみれば・・・。そこからは、あなたが築いていく世界。

3．日本人の人権

「いのちが傷つき壊れるのは本人や家族のセイ」「傷つき壊れるのは本人や家族が劣っているからだ」と「自己責任だ」にされ、「劣っているいのちは、子供を残す資格も権利もない」「(障害者) は (健常者) と住む世界が違う」とまで平然と分断・差別して、人権を奪った保守党政治家と行政府。この事実に疑問を持たず、追随してきた野党政治家と日本の一般国民。三権分立といい、与えられている日本の人権を第三者の立場からつかさどる権限を自覚せず、保守政治の「劣っているいのちは、子供を残す資格も権利もない」とした差別法に追随して、「いのちが傷つき壊れるのは本人や家族のセイ」という主張を黙認してきた日本の裁判官。

改めて問う。人権とは、すべての人（日本国民）に認められる権利ではなかったのか。ところが、戦後一貫して、日本では、平然と人権を奪われ続けられている人たちがいて、2023年になってもいまだにその差別は残り続けている。精神病院はもとより、北海道の知的後遺症の男女が施設内で結婚して暮らすには、子供が生めなくさせる手術をしなければ、施設を出ていけ、という脅しのもとで8例行われていたことが2022年に報道された。そのことについて、施設管理者は、悪びれもせず、親や本人から了解を取ったといい、ナチスばりの処置を当然だという顔をして発表していた。例え了解を取ったとしても、差別であり、人権侵害であることに変わりはない。

『いのちが傷ついても傷つかなくても、「いのちにありがとう」と言って生きる』ことを、基本的人権の柱にして、そこから日本の社会を組み立て

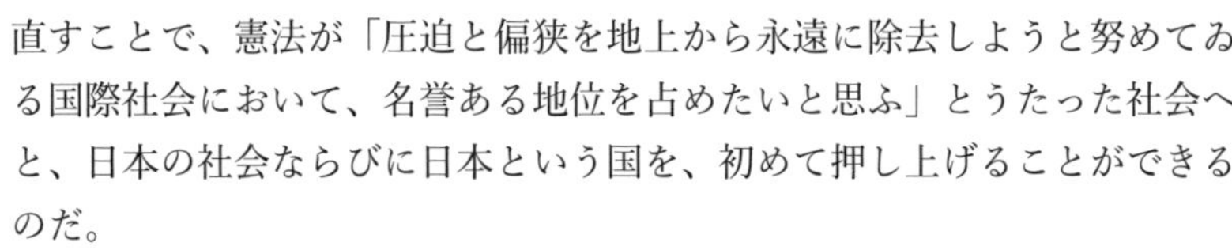

直すことで、憲法が「圧迫と偏狭を地上から永遠に除去しようと努めてゐる国際社会において、名誉ある地位を占めたいと思ふ」とうたった社会へと、日本の社会ならびに日本という国を、初めて押し上げることができるのだ。

時間を無駄遣いして、躊躇している場合ではない。これまでの「思い込み」の中で、人権を認められず、差別されてきた人々を見過ごしてきた振る舞いを反省し、これからは、いのちが傷ついても傷ついていなくても自分を支えてくれている「いのちにありがとう」と言って、これまで自分の心を支配させてきた「思い込み」におさらばして、晴れ晴れとした気分になって、ここから人生を取り戻して生きる人間として、「いのちにありがとう」と言い合う関係を築いていきませんか。

4.「性の違和感」　遠藤滋一言集9＜1998年11月18日＞より

性同一性障害、という「障害」があるらしい。自分の性に違和感を感じ、どうしてもそれを受け入れられず、本人にとってはとても苦しい、といいます。

専門家ではないので、細かいことはよくわかりませんが、わたしたちの性が決定されてくる過程は、そう単純ではないようです。性染色体の組み合わせがＸＸなら女、ＸＹなら男、というように、それだけで決定されるものかと思っていたら、実はその隣にある、内分泌に関係した染色体もおおいに働いている、ということが分かってきたのだそうです。

母親の胎内では、性染色体の如何に関わらず、はじめ胎児は全てが女性。その後、精巣ができ、大量の男性ホルモンを分泌して、みずからその「ホルモンシャワー」を全身にあびた個体のみが、はじめて男性の脳を持つことになるらしいのです。

ところが、たとえばこの時期に母親が強いストレスをうけていたりすると、それがうまくゆかないことがある。現代では、この性の境界が、ますますあいまいになってゆく傾向にあるようです。ひょっとしたら、いわゆる「環境ホルモン」、すなわち内分泌撹乱化学物質の影響もあるかもしれない。

昨年だったか、埼玉医大の倫理委員会が、この性同一性障害を医療の対象としてはっきり認め、他の方法でどうしても治療できない場合には性転換手術をも行えるようにする、という結論を出しました。それに基づいて先月、国内ではじめての性転換の手術が行われたようです。この場合の

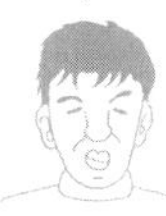

患者は、頭では自分を男としか思えない、女性でした。

でも、よく考えてみれば、すべての人々の男と女のどちらかに画然と分けようとすること自体、とても不自然なことなのではないでしょうか。よくいわれる男らしさ、女らしさの基準にしても、国や地域によって、また時代によってすぐ変わりうるものなのです。学校の出席簿にはじまって、あたりまえのように人を男か女かに枠づけようとせずにはおかない社会通念が、だれか具体的な個人を苦しめているということはありえます。

アメリカやシンガポールなどの「性転換」先進国にならって、それでその人の苦しみがなくなるなら、それもいい。しかし、それがたとえどんな姿であったとしても、やはり具体的なありのままのいのちの姿を、互いにみとめあい、いかしあう関係がわたしたちの間に成り立っていなければ、それすらもおぼつかなくなるのは明らかだといわざるをえません。このことを一体どれだけの人が踏まえているでしょうか？

さしあたって「患者」と直接向かい合うことになる精神科医やカウンセラーなどの人たちには、せめてこのことをしっかり踏まえてほしいと切に願うところです。

5．海水温を上昇させている原発と火力発電の冷却

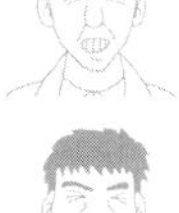
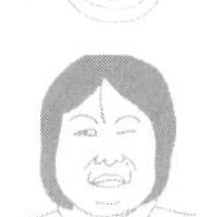

「原発は CO_2 を出さないからいいんだ」というのが保守政権と電力会社の主張だが、原発や化石燃料の発電で海水を温め続けていることで、温暖化の気象変動に十分寄与していることには、だんまりを決め込んで何も言わない保守政権と経済産業省。

原発の立地と大地震との関連で、平安時代の津波の痕跡が見つかり、これで多賀城が消えたという話がニュースになった。この時に大地震があったことが話題になったが、この時の話に耳を傾けていれば、原発のある東北一帯の地域は、大地震の津波でどんな話が伝わっているのか、当然調べることになったはず。ところが、研究者の指摘を聞いていながら、電力会社の経営者は、対処をおこたった。

原子力発電所という社会的に賛否両論がある問題にしても同じことがいえる。原発が大震災でメルトダウンを起こし放射能を撒き散らしたことで、ふるさとを追われ、生活を奪われ、人生を破壊されたことで、被害を受けた人が「いのちにありがとう」と言って生きあえる関係を壊して来た（自殺者を出した）ではないか。その被害を受けた人の中に、国や電力会社からの交付金に目がくらんで原発の設置に賛成した人はいなかったのか。地

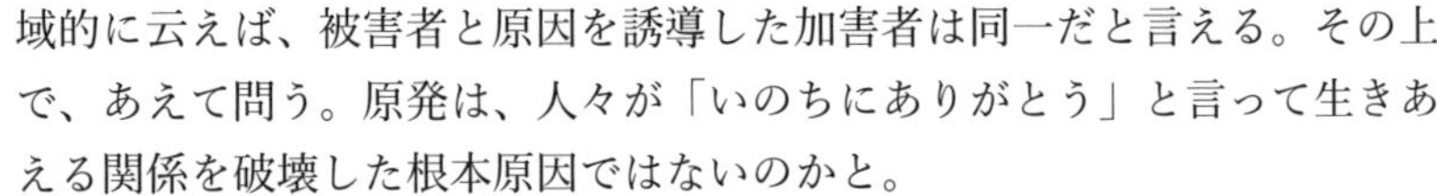

域的に云えば、被害者と原因を誘導した加害者は同一だと言える。その上で、あえて問う。原発は、人々が「いのちにありがとう」と言って生きあえる関係を破壊した根本原因ではないのかと。

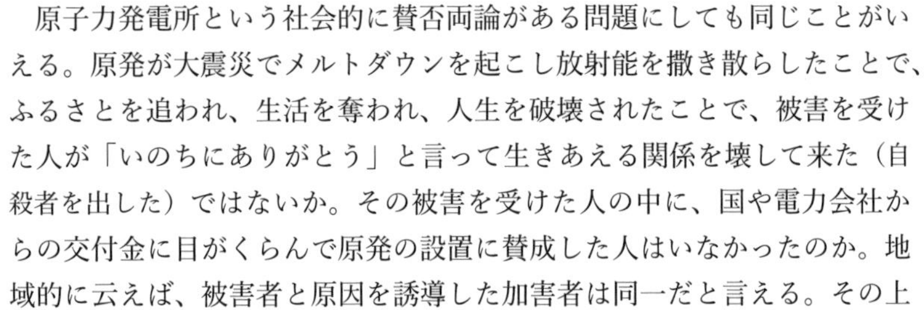

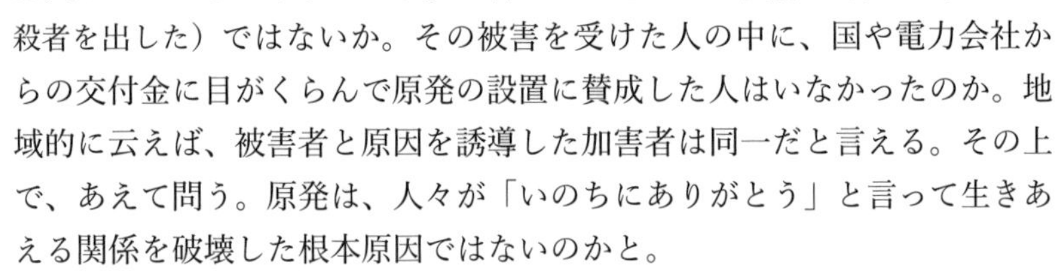

原子力発電所という社会的に賛否両論がある問題にしても同じことがいえる。原発が大震災でメルトダウンを起こし放射能を撒き散らしたことで、ふるさとを追われ、生活を奪われ、人生を破壊されたことで、被害を受けた人が「いのちにありがとう」と言って生きあえる関係を壊して来た（自殺者を出した）ではないか。その被害を受けた人の中に、国や電力会社からの交付金に目がくらんで原発の設置に賛成した人はいなかったのか。地域的に云えば、被害者と原因を誘導した加害者は同一だと言える。その上で、あえて問う。原発は、人々が「いのちにありがとう」と言って生きあえる関係を破壊した根本原因ではないのかと。

6．温暖化による気象災害

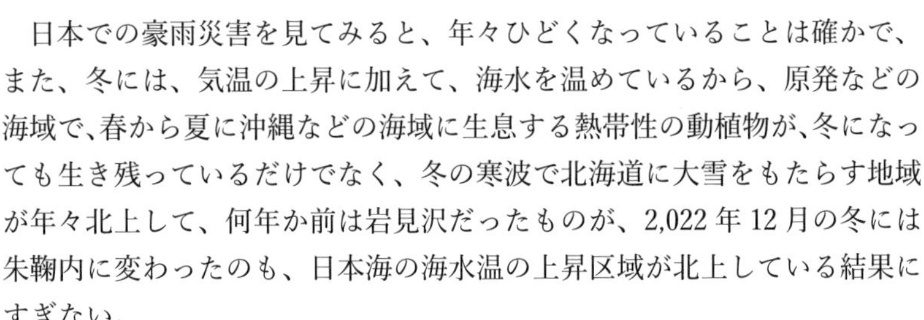

日本での豪雨災害を見てみると、年々ひどくなっていることは確かで、また、冬には、気温の上昇に加えて、海水を温めているから、原発などの海域で､春から夏に沖縄などの海域に生息する熱帯性の動植物が､冬になっても生き残っているだけでなく、冬の寒波で北海道に大雪をもたらす地域が年々北上して、何年か前は岩見沢だったものが、2,022 年 12 月の冬には朱鞠内に変わったのも、日本海の海水温の上昇区域が北上している結果にすぎない。

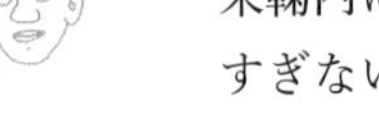

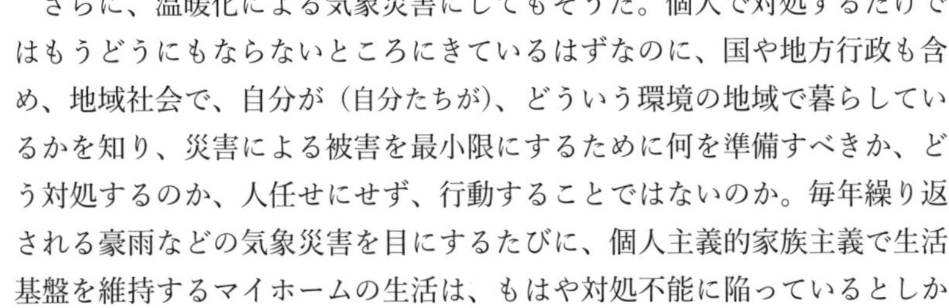

さらに、温暖化による気象災害にしてもそうだ。個人で対処するだけではもうどうにもならないところにきているはずなのに、国や地方行政も含め、地域社会で、自分が（自分たちが)、どういう環境の地域で暮らしているかを知り、災害による被害を最小限にするために何を準備すべきか、どう対処するのか、人任せにせず、行動することではないのか。毎年繰り返される豪雨などの気象災害を目にするたびに、個人主義的家族主義で生活基盤を維持するマイホームの生活は、もはや対処不能に陥っているとしか私たちには見えない。

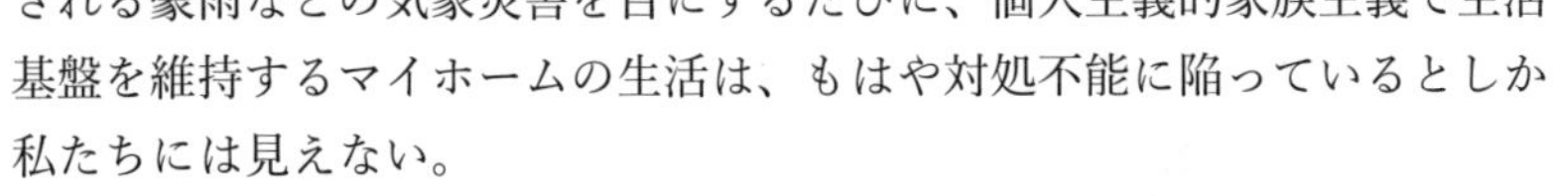

おまけに､江戸時代には沼地だったところを「新田開発」した場所を､「私有財産を規制できない」ことを言い訳に、高度経済成長期以降に住宅地に開発し、また、山の斜面を削って、削った土で埋めた谷と共に、住宅地にするなど、野放図な開発を放置してきた。そのつけが、いま日本各地で土

石流災害を引き起こされ、堤防の崩壊で住宅地を洪水に巻き込まれて、殺される犠牲者を生み出している。

2021 ～ 2023 の地球の気象災害

大雨・洪水・土砂崩れ＝ 2021 ドイツ・ベルギーで洪水。2022.8.18 ロンドン・パリ洪水。2022 大雨による洪水　バングラディシュ。ブラジル・サンパウロ、タイ・ブーケット、パキスタン、ナイジェリア、アフリカ南部・マラウイ・マダガスカル・モザンビーク、インド・アッサム地方、ドイツ・ハンブルク、インドネシア・スマトラ島、チリ・マチュピチュ、オーストラリア・シドニー、ナイジェリア。ベネズエラ中部。日本。

2022 熱波、河川や湖干上がり、水位低下＝北インド、ヨーロッパ＝イタリア、スペイン、ポルトガル、フランス、ドイツ、オランダ、ベルギー、ルクセンブルク、ルーマニア、ハンガリー、セルビア北部、ウクライナ、モルドヴァ、アイルランド、イギリス。

2022 森林火災＝カナダ、アメリカ、ブラジル・アマゾン、アルゼンチン、チリ。オーストラリア、トルコ、ギリシャなど。

2022 海面上昇＝インドネシア海岸部など。

2023.1 ～　チリの山林火災、ペルーの洪水・土石流災害。

7．日本列島の形成と日本の地震について調べ始める

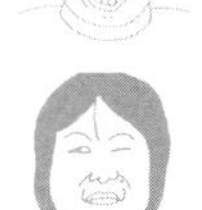

これまで日本に於ける地震の説明では、日本列島の日本海側には、ユーラシアプレートが潜り込んで、太平洋側には北米プレートと南からフィリピン海プレートが潜り込んで地震を起こしていると説明してきた。ユーラシアプレートが日本列島に潜り込んでいるなら、そもそも日本海は生まれなかったか、現在ある日本海は縮まって狭まっていくことになる。

しかし、そうはなっていないばかりか、そもそも、中新世（約 2300 万年前）以前は、北海道や東北日本（地学上の説明）の島塊は、沿海州地域にべったり隣接し、西南日本内帯と西南日本外帯は中朝地塊に隣接していたのだから、その間にユーラシアプレートが存在し、日本列島の島塊の下に潜り込んでいるなら、そもそも日本海は広がらなかったはず。それが、プレートテクトニクス論への疑問となり、2016 年に図書館でいくつか地層や地震に関する本を手にして見たが、一般の説明に合点がいかなかったので、図書館にあった平凡社の「地学事典」をみて、日本の地震のことをきちんと知るには日本列島の形成過程を知らなければわからないと思い、同じ本を神保町の古書店で手に入れて、遠藤滋には、75 歳までに、「日本列島の形成過程と日本の地震」についてと、「いのちにありがとう」と「支

え合う集合住宅」に関して今後の方向性を出すと口約束をして、主に、「地学事典」に記載されている地層などのデータを、国別、地域別、時代順に整理し、分析を始めた。

日本列島の構成

日本列島は、地塊ごとに沿海州に隣接して形成された北海道ならびに東北日本（最上川と久慈川を結ぶ線の北の地域）と、中朝地塊に隣接して形成された西南日本内帯（中央構造線から北の日本海側）と、揚子地塊に隣接して形成された西南日本外帯（中央構造線から南の太平洋側）と、さらに糸魚川－静岡構造線から東の西南日本内帯（最上川と久慈川を結ぶ線の南の地域で利根川から北の関東平野を含めた地域）と外帯（利根川から南で三波川変成帯の南の関東山地）を分断して静岡県から新潟県まで貫入している伊豆半島を含めたフォッサマグナ帯（中新世の約2300万年以降に堆積した地層に象徴される）と、利根川から南で関東山地から東の房総半島を含めた関東平野に、大きく分類できる。

そして、北海道の「仁頃層群」が、赤道付近で形成されたことから見て、古地磁気のデータが示されていない以上、約7000万年前以前は、日本列島のほとんどの地層は、赤道より南の南半球で形成され、存在していた、と判断できる。

北半球の陸地の北上移動以前の変動
ジュラ紀の末期に東北日本と西南日本内帯が合体か

松林変動（朝鮮半島北部で三畳紀中期（約2.45億年～2.28億年前）を中心とした時期に起こった変動）とモンゴル—オホーツク褶曲帯（約2.51億年～1.45億年前）が堆積されて圧縮された圧力によって、おそらくジュラ紀（約2.00億年～1.45億年前）の末期に、西南日本内帯の東端が、東北日本の南端に接続・合体したとみられる。その境界は、秋田県酒田の最上川の流域と茨城県の久慈川を結ぶ線状。

松林変動　平安盆地の地層に東西方向の軸をもつ褶曲や断層が比較的激しく形成された。一部で変動初期に苦鉄質岩の貫入や引き続いて花崗岩を伴う火成作用があった。朝鮮半島南部では太白山盆地で撓とう曲（**厚く重なった地層や地殻の一部が曲がる現象**）や傾動をもたらした。

モンゴル—オホーツク褶曲帯　ロシア極東地域において、シベリア地塊と中朝地塊の間に形成された地帯。モンゴル—オホーツク付加地帯（*Mongol okhotsk accretionary belt*）とも。**三畳紀～ジュラ紀の前弧海盆堆積物、**

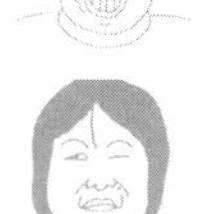

古〜中生代の付加体などからなり、古〜中生代の収束境界の地質体がシベリア地塊と中朝地塊の衝突（というより南北の海洋性地塊の拡大による圧縮）によって変形し挟み込まれるものと考えられる。

大宝変動　朝鮮半島で広範囲に起こった激しい変動。大規模な褶曲作用と変成作用があり、半島中部での大宝花崗岩の貫入（約 1.8 億年〜 1.3 億年前、クライマックスは約 1.6 億年前）を伴った。

慶尚キョンサン**累層群**　韓国南東部の慶尚盆地を構成する非海成白亜系の総称で、砕屑岩層と火山岩類からなる。層序的下位の上部ジュラ系卯谷ミョゴク層を不整合に覆い、上位の古第三系谷江洞コツカンドン流紋岩類に不整合に覆われる。慶尚累層群は、下位から新洞シンドン・河陽ハヤン・楡川ユチョンの 3 層群に細分。年代は植物化石によってバランギニアン期(約 1.41 億年〜 1.35 億年前）〜オーテリビアン期（約 1.35 億年〜 1.32 億年前）から、西南日本の周南層・阿武層群と対比するセノマニアン期（約 9700 万年〜 9040 万年前）までと見られている。

約 1.45 億年〜約 1.32 億年前の間に西南日本内帯に西南日本外帯が移動・合体

約 7000 万年前以前の日本列島は、ほぼ全体が赤道より南にあって、ユーラシア大陸プレートに沿って、北海道と東北日本は沿海州に隣接し、朝鮮半島の東側が朝鮮半島の東の付け根から沿海州の南端の中国大陸に接続し、そこ（中朝地塊）の朝鮮半島に覆いかぶさるように西南日本内帯が存在していた。そこへ、おそらくジュラ紀以降に生まれたマリアナ海洋プレート（当初はフィリピン海プレートも含むか）の運動が、**約 1.45 億年〜約 1.32 億年前の約 1300 万年の間に**、中国大陸の揚子地塊に接続していた西南日本外帯（**中央構造線から南の九州の南半分・四国・紀伊半島から赤石山脈**と相模湖から**東の関東山地の群馬県南部の三波川変成帯から南の四万十帯を含む一帯**）を引き離し、三波川変成帯の原岩を伴って移動、西南日本内帯に接続させた。

約 1.45 億年前の西南日本外帯には、デボン紀後期に堆積して、その後、南と北からの圧縮圧力を受け U 字型に褶曲した（東西方向の褶曲軸をもち、高角度に傾斜する向斜構造をもつ）四国の越知層（高知市より西の高岡郡越知町大平が模式地の凝灰質泥岩に鱗木の *Leptophloeum rhombicum* レプトフロエウム・*Lepidodendropsis sp.* レピドデンドロピシスなどのデボン紀後期の植物化石を含む）とデボン紀後期の内大臣層（熊本県上益城郡矢部町・清和村に分布する石炭紀前期の湯鶴葉層の南に接続している。層厚約 300 m

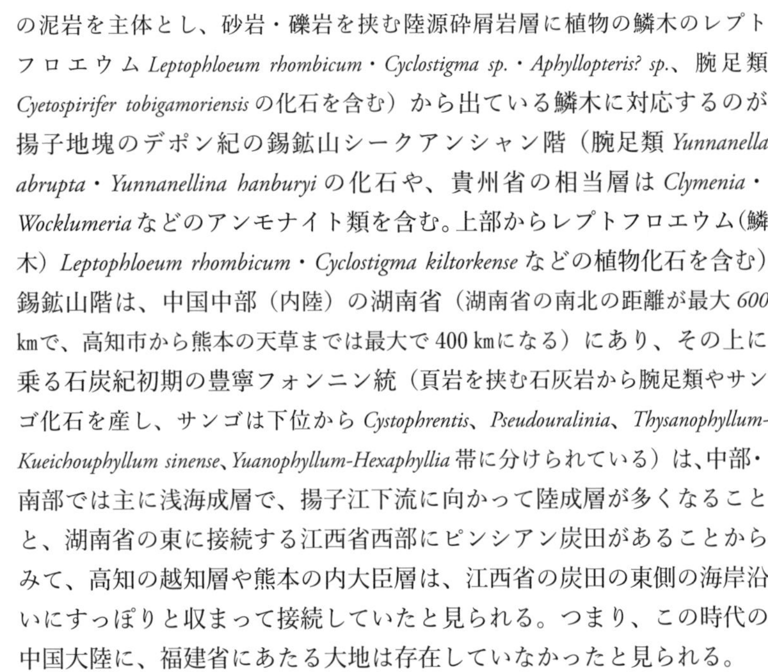

の泥岩を主体とし、砂岩・礫岩を挟む陸源砕屑岩層に植物の鱗木のレプトフロエウム *Leptophloeum rhombicum*・*Cyclostigma sp.*・*Aphyllopteris? sp.*、腕足類 *Cyetospirifer tobigamoriensis* の化石を含む）から出ている鱗木に対応するのが、揚子地塊のデボン紀の錫鉱山シークアンシャン階（腕足類 *Yunnanella abrupta*・*Yunnanellina hanburyi* の化石や、貴州省の相当層は *Clymenia*・*Wocklumeria* などのアンモナイト類を含む。上部からレプトフロエウム(鱗木）*Leptophloeum rhombicum*・*Cyclostigma kiltorkense* などの植物化石を含む)。錫鉱山階は、中国中部（内陸）の湖南省（湖南省の南北の距離が最大 600 kmで、高知市から熊本の天草までは最大で 400 kmになる）にあり、その上に乗る石炭紀初期の豊寧フォンニン統（頁岩を挟む石灰岩から腕足類やサンゴ化石を産し、サンゴは下位から *Cystophrentis*、*Pseudouralinia*、*Thysanophyllum-Kueichouphyllum sinense*、*Yuanophyllum-Hexaphyllia* 帯に分けられている）は、中部・南部では主に浅海成層で、揚子江下流に向かって陸成層が多くなることと、湖南省の東に接続する江西省西部にピンシアン炭田があることからみて、高知の越知層や熊本の内大臣層は、江西省の炭田の東側の海岸沿いにすっぽりと収まって接続していたと見られる。つまり、この時代の中国大陸に、福建省にあたる大地は存在していなかったと見られる。

約 1.32 億年前～三波川変成帯の変成がはじまる。

三波川変成帯を変成させた圧力は、朝鮮半島では、**約 1.1 億年～ 7000 万年前　仏国寺ブルグークサ花崗岩**　韓国南東部の慶尚キョンサン盆地に分布する慶尚累層群中に深成岩類を貫入させた。

～約 7000 万年前までに三波川変成帯の第一段階の変成がほぼ終わる。

中朝地塊と接する西南日本内帯の九州の福岡県直方市南西方にあった、大部分が湖生層の脇野亜層群【層厚 1000m の下から基底礫岩に始まり頁岩・砂岩からなり、礫岩・石灰岩を挟み、淡水生貝化石を含み、中部に特徴的な凝灰岩を挟む】も、下から *Brotiopsis wakinoensis* 帯、*B.kobayashii-Viviparus onogoensis* 帯が識別され、さらに *Plicatounio*・淡水生トリゴニオイデス *Trigonioides*・*Nakamuranaia* などの貝化石、*Estherites* などのカイエビ類・魚化石 *Manchurichthys* が、バランギニアン期？(約 1.41 億年～ 1.35 億年前）～バレミアン期（約 1.32 億年～ 1.25 億年前）にかけて堆積した。

この海の堆積物の上に、淡水生トリゴニオイデスが堆積する変化を生んだのが、恐らく約 1.45 億年前に生まれた、マリアナ海洋プレートの拡大運動に触発されて、揚子地塊から三波川変成帯の原岩を伴って分離した西南日本外帯が、中朝地塊に接続していた西南日本内帯のもとに移動して、

約1.32億年前までに合体した動きだった。この動きに連動して東北日本と西南日本内帯の間が陸化したので、海岸に面していた嶺南累層群も関門層群を構成する脇野亜層群も、海とは直接つながらず、湖となり、海生貝が淡水性貝に進化した。

約7000万年前以降に誕生したニホンウナギ属が、テチス海（現在の東シナ海）に面した中国大陸と朝鮮半島の西岸地域と北九州、ならびに列島の太平洋側には遡上し、中国地方から北陸、東北にかけてほとんど（迷いウナギ以外は）遡上していないことも、この地域の変動を裏付けている。

約7400万年～約5650万年前に、伊豆半島を伴ったマリアナ海洋プレートが日本列島を分断して入り込み、南アルプスの赤石楔せつ状地を形成しながら、フォッサマグナ帯になった

マリアナ海洋プレートの基盤岩が、伊豆半島や房総半島の地塊を引き連れて、相模川から西の西南日本外帯を分断して時計の逆回りに回転させ、赤石楔せつ状地を誕生させ、さらに西南日本内帯も分断して、フォッサマグナ帯にマリアナ海洋プレートの基盤岩が入り込み、フォッサマグナ帯を形成した。

赤石楔せつ状地に収まっている四万十帯の北帯の生成が終わるのは、川上層群や大滝層群や小河内層群などの生成が終わる年代から判断して、約7400万年前で、赤石山地の四万十帯南部に分布する三倉層群の生成は、始新世（約5600万年～3400万年前）～漸新世（約3400万年～2300万年前）だった。この期間は、計算上は、北緯37°付近の新潟の糸魚川から伊東市の北の北緯35°を挟んで存在する伊豆半島が、テチス海域にあって、約5600万年前までに約4068㎞・緯度で36.65°南の位置に近づいていたことになり、北緯37°付近の新潟の糸魚川は、赤道を跨いで通過して、北緯0.35°にまで北上を開始した時期にあたり、伊東市の北の北緯35°を挟む伊豆半島の地塊は、南緯1.65°にまで北上していた時期にあたる。

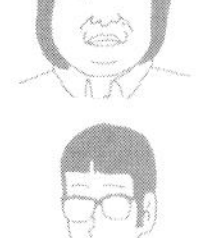

つまり、この期間は、地球の円周がもっとも広がっていく赤道を跨ぎ始めていたので、日本列島を含めた地塊が、東西からの地塊の圧力がもっとも緩む地域を移動していたことになり、この間に、海洋地溝帯の拡大圧力で北上した、伊豆半島や房総半島の島塊を従えたマリアナ海洋プレートが主導して、最初、関東地方の相模川を北上し、八王子線・入間・東松山（約1500万年前の東松山市周辺の海の地層からサメの歯の化石が出土）を経由して利根川に至る東側から、房総半島が利根川で区切られる東京・神奈川の地域では、房総半島に残る四万十帯を押しながら、地下10㎞の深さ（茨城

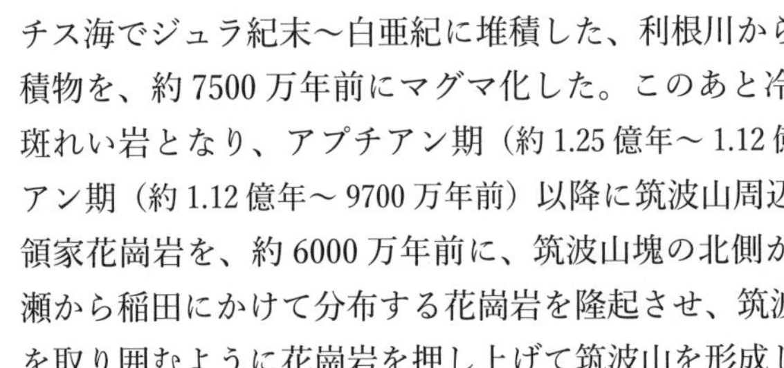

県南部地震の震源域から想定）に潜り込んで、筑波山周辺に圧力をかけ、テチス海でジュラ紀末〜白亜紀に堆積した、利根川から北の筑波山周辺の堆積物を、約7500万年前にマグマ化した。このあと冷えて山頂を構成する斑れい岩となり、アプチアン期（約1.25億年〜1.12億年前）またはアルビアン期（約1.12億年〜9700万年前）以降に筑波山周辺の地下で生成された領家花崗岩を、約6000万年前に、筑波山塊の北側から加波山、笠間や岩瀬から稲田にかけて分布する花崗岩を隆起させ、筑波山地域では斑れい岩を取り囲むように花崗岩を押し上げて筑波山を形成した。

ただし、北アルプスの形成された時期についても、私が手にしたデータが少なく、判断できていない。

約7000万年前以降に日本列島が北上

北海道の常呂に堆積した「仁頃層群」は､赤道付近で形成された､といい､また、アラスカのランゲリア地域の地層は、約5000㎞（緯度にして45°）南の地域で形成された、というデータがある。では、仁頃層群やランゲリア地域は、いつ、どうやって現在の緯度まで北上したのか。その答を、私が手にした出版された本の資料からは知ることができなかった。では、いつ、ふたつの地層は北上したのだろう。また、北上したのは、ふたつだけだったのか。

一方、イギリスやベルギー・フランス・ドイツなどの炭田を構成する植物は、石炭紀のトクサ類が主体になっている。当時は、地球全体が熱帯のような気象条件だったのか、地球の回転軸が現在と違っていて、ヨーロッパの炭田地帯が熱帯気候帯にあったとしても、炭田地帯が東西方向に帯のように連なることにはならない。

そこで、ランゲリアが約5000㎞南の地域にあったように、ヨーロッパも石炭紀には、同様に約5000㎞南にあったのではないのか。そういう疑問が生じてきた。そうであれば、ヨーロッパ大陸の石炭層も、赤道付近で生成されていたことになる。そうなると、北半球全体の大陸を北上させた、地球のエネルギーはどこから生まれるのか、その答えを求め、さらには日本列島がどのように形成されたのか、地球の形成過程から分析を試みた。

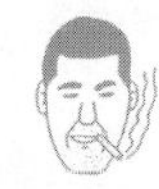

赤道付近で生成された北海道の常呂帯の仁頃層群や、現在の位置から5000㎞南の海底に堆積したアラスカのランゲリアが、約5000㎞北上している事実をふまえ分析した結果、約7000万年前以降、北上移動した。

白亜紀末期の約7000万年前以降に、北半球全体の陸地を形成した地塊を北上させた地球の地殻運動によって、同時に日本列島も約5000㎞（年

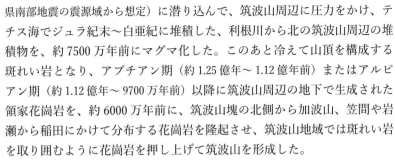

間約7.2㎝・1か月約6㎜・1日約0.2㎜）北上させた。

約7000万年前に誕生したニホンウナギ属の遡上から、テチス海（現在の東シナ海）に面していたのは、中国大陸と朝鮮半島の西岸地域と北部九州と日本列島の太平洋側で、列島の中国地方から北陸、東北の日本海側は、海に面していなかった。

なお、私が手にできたデータからは、南半球の陸地の変動は大まかなことしかわからない。例えば、南極大陸は約7000万年前以降に、極地に移動したことや、南アメリカ大陸と南極大陸とオーストラリア大陸が分離して、現在の位置まで移動したなどだが、それ以前の位置関係は、その時代時代に形成された地層（岩石）に刻まれた古地磁気の広範囲の測定に待つしかない。

日本海の形成とフォッサマグナ帯の地層の形成

日本海の生成過程で、フォッサマグナ地帯や伊豆半島の地層が、海面下で中新世以降に堆積して生成された。

ちなみに、計算上では、中新世の初め（約2300万年前）には、東シナ海に面した平壌ピョンヤン（北緯39°の南）は、現在の位置から約1677.6㎞（緯度で15.11°）南の北緯23.89°付近の南にあり、熱帯の海域（北緯24°～南緯24°の間）にあり、日本海側の新潟市（北緯38°の南）も現在の位置から約1677.6㎞（緯度で15.11°）南の北緯22.89°付近の南にあり、伊豆半島の南端（北緯35°の南）も北緯19.89°付近の南にあり、北半球の熱帯の海域にあった。その証拠に、

中新世前期～中期　勝田層群　岡山県津山盆地に分布する海成層。第一瀬戸内累層群の構成層。三次～庄原地域の備北層群に相当。下位から植月層、吉野層、高倉層に区分。層厚約300 m。**熱帯～亜熱帯の汽水域**に生息するビカリヤなどの貝化石、**熱帯～暖温帯の汽水域**に生息する大型有孔虫オパキュリナなどの有孔虫化石、**暖流系**の種類の哺乳類パレオパラドキシアの化石（日本では三重県・岡山県から北海道道南地方まで見つかる）、マングローブ植生を示す花粉化石などを含む。

約1500万年前　鳥取地域は熱帯から亜熱帯の気候帯にあった。

日本海が拡がる前は中国山地が南北に連なっていたことを考慮すると、鳥取の北端は最大で北緯37°付近にあって、約1500万年前は、約1080㎞南にあったのだから、当時の鳥取の北端は、ほぼ北緯27°より南＝まさに現在の沖縄が位置する緯度に収まっていた。したがって、**鳥取市岡益**

の崖で**テナガコガネの化石**が見つかるのも、当然といえる。

また、朝鮮半島南東部、迎日湾地方の仏国寺プルグークサ火成岩類の上に堆積する漸新世後期（約2930万年～2300万年前）～中新世前期（約2300万年～1630万年前）に堆積した長鬐チャンギ層群が、陸成層から海成層に変化し、熱帯～亜熱帯域の汽水環境に棲息する大型の腹足綱中腹足目ウミニナ科ビカリヤ貝が、朝鮮半島南東部の海岸地帯に浸入して繁殖したのは、朝鮮半島は、能登半島から若狭湾の際を時計回りに回転する途中か回転した後で、朝鮮半島と日本列島の間に隙間ができ、未完成の日本海に東シナ海から暖かい海流が流入するようになったからだ。また、東シナ海から流入した海水は熱帯～暖帯域の大型のミオジプシナ―オパキュリナ有孔虫群を、中新世中期に、日本列島側の新潟県東蒲原郡津川町付近の津川層〔層厚300～1200 m〕を生成した浅海域にもたらし、化石になった。

さらに、この朝鮮半島の時計回りの回転を反映しているのが、中新世初期～中期（約2300万年～1040万年前）に点々と、東は長野県・愛知県から、西へ岐阜県・三重県・滋賀県・京都府・奈良県・大阪府・兵庫県・香川県・岡山県・鳥取県・広島県へかけて分布した、第一瀬戸内累層群の下部を構成する海成層とその上位の室生火山岩の古地磁気極性が東偏する事実にある。

約1500万年前以前に沿海州に接していた北海道と東北日本の陸地に亀裂が生まれ、オホーツク海の海水が日本海の海水とつながる。

その後、朝鮮半島南東部の迎日湾地方で、ウミニナ科ビカリヤ貝（熱帯～亜熱帯域の汽水環境を示す）化石群を含む層厚2000 mの海成層の長鬐チャンギ層群上部の魚日オイル層の生成が、中新世前期の約1630万年前に終わって、その上に層厚1000 mの凡谷ポムコク層群が中新世前期～中期生成してから、層厚600 mの陸成の延日ヨンイル層群の生成は中新世中期～後期だが、大型植物や浅海生貝（種類不明）化石群を多く含む上位の延日層が堆積して始めたのは、オサムシのミトコンドリアＤＮＡの解析で、沿海州と東北地方のオサムシの遺伝子の分離が確認されたことで、約1500万年前までに、東北日本が沿海州から分離するまでの間ということになる（ちなみにオサムシは約1億年前に登場。朝日新聞1998.1.30）。つまり、この約1630万年～約1500万年前の約130万年間のどこかで、北海道と東北日本が沿海州地域から分離を初め、日本海のオホーツク海側が開き、オホーツク海から日本海に海流が流れ込み、冷たい海の生物が日本海に流入した

ので、フォッサマグナ帯の長野県の別所層にも、シナノトドやクジラやアロデスムスの海棲哺乳類の化石が堆積することになった。

内村層の上に、長野県上田市別所温泉（層厚 150 m）を模式地に、**松本盆地北部**〔層厚 2300 m以上、**マッコウクジラの完全骨格・ハクジラなどクジラ化石**・魚のウロコ・有孔虫・「**暖温帯〜亜熱帯性種**のオオミツバマツ植物群」の化石、特に貝殻石灰岩の中からは、ユチムラマユガイダマシなど貝化石多数〕、**東筑摩群四賀村〔シナノトドやクジラやアロデスムスの海棲哺乳類の化石**、ニシン科・タイ科のどの魚類、多種類の二枚貝・巻貝の軟体動物、植物など出土〕、**上田市**などに、微化石から**約 1650 万年〜 1450 万年前**に相当する西黒沢期とされる中信層群最上部の**別所層**が生成。黒色泥岩を主に基底部に海緑石砂岩を挟む部分がある。下部に層状の火山砕屑物と石灰岩レンズ（赤怒田石灰岩）がある。下部〜中部から浮遊性有孔虫化石が多産。**クジラ・トドなどの大形哺乳類**、魚類（ニシン科・タイ類・ソコダラ類・ハダカイワシ類）のほかタコブネなどの頭足類、貝化石、植物化石など多数、ミズナギドリ科の鳥類の化石など出土。新潟地域の七谷層、秋田地域の西黒沢層に対比。

下位の別所層の上に中新世中期（**約 1630 万年〜 1040 万年前**）に北信層群の最下部の**青木層**〔模式地は小県郡青木村、**厚さ 850 〜 1300m**〕が生成。下部に礫岩。一般に、砂岩、砂質泥岩、泥岩、砂岩、泥岩互層を主に、中礫から細礫を伴う。関連する火山活動は微弱。約 1500 万年前までに日本海がオホーツク海とつながったことで**本層上部に約 1450 〜 1000 万年前の寒流系沿岸砂底の多くの貝**（アナダラやドシニア、バッコウキララガイなど）や植物の化石を含む。

約 1500 万年前　**オサムシ**のミトコンドリア**ＤＮＡの解析**で、**東北日本が沿海州から分離**した（朝日新聞 1998.1.30）

約 1500 万年頃〜約 1400 万年前　瀬戸内地域の延長部に海水が侵入、**古瀬戸内海**（第一瀬戸内海）　長野県南部から近畿中央部を通り、四国地方北部まで広がる細長い内海が出現し、消滅。現在の瀬戸内海とは斜交して、堆積盆の形態も位置・配置とも異なっている。陸化した後は浸食を受けている。

約 1400 万年〜 1300 万年前　**瀬戸内海低地**に沿って火山活動があり、香川県・五色台、讃岐富士、屋島が形成。

中新世中期約 1400 万年〜 1100 万年前　**瀬戸内火山岩区**　瀬戸内地域で活動した、高アルカリソレアイト、高マグネシウム安山岩（サヌキト

イド)、古銅輝石安山岩、ざくろ石を含むデイサイト、流紋岩などによって特徴づけられる特異な火山岩区。西は熊本県天草から東は愛知県信楽まで総延長1000㎞余にも及ぶ。千葉県銚子の古銅輝石安山岩まで含める考えもあるが、これは年代がやや古い(約2100万年前)同時代の西南日本外帯花崗岩類とともに、瀬戸内―外帯火成岩岩石区を構成する。

また、西南日本は、約1500万年前頃に、時計回りに回転した(比較されたデータの記載はない)という。さらには、当時の通産省工業技術院地質調査所によると、「日本海は、水深や海底の熱的な測定から、約3000万年～1500万年前にゆっくりできたといわれてきた」という。

中新世以降も北上を続ける日本列島が受けた地球の円周の縮小による圧力の褶曲作用でフォッサマグナ帯も隆起すると同時に、赤石山地東北縁(模式地が釜無川支流尾白川)では、西南日本外帯の鳳凰山花崗岩が四万十累層群を非調和に貫き、K-Ar年代が約1400万年前の角閃石・約1200万年前の黒雲母・約1000万年前のカリ長石に接触変成作用を与えている。また、角閃石のK-Ar年代が約1350万年前±70万年頃の焼地蔵深成岩体(模式地は山梨県韮崎市小武川上流)の焼地蔵花崗岩に貫かれている。

約1500万年前の東松山市周辺の海の地層からサメの歯の化石が出土

外帯近畿の花崗岩黒雲母/白雲母と変成岩・外帯四国の変成岩約1500万年～1400万年前(K-Ar.Ar-Ar年代)→九州の花崗岩黒雲母/白雲母・変成岩約1400万年～1300万年前(K-Ar.Ar-Ar年代)→四国の花崗岩黒雲母/白雲母約1300万年前(K-Ar.Ar-Ar年代)→四国の変成岩ジルコン約1300万年前(U-Pb年代)。

室生火山岩(最大層厚400 m。堆積50㎦以上の大規模な火砕流堆積物。ジルコンのFT年代は約1500万年前、黒雲母のK-Ar年代は約1750万年前)が生成された時期には、まだ、日本海は朝鮮半島の間でそれほど開き始めていなかったので、古地磁気極性は、西側よりも東側が北の緯度にあったので、東側ほど強かった。ただし、年代との関係は、詳しいデータによる確定が必要。

ところが、すでに地層群が固まっていた東北日本は著しい影響を受けず、また、関東平野の基盤岩は緩んで、沈下した。さらに、九州と北陸から近畿が南下する影響を受け、中国地方の日本海側の基盤岩が緩み、瀬戸内側に力が加わる中、日本列島の北上に伴って、地球の円周が縮小する圧力を受けて、約1500万年前(K-Ar年代)に、 山口県北東部の阿武郡須佐町の中新世中期の須佐層群に、石英斑れい岩を主にする高山貫入岩体が、東西2.4㎞、南北2㎞の範囲で貫入したと、私は推測する。

こうして、約7000万年の間に日本列島は、北緯にして45°、距離にして約5000㎞、北半球の陸地と共に北へ移動して、地球の円周の縮小による東西からの圧縮を受けながら、現在の緯度・経度に到達した。

8．日本列島の地震と原発のゴミ

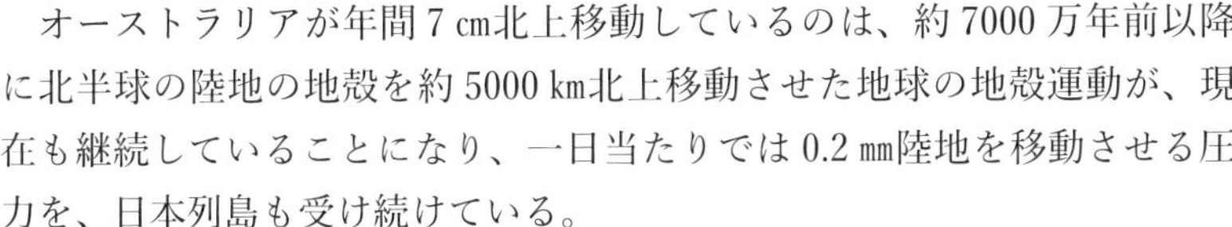

オーストラリアが年間7㎝北上移動しているのは、約7000万年前以降に北半球の陸地の地殻を約5000㎞北上移動させた地球の地殻運動が、現在も継続していることになり、一日当たりでは0.2㎜陸地を移動させる圧力を、日本列島も受け続けている。

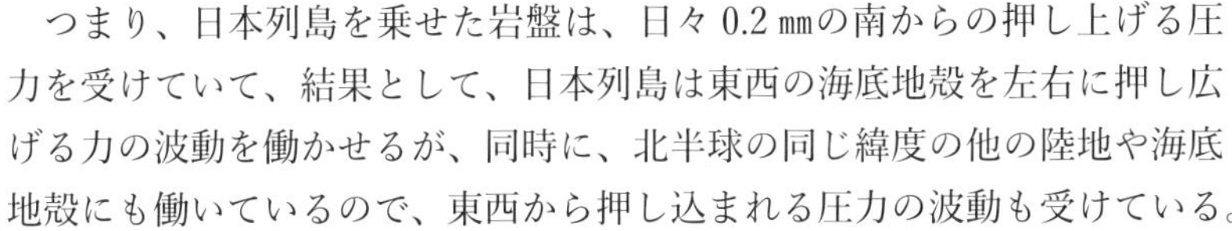

つまり、日本列島を乗せた岩盤は、日々0.2㎜の南からの押し上げる圧力を受けていて、結果として、日本列島は東西の海底地殻を左右に押し広げる力の波動を働かせるが、同時に、北半球の同じ緯度の他の陸地や海底地殻にも働いているので、東西から押し込まれる圧力の波動も受けている。

しかも、オーストラリアが年間7㎝北上移動させる力は、海底の地溝帯が南北に拡がることによって生まれるので、日本列島を北へ日々0.2㎜押し上げる圧力の波動は、例えば南極大陸を南に日々0.2㎜押し下げる力の波動となって地球の反対側の地塊を北にも押し上げる波動を生むので、日本列島の北側の大陸や海底地殻から押し戻される波動となって、日本列島は北からも押し戻す力の波動を受けている。

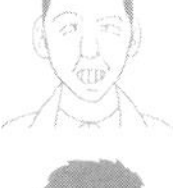

その結果として、現在でも、スウェーデンの地上に顔を出しているある地域の岩山が隆起しているのは、北極海の海洋性地塊の上にユーラシア大陸全体が、スウェーデンの陸地の岩盤を伴って乗り上げているからで、氷河期に沈んだ岩盤が、現代になって氷河の重しが無くなったからという解釈は誤りだ。

つまり、島国で寄って立つ基盤が大陸と比べて圧倒的に小さい日本列島は、日本列島の基盤岩の上に乗っている地塊「大きく分ければ、西南日本内帯と西南日本外帯、伊豆半島を含む静岡—糸魚川構造線の東側のフォッサマグナ帯とフォッサマグナ帯に分断された関東から信越にかけての利根川から北で久慈川と最上川を結ぶ線の南側の地域の西南日本内帯と利根川から南の群馬県を中心とした関東山地にあたる西南日本外帯、東北日本と北海道、利根川から南で相模川から東の房総半島を含む関東平野など」が、日々0.2㎜陸地を移動させる地殻の力で東西南北に押し広げる波動を生み、また東西南北から押し込まれる波動も日々受けていることになる。だから、日本では地震が絶えない。

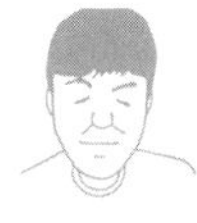

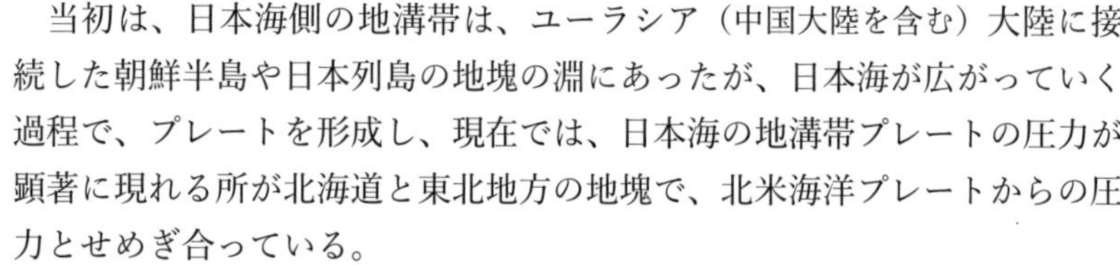

当初は、日本海側の地溝帯は、ユーラシア（中国大陸を含む）大陸に接続した朝鮮半島や日本列島の地塊の淵にあったが、日本海が広がっていく過程で、プレートを形成し、現在では、日本海の地溝帯プレートの圧力が、顕著に現れる所が北海道と東北地方の地塊で、北米海洋プレートからの圧力とせめぎ合っている。

そして、北上エネルギーと地溝帯の拡大圧力を受ける場合に、北海道や東北や関東平野までの日本海や太平洋側を震源とする地震が起き、この二つの東西からのエネルギーが、最大になってぶつかり合った時に、関東平野から北の日本列島の太平洋側で大地震を起こしてきたといえる。また、南からのマリアナ海洋プレートとフィリピン海プレートの圧力が最大になり、日本海や太平洋側からのプレートが東西に抑え込むエネルギーより大きくなった時に、房総半島や三浦半島の境目から紀伊半島・四国・九州・沖縄に至る太平洋側を震源とする大地震を起こしてきたといえる。

いずれにしても、日本列島は、北半球の大陸が南の地溝帯の拡大圧力で北に押し上げられる圧力と北極の反対側から南下する圧力を受け、この北半球の大陸が北に押し上げられる移動圧力によって生まれる地球の円周の縮小を受けて、東西両方向から生まれる地球の円周の縮小による圧縮圧力、東シナ海と日本海を拡大させた少なくとも4か所の地溝帯の拡大圧力、マリアナ海洋プレートとフィリピン海プレートと北米海洋プレートから受ける地溝帯の拡大圧力という地球の地殻移動が現在も進行形で、東西南北の4すくみの方向からの地殻の圧力を受けている。

こうした東西南北4方向からくる圧力を受ける地殻の中に混在する日本列島の地塊が、たまたま2方向からの圧力を強く受ける地塊同士の接点では、この圧力を逃すために地震を起こしてきた。さらに3方向以上に強い圧力が集中する地点では、基盤岩の地熱を上昇させ、地下水が供給される場所では温泉となって、地殻に加わる圧力を熱にして発散させる。しかし、熱源をさますことなく地中に滞留させる場所では、高温で水や岩石に含まれるガスを貯め、岩石を溶かして溶岩を生成して、火山噴火を引き起こしてこの圧力を発散させることになる。さらには南アルプスの山塊の基盤岩がフォッサマグナ帯の基盤岩の上に乗り上げることで、南アルプス山地を年間最大4㎜上昇させる現象まで引き起こしている。

現在も日本列島の地下が、こうした約7000万年前からの地殻の移動圧力を受けていて、大地震を含む地震を引き起こし、その間に火山噴火も引き起こしてきた。

おまけに原発の立地と大地震との関連で、平安時代の津波の痕跡が見つかり、これで平安時代の多賀城が消えたという話がニュースになった。この時に大地震があったことが話題になったが、この時の話に耳を傾けていれば、原発のある東北一帯の地域は、大地震の津波でどんな話が伝わっているのか、当然調べることになったはず。ところが、研究者の指摘を聞いていながら、電力会社の経営者は、対処をおこたった。政府・自民党・電力会社は、廃棄される原発のゴミを日本列島の地下に埋めようとしている。ところが、約100万年前を挟んで、伊豆半島の東側と西側で複数の火山噴火を引き起こしたのを始めとし、日本列島全体で、およそ38ヶ所で新しい火山噴火が起きていた。

約500万年～100万年前北海道**石狩山地内**の**ニセイカウシュッペ・武華岳・クマネシリ・軍艦山・喜登牛など**の火山、**約104万年～48万年前**北海道標津郡の武佐むさ火山（1006m）、北海道**屈斜路火山**の先カルデラ成層火山の大部分の山体が形成された（約125万年～100万年前）、**斜里岳**（約100万年前に始まる）、**約105万年～94万年前秋田県北部に位置する**複合成層火山**森吉火山。岩手山**の**網張火山群、秋田県**仙北市にある直径10×10㎞の四角形の**玉川カルデラ**（約100万年前）、**蔵王火山群・馬の背カルデラ**（約100万年前に形成か）、**約114万年～56万年前**（K-Ar年代）**宮城・山形県境に位置**する**船形火山、那須火山帯**の**青麻―恐火山列**（約100万年前以降）、**栃木県と群馬県との県境に袈裟丸火山**（約100万年前）、**日光火山群**（約100万年前前後）、**栃木県と群馬県の県境**の南北山稜に**皇海火山**（約100万年前）、**長野県飯山市**の北東に**毛無火山**（約170万年～100万年前の活動）、**長野・山梨両県にまたがる八ヶ岳火山列**（約100万年前以降）、**山梨県北西部**の茅ヶ岳（1704 m）、黒富士などの山稜を持つ**黒富士火山**（約100万年前頃）、**伊豆半島**北東部**宇佐美火山・天子**てんし**火山**（約100万年前頃噴火を始めた）、**伊豆半島北西部**にある**達磨カルデラ**（約150万年～100万年前）、**岐阜県**の大日ヶ岳（1709 m）**大日ヶ岳火山**（約100万年前）、**兵庫県・鳥取県北部県境**の**扇の山単成火山群**（100万年前に相次いで1～2㎦のカルクアルカリ安山岩を流出、3個の単成火山を形成）、**山口県東部**にある三郡変成岩を貫く**千石岳火山**（約100万年前）、約100万年±20万年前　**徳島県阿波**　上柱火山灰噴出のFT年代、九州北西部の**有明海と大村湾に挟まれた多良岳火山**（約100万年前）、**大分英彦山**（主峰1200 mの英彦山・大日ヶ岳・障子ヶ岳・岳滅鬼岳・鷹ノ巣山・犬ヶ岳など）溶岩ドーム群を形成（約480万年～100万年前）、**大分県西部**の玖珠郡九重町にある直径約8㎞の埋没・埋積した**猪牟田**ししむた**カルデラ**（約100万年前）を噴出源とする耶馬渓火砕流がピンク火山

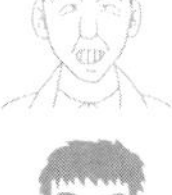

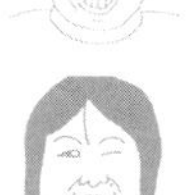

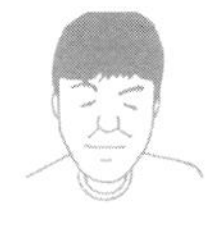

灰を大阪にまで飛ばした、など。

つまり、それまで火山でない場所で、新たに火山噴火を引き起こすマグマを生みだすほどに、日本列島全域で地殻の圧力が上昇して、マグマを生成したことになる。これは日本列島にだけに引き起こされた地殻の圧力の上昇では説明できず、地球全体の地殻同士が交互に押し合う圧力が、約100万年前を挟んで高まったから日本列島でも引き起こされたと見るべき現象なのだ。日本以外の火山噴火については、『地学事典』に記載分は2件しかないが、地球の地殻が、ある時、地震を引き起こす地塊のズレを生じさせないほどに、ガチガチに真正面から圧力を掛け合う状態になるということを現している。したがって、その結果、どこでどのような圧縮圧力が生まれ、火山噴火を引き起こすのかは、人間には予測不能な事態を起こしている。

それなのに自民党政権と電力会社は、ロシアンルーレットのような博打にかけ、たまたま圧縮を受けないことに懸けて、原発のゴミを地下に埋めようと画策している。だが､圧縮をもろに受けた時､埋めた場所によっては､露出した原発のゴミから日本列島中に放射能を撒き散らすことになるのは明らかだ。こんなことで､日本列島が､人が「いのちにありがとう」と言って生きあえる生活の場になるといえるのか。地殻そのものに内蔵する地塊が、交互に圧力を高め合う物理的現象を引き起こすことがある以上、原発のゴミを地中に埋めることは、危険極まりないことは明らかだ。それでも、原発を推進し、原発に賛成するというなら、その人たちは、子々孫々まで、原発のゴミを引き受けて管理する責任を持つのか。

9．地政学から台湾島の生成は中国大陸とは無関係

テチス海にあって、ペルム紀末期に始まったインドシナ変動は、インドシナ地塊や揚子地塊・中朝地塊・シベリア地塊の間に存在した海洋地塊をそれぞれ圧縮して、三畳紀に造山帯（揚子褶曲帯）を形成して合体していた揚子地塊と中朝地塊を、さらに北へ押し上げて、ロシア極東地域のシベリア地塊と中朝地塊の間に生成された三畳紀〜ジュラ紀の前弧海盆堆積物を圧縮して、モンゴル—オホーツク褶曲帯を形成して、シベリア地塊と中朝地塊を合体させ、ユーラシア大陸の東側を一体化した。

この動きに伴って、三畳紀以降、日本の西南日本外帯とおそらく福建省の大地がまだ存在していなかった揚子地塊との間に亀裂が生まれ、その亀

裂が拡大して分離し、分離する過程で、西南日本外帯にフォッサマグナ帯や伊豆半島を伴ったマリアナ海洋プレートが合体したと見られる。その後、西南日本外帯は約1.45億年前に、フォッサマグナ帯になった地塊を引き連れたマリアナ海洋プレートに、おそらく北へ押し込まれて移動して、中朝地塊に接続していた西南日本内帯の地塊に、約1.32億年前以降に合体を始め、同時期に、シベリア地塊と中朝地塊の間に形成されたモンゴル―オホーツク褶曲帯の形成に伴って、ロシア沿海州の沿岸でも、北海道の渡島帯に接続した東北日本も西南日本と合体して、三波川変成帯の形成を始めた。

この三波川変成帯を移動させたマリアナ海洋プレートの北への拡大を受けて、韓国南東部の慶尚キョンサン盆地に分布する慶尚累層群（約1.41億年～9040万年前に堆積）の下部層に圧力がかかり、火山活動を引き起こすとともに、楡川層群が、放射年代約8500万年～7000万年前に、花崗岩が主の深成岩類の仏国寺花崗岩（銅・鉛・亜鉛・金・銀・タングステンなどの鉱床を胚胎する）に貫入された。

この動きと連動して、変成前の三波川変成帯（九州南部や四国から群馬県南部）から南の西南日本外帯が、湖南省の西側の陸地に接続していた時代、江西省や福建省にあたる地域が陸地であったのであれば、その陸地の東側にあった九州南部から群馬県南部の西南日本外帯が、揚子地塊から切り離され、マリアナ海洋プレートに伴われて約1.45億年前に揚子地塊から離れて移動して、沖縄などの南西諸島と共に北上し、西南日本外帯が約1.32億年前に西南日本内帯に合体した時、西南日本外帯と入れ替わって、福建省の南東部沖の海上に移動したのが、中生代（約2.51億年～約6600万年前）の間の**台湾山脈東部の花蓮北方から台東西方に分布**する結晶片岩（大南澳ダーナンアオ片岩）を生成した台湾島の基盤岩だった。

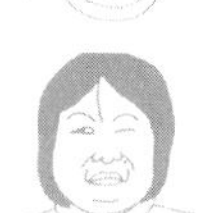

したがって、九州の西南日本外帯の南端（北緯31°）が台湾島の南端部（北緯22°）から移動したのであれば、移動距離は約999㎞で、その移動期間は、約1300万年で、一年間に約7.68㎝移動していたことになる。

つまり、台湾島は、ユーラシア大陸と共に北上する約7000万年前までは、約5000㎞南の南緯20°～23°にあって、さらに、西南日本外帯が西南日本内帯に合体するために、約1.45億年前以降、揚子地塊から離れて移動するまでは、台湾海峡を挟んで福建省に向かい合う位置よりも少なくとも約999㎞南の海洋プレートの上の南緯29°～32°にあって、約1.32億年前までに、福建省の南東部沖の海上にまで移動していた。そして、約7000万年前以降、ユーラシア大陸と共に現在に緯度北緯25°～22°にま

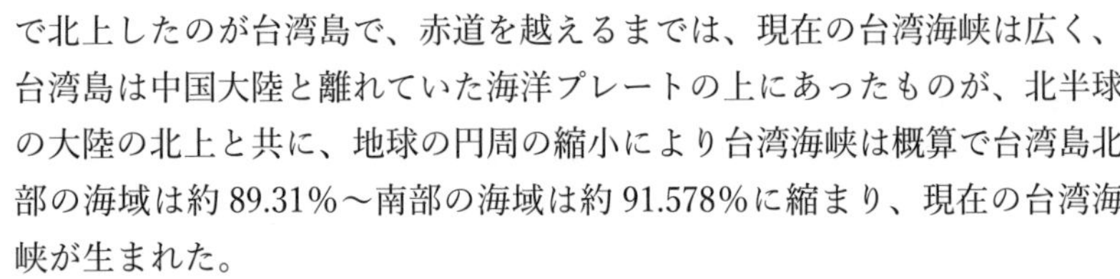

で北上したのが台湾島で、赤道を越えるまでは、現在の台湾海峡は広く、台湾島は中国大陸と離れていた海洋プレートの上にあったものが、北半球の大陸の北上と共に、地球の円周の縮小により台湾海峡は概算で台湾島北部の海域は約 89.31%～南部の海域は約 91.578%に縮まり、現在の台湾海峡が生まれた。

参考引用資料　地層などの引用のほとんどは「新版　地学事典・平凡社 1996.10.20 発行」「理科年表 2019 国立天文台編」から。朝日・毎日・日経・読売新聞などの記事。「古生物学事典・朝倉書店」「日本標準化石図譜・朝倉書店」「日本化石図譜・朝倉書店」「山梨県史資料編Ⅰ原始・古代Ⅰ山梨新聞社」「地学のガイド長野県　コロナ社」「フォッサマグナ」1995.3.28 山下昇編著　東海大学出版会。「日本の地形のうち　1総説、2北海道、5中部、6近畿・中国・四国」など。

10. 長野主婦2人刺殺・警察官2人銃殺事件

この事件の悲劇は、加害者のまわりに「いのちにありがとう」と言って生きることを気付かせてくれる人がいなかったことにある。ニュースの断片的な情報から判断すると、彼は、幼い頃から、親や周りの大人の意向にそって生きてきたキライがある。自分の人生を自分が主人公になって生き切れていなかったのだろう。

だから、大学に入るにしても、自分が何を学びたいのか、はっきり自覚していれば、他人と関係を築くにしても、自分から主体的に関わることができる。でもそれができなかったのは、大学へ入るにしても、親から言われたからとか、この家の者なら大学へ行くのが当然などと言われて、親がよかれと思って敷いたレールに乗っかって、自分の意志はあいまいなままに受験にいそしんだからに他ならない。

実家に戻ってからの、農業に従事したり、ジェラート店の社長にされたりしていても、これも親の敷いたレールに乗せられていただけだから、運営に直接タッチしていなかったという話が伝わっている。

彼が、大学を中退する事態に陥った時、敗者になったという意識に落ち込み、実家に戻ったのだろう。そして、淡い希望さえ打ち砕かれて、劣等感を持ち、誰も助けてくれないという被害者意識を増幅させたのだろう。この被害者意識に陥ると、周囲の人間の喜ぶ姿がしゃくに触るようになり、自分に対する嘲笑（あざわらい）に聞こえてしまうことになる。だから「(一人）ぼっちとばかにされたから」という被害妄想を抱いてしまったのだ。

人生を健康に留意して楽しんで散歩していた2人の悲劇は、毎日の散歩コースが、この事件の加害者の家の脇を、楽しんで会話しながら歩いていたという偶然だ。主婦2人にとっては、市議会の議長の息子が、こんな精

神状態に陥っているとはゆめゆめ思いもよらなかったことだろう。また、家族も家の体面を意識してひた隠しに隠し通していたことは想像に難くない。

こういう日本の社会にあって、ほとんどの人間が、「いのちにありがとう」と言って生きていくことに気づかぬまま、自分に対して自分を律する最善の方法を手に入れることなく生活している現状では、否応なくひとは、他人と比べたり、他人に比べられたりして、「思い込み」を持ってしまう。これが、現代のほとんどの日本人が置かれている意識世界だ。だから、劣等感を持ったり、被害者意識に陥ったりすることを、他人や社会のセイにするのも、あながち無理強いとはいえない。

人は、一人一人が自分は「いのちにありがとう」と言って生きるという自分自身（いのち）への対処の手段を持てないまま、物心つくと知らぬ間に、「いのちが傷つき壊れるのは本人セイ（劣っているからだ）」とされ、「自己責任」にされている意識世界（社会）に放り出される。つまり、自分が「いのちにありがとう」と言って生きる考えを持たされないから、自分でひとと比べたり、他人に比べられたりして、「自分は？」と言ってさまざまな「思い込み」をさせられてしまうのだ。

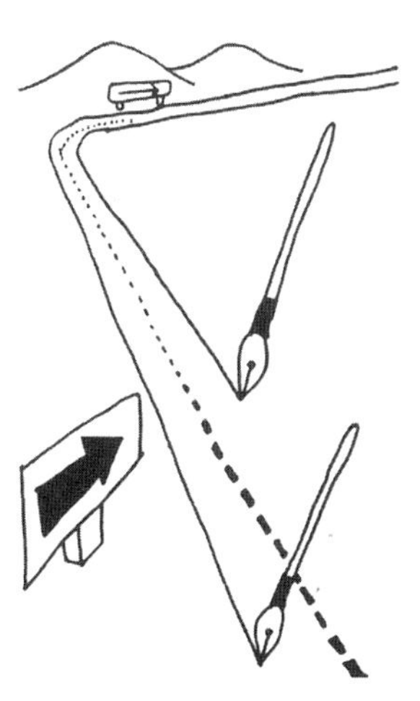

日本の気になった問題など

1．ある子殺し

元官僚の父親が、息子がため込んだごみの片づけを息子にうながし、言い争いとなり、息子の口にした言葉に反応して、結果、息子を殺害する事件が起きた。この事件と照らし合わせて、デニ・ムクウェゲさんの話から考えると、一体、この東大出のエリートと自分でも思い上がっている父親は、息子が挫折したり傷ついたりした時に、自分のやって来たやり方を押し付けるばかりで、それができない息子に、ああやれこうやれと指図するばかりで、息子の挫折にどれだけ寄り添って、常に誇りを失わずに生きることに、サポートしてきたとは思えない。

個人ごとでいえば、家の前の道路にゴミが落ちていた時、私は、ゴミが何時までも自分の目に飛び込んでくるのが耐え難いから、誰の責任だと言うより先に、拾って片づけることにしている。つまり、ゴミがたまったのは息子の責任だと言い放すのではなく、ゴミの片づけが必要で、自分の体が動くなら、ただ単に、親が率先してゴミを処分すればよかったのだと私は思う。親に何か言われて反発することしかできない存在にしたのは、そもそもこの両親だったのだから。

なお、世間では「平等」という言葉が好きなようだが、ひとの能力は「平等」ではないが、相手が対等に関わる限り、私は、どんな人とも「対等」に関わり合うことを基本においている。

2．推定無罪と呼称（男性・男）

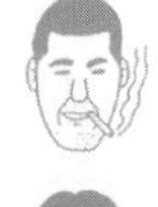

また、日本でも有罪が確定するまで「推定無罪」と言いながら、事件を起きて誰かが逮捕されると、日本のマスコミは、逮捕された男性は「男性」から「男」に格下げ？　し、逮捕された女性は「女性」から「女」に格下げ？　して報道し、よもやマスコミが「男性」や「女性」と言い続けると、

市民の中から途端にクレームが飛び出す始末。判決が下る前に、被疑者を呼び捨てにすることで、有罪宣告をして溜飲を下げる市民。

冤罪事件の事件報道の反省をするというなら、判決確定までは「推定無罪」の原則を貫くと主張するマスコミがあっていいと思うが、日本には判決確定まで「推定無罪」を貫くというマスコミは、私の知る限りどうも存在しないらしい。人権という観点からも、現実に現行犯だと逮捕起訴された人が無罪になるケースだってあった訳だから、「推定無罪」を貫くのが当然と思うが、そんな人権すらも、日本の市民は、市民自ら放棄してしまうのか。

3. いのち（生命）の進化と遺伝子

地球の地殻は、地球の中心にある「核」が、太陽の周りを回る公転と、地球が自転する時､自転軸が傾斜しているところから起きる｢核のゆらぎ」で、地球の総重量から「核」に集中する圧力が、地殻に生まれる膨らむ側と凹側に直に伝わることで、地殻の岩盤が膨張と圧縮を繰り返すことで磨滅し、亀裂が出現する。

こうした運動で、地殻に生まれた亀裂からマグマが染み出し固まるサイクルを繰り返すことで、地溝帯が生まれ拡大して、新たに生成された岩盤が楔になって、磨滅や亀裂した区域をふさぐように海洋性地塊（初期の地球に陸地は存在しなかったと見られる）が移動し集中すると、地球の円周の減少に直面した地塊同士が圧縮され、褶曲や下層の岩盤の花崗岩の塊が上層の地層に貫入する造山運動が起こったので、大陸地塊が誕生することになった。

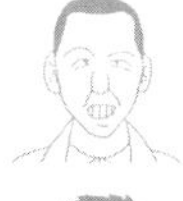

そうした地殻の運動の合間に、遺伝子を携えて生命が誕生、繁栄して行った。そこへ、比較的大きな惑星の衝突が起きて、大地にパニックが走る。このパニックの影響で、あるいのちの系列が、地球の生存環境の変化や捕食関係の敵対・共生条件の変化で、自らが生存の危機に直面した時、もともと親から受け継いだ遺伝子の一部を変異させて誕生した子供の中から、新たな環境に適応できる多様な姿や体の仕組みを手にした遺伝子が生き残って来たのではないだろうか。

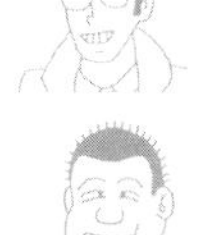

逆にいえば、惑星の衝突などの大事変がなければ、地球で大規模な生物の大量絶滅も引き起こされなかったし、その中から、危機的状況を乗り越えられる機能を身につけた遺伝子が、新たな生命体として生き残って、新たな環境に適合するこれまでと異なる生物の大量発生も起こらなかったし、

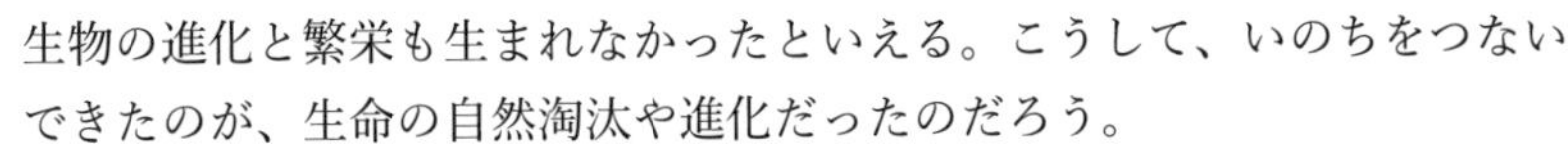

生物の進化と繁栄も生まれなかったといえる。こうして、いのちをつないできたのが、生命の自然淘汰や進化だったのだろう。

したがって、生命の進化とは、遺伝子が自らの生き残りをかけて、遺伝子自体の組合せを変化させて、新たな環境に自らの姿を適合させようと、多様性を獲得するために、なりふり構わず試行錯誤する行為そのものにあったのではないだろうか。

また、人が、ガンになったりするのも、その人の精神的・肉体的なストレスが、いのちの生存に不条理になった時、危機として察知した遺伝子が、慌てふためいて自らの組成を変え、変化を求めて突っ走った結果なのではないだろうか。だが、この遺伝子の試行錯誤による細胞の増殖は、多細胞型の生命体となって、寿命を永らえる方法を手にした人間にとっては、細胞の暴走となり、人間の本来の生命維持サイクルを阻害することになった。

4．28°以上の斜面は土砂流出が起こる？

そもそも山（火山を除く）や平地や川はどういう経過をたどって、山や平地や川になったのか、日本の地層の生成から日本列島が形成された経過を見れば、おのずと理解できる。

まず、山は、最初から山ではなく、水面下の傾斜地に堆積した地層に覆われた、真っ平の状態の平地だけでなく傾斜地も含む平地だった。その平地が山になるには、地中深い岩盤を含んだ地層全体が、地殻の両側からの圧力を受けた時、地中深い岩盤と共に盛り上がって標高が高くなって山になる場合と、岩盤を含まない分厚く堆積した地層が褶曲によって、山になったり谷になったりした上で、さらに圧力を受けて盛り上がって標高が高くなって山になる場合がある。

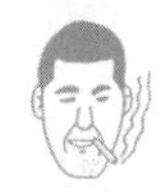

したがって、日本の山の地層の多くは、傾斜して重なり合う地層が、山の山麓を形成している場合がほとんどだ。こうして標高を高くした山は、風雪や雨に打たれて、風化して細かくなった岩石や柔らかな土砂が、雨水に流されて谷に届き、その谷の一番深い部分を水が流れ川となっていく。さらに、山の土砂が繰り返し谷に流れ着くことで、谷は埋まり、平坦な傾斜地が形成され、このサイクルが繰り返されて、ついには平坦な平地が誕生する。

水は、この平地の低い場所や、軟らかい土砂を巻き込んで流れることで、川が生まれる。自然の状態の川は、大雨が降るたびに、溢れた水のなすがままに、流れを変えたり、その流れの下を削り流すことで深い谷を形成し

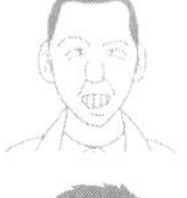

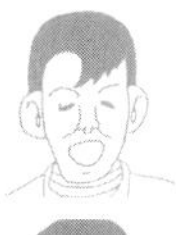

たりすることにもなる。

谷が平坦地になり始めると、人がその平坦地を利用するようになる。そうすると、大雨のたびに川が流れを変えては困ることになるので、川に土手を築き始める。こうして、川の流れが固定されると、今度は大雨のたびに標高の高い所から流れ出る土砂は、川底に堆積し川に留まるようになる。そうなると、当然、川底が上がり、堤防から大雨のたびに水があふれ出したり、堤防を破壊して洪水を起こしたりする。

洪水を起こしては困ることになるから、人は川の堤防をさらに高く築くことになる。こうして、川の流れよりも低い土地が川の両側に広がることになった。

山の斜面のほとんどが、傾斜した地層に覆われたり、川の両側に川の水位よりも低い土地が生まれたりする理由がここにある。だからこそ、山の山林の管理を怠ってはならないし、災害復旧の費用を考えれば、山林の維持管理と木材の活用に回す費用の方が安いはず。また、川の両側の、川の堤防よりも低い土地利用に関しても、住宅を建てる土地は、集約してかさ上げした土地だけにするなど、一定の手順を踏んだ土地だけの利用に止めておくべきではないのか。

私の限られた体験からの思い込みに過ぎないかもしれないが、傾斜が28°以上ある斜面は、必ず土砂の流出が起こると判断している。特に、斜面を切り開いて宅地開発をした28°以上ある斜面を抱える場所の傾斜地は、必ず土砂流出は起こると覚悟しておくべきだろう。なぜ、28°なのかというと、28°の斜面で土砂流出が止まった（それ以上の土砂流出が起きなかった）からだ。

5．警告　小・中学生と10×10段人間ピラミッドの危険性

最近（3月末に）、けがをする人が絶えないので、人間ピラミッドを学校でやるのを禁止するという話が飛び込んできた。この人間ピラミッド、生徒にやらせて、小・中学校での事故で、この10年間に死亡9人・けが何十人（正確な人数は記憶もれで正確にはわかっていないが80人くらいだったか）が出ているというニュースに初めて接した。

この事実に文科省の見解は、この人間ピラミッドは、各都道府県に任せ、やる場合には「安全性に考慮して」というものだった。これでは、肝心のこの「人間ピラミッド」が、2段目（2人×2列）から10段（10人×10列）までの生徒に圧し掛かる荷重が体重の何倍になるのか考慮した上での話に

なっていない。

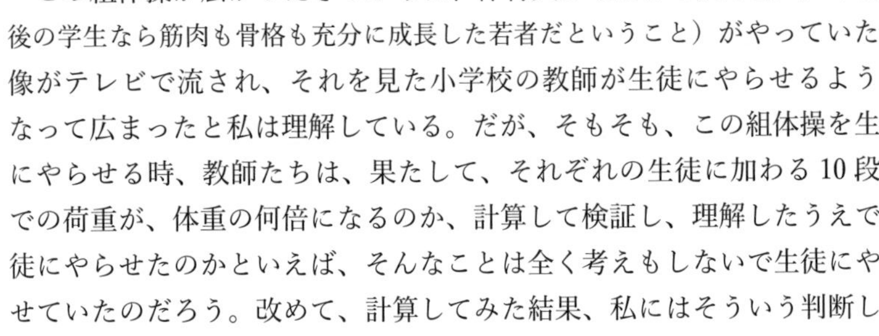

この組体操が広がったきっかけは、体育大かなんかの大学生（二十歳前後の学生なら筋肉も骨格も充分に成長した若者だということ）がやっていた映像がテレビで流され、それを見た小学校の教師が生徒にやらせるようになって広まったと私は理解している。だが、そもそも、この組体操を生徒にやらせる時、教師たちは、果たして、それぞれの生徒に加わる10段までの荷重が、体重の何倍になるのか、計算して検証し、理解したうえで生徒にやらせたのかといえば、そんなことは全く考えもしないで生徒にやらせていたのだろう。改めて、計算してみた結果、私にはそういう判断しかできない。

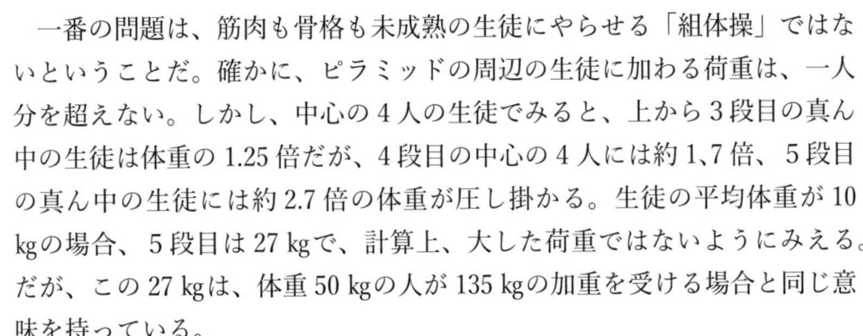

一番の問題は、筋肉も骨格も未成熟の生徒にやらせる「組体操」ではないということだ。確かに、ピラミッドの周辺の生徒に加わる荷重は、一人分を超えない。しかし、中心の4人の生徒でみると、上から3段目の真ん中の生徒は体重の1.25倍だが、4段目の中心の4人には約1、7倍、5段目の真ん中の生徒には約2.7倍の体重が圧し掛かる。生徒の平均体重が10kgの場合、5段目は27kgで、計算上、大した荷重ではないようにみえる。だが、この27kgは、体重50kgの人が135kgの加重を受ける場合と同じ意味を持っている。

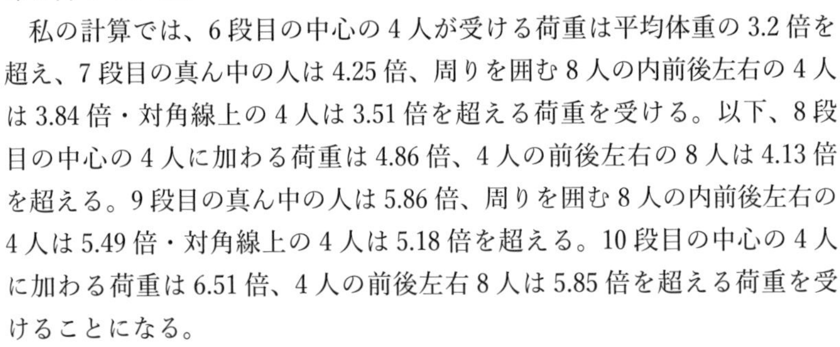

私の計算では、6段目の中心の4人が受ける荷重は平均体重の3.2倍を超え、7段目の真ん中の人は4.25倍、周りを囲む8人の内前後左右の4人は3.84倍・対角線上の4人は3.51倍を超える荷重を受ける。以下、8段目の中心の4人に加わる荷重は4.86倍、4人の前後左右の8人は4.13倍を超える。9段目の真ん中の人は5.86倍、周りを囲む8人の内前後左右の4人は5.49倍・対角線上の4人は5.18倍を超える。10段目の中心の4人に加わる荷重は6.51倍、4人の前後左右8人は5.85倍を超える荷重を受けることになる。

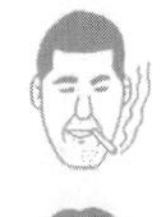

そもそも、いのちは傷付きやすく壊れやすい。まして、体の「筋肉や骨格が未成熟」な生徒の場合、基礎の「筋肉や骨格」を鍛え、体全体を上手く使いこなせるようにする基礎体力を向上させる運動をすべきだろう。また、どんな競技も、その競技を取り入れる時には、その競技が生徒に与える影響を想起できず、わからないのであれば、やみくもに新しい競技をすべきではない。想定外は無責任と無知の知見の暴露にすぎない。

問題はこれまで、現場の教師・文科省の官僚・各地の教育委員会に携わる人の中から、生徒への負荷に基づいて議論している事実は伝わって来ない。なんの判断もできない（しない）教師に、やみくもにこの競技をやら

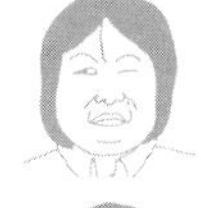

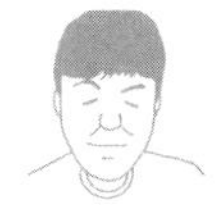

され、死ぬことになって殺された9人の生徒の無念を記憶にとどめ、けがをした生徒たちに後遺症が出ないことを願うのみである。

2016.4.2　白砂　巖

追加すると、教師の無責任さを示す話が2019.8.20か21に飛び込んで来た。愛知県の火祭りで、二つの松明を紐につけて両手でひりまわす祭を、生徒に練習させる時、何に注意し、練習の際に何を準備すべきかまとめたマニアルがあるにもかかわらず、この教師は確認しないで、松明に染み込ませた灯油が多かったにもかかわらず、そのまま生徒にやらせた。

また、練習をする前に、防火用にバケツに水をいれて、濡らした雑巾なども身近に用意せず、生徒の練習中に灯油に火が垂れるかして、腕の服に火が燃え移った時、生徒を寝かせるかして、この教師は自分の足で生徒の腕を踏みつけにして消そうとしたという。しかも、自分の不手際は棚に上げて、生徒が火を被る事故を起こしたのは、生徒が練習をさぼっていたからだ、というふうに生徒に責任をなする付ける発言をして、親にも説明したという。

6．京アニの問題点

悲劇を前に誰も指摘しないので、書いておく。ガソリンによる放火は、気化したガソリンは、最初、室内の酸素を使って燃焼するが、爆発的発火によって一気に室内の気圧が高まり、その勢いで炎は、クーラーの使用で窓の閉ざされた建物の外に噴き出す。その結果、室内の気圧が1階から3階まで一気に下がることになる。次に、気圧が下がった1階から3階まで部屋の空気を補充するように、今度は、外に噴き出した炎含め1階の炎が、3階まで一気に駆け上がるという現象に見舞われる。この現象を助長したのが、建物の構造にある。

京アニが、家族的企業という面を強調して、1階から3階まで螺旋階段でつなぎ、顔の見える構造で、仕事上の意志疎通がスムーズにできるようにしたという意図は頷けるが、玄関と作業する部屋を分断して、外から入ってくる動きと内々の動きを遮断しておくべきだった。建物に格式ばった構造にするほどお金を掛けなかったといえ、問題だ。また、3階から屋上に上がる階段で、死者が折り重なっていたところを見ると、屋上の出入り口のドアの鍵を閉めて屋上に出入りできなくしていたことは、建物の管理責任の落ち度だといいたい。

少なくとも屋上に出るドアに鍵をかけていなければ、人が避難したあと、

炎もドアから屋上に噴き出すが、逆に、ドアが開いて炎が外に噴き出すことによって、1階から3階までの室内に充満すする炎は減ることになり、屋上に避難した人間だけでなく、失われる酸素が外から補充されることになるから、室内に取り残された人間にも避難する余裕が生まれ、生存者が増えたことだろう。

7. 新型コロナウイルスの起原考

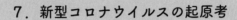

2019年暮れから中国・武漢から始まった、新型コロナウイルスの伝染は、2020～2021.9を経ても納まりを見せていない。私が、2020年3月から4月にかけて、体の調子が低下していて、熱も出ず、せきも出なかったが、鼻腔の入り口付近がガサガサして荒れた状態が続いた時期があった。

その後も、手足などに現れている筋肉痛が、コロナ後遺症と同じものであればの話だが、この筋肉痛に似た症状は、筋肉痛が現れた箇所の神経に、ウイルスの生成物かウイルスが免疫細胞の暴走を誘発して神経細胞を攻撃しているからではないのか。そこへ、2021.9.10の早朝のニュース。ジョンソン・エンド・ジョンソンのワクチンをめぐって、手足に力が入らなくなる「ギラン・バレー症候群」が認められると、WHOが認定したという報道があった。この手足に力が入らなくなるという症状こそが、まさに、ポリオウイルスの症状ではないか。この症状を引き起こすウイルスの毒素のようなものが、濃厚に作られると、マヒを誘発することになるのではないか。

新型コロナウイルスの感染が、私の症状がゴクゴク軽く済んでいて、夏場にも感染が拡大し、一年を通して感染が収まらないのは、新型コロナウイルスは、単に冬場に感染を拡大するウイルスとは全く異なるウイルスだといえる。この新型コロナウイルスは、ポリオウイルスをベースに、サーズやマーズなどと云われた肺炎を誘発するウイルスの遺伝子の一部を、ポリオウイルスの遺伝子に合体させたウイルスではないかと考えた。2021年の夏場にこれまで以上に感染が広がった点からも、インフルエンザ系のウイルスの感染とは言えないのではと思っている。

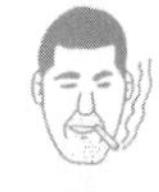

そうであれば、この新型コロナウイルスは、いたずらか、目的をもって遺伝子組み換えが行われた結果、誕生し、人間に感染を引き起こした、人為的なウイルスかもしれないと感じる。

8．空間の範囲と宇宙の範囲

約40°の温度のお風呂の中に、空のペットボトルを入れて蓋をしたり、夏の暑い盛りに、空のペットボトルに蓋をしたりして、冬はそのまま外気にさらすか、夏のペットボトルは、冷蔵庫に入れて冷温で冷やすか・冬までそのまま放置して置くかして、見てみると、どんなケースでもペットボトルはペシャンコにつぶれる。

逆に、冬に冷たい空気に曝したペットボトルを空のまま蓋をして、約40°の温度のお風呂の中に入れるか、夏になるまでそのまま置いておくと、ペットボトルは、パンパンに膨れる。これを、暖かい約40°以上の温水や冷たい約4°度くらいの冷水に置き換えても、結果は同じになる。

これは、空気や水が占める空間を現していた、この空間を決める要素は、この場合、水や空気の分子が活動する範囲の総量によって決まってくる。つまり、空間の範囲を決めるものは、その空間を構成する物質の活動範囲によって規定されている。

宇宙の範囲は有限か・無限かという問題で、無限なら天体の星空は、隙間なく埋められて明りの見えない暗闇は無くなるが、現実は、暗闇が存在するから宇宙は有限だ、として答えを導き出している。

同様に、この空間の範囲を規定する方程式に従えば、宇宙の範囲は、それぞれの天体が及ぼす重力や引力などが影響を与える範囲だということになり、宇宙は有限で、その時代に宇宙を構成する星々が及ぼす物理的影響力がとどく範囲ということになる。

そうなると、宇宙に放たれた光や電磁波・放射線は、磁力線のように曲がって戻ってくることになるのか？　それとも、光も波長というように、波となって進行する光も、波長が弱まって消えてしまうのか？

また、宇宙の範囲の外側から宇宙を見ると、宇宙は暗いのか、それとも、宇宙の光は見えるのか。光などが宇宙の外側に飛び出していかないのであれば、宇宙は暗く、見えないことになる。

つまり、宇宙の外に光が飛び出していくのであれば、この宇宙の他に宇宙は存在しないことになり、宇宙の外に光が飛び出して行かないのであれば、私たちが存在する宇宙は、外側の宇宙から見えないし、外側の宇宙もこちら側からは見えないわけで、私たちの宇宙の他に宇宙が存在している可能性がある。

私たちの宇宙と他の宇宙が衝突しない限り、その存在は明らかにならない。

9．動物と「いのちにありがとう」と言い合える関係を築くには

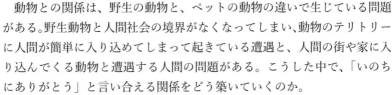

動物との関係は、野生の動物と、ペットの動物の違いで生じている問題がある。野生動物と人間社会の境界がなくなってしまい、動物のテリトリーに人間が簡単に入り込めてしまって起きている遭遇と、人間の街や家に入り込んでくる動物と遭遇する人間の問題がある。こうした中で、「いのちにありがとう」と言い合える関係をどう築いていくのか。

登山に顕著に表れているが、昔は、山に関する知識を、山岳部などの先達から学んで登山家を育ててきたが、現在では、用具は専門店に行って、お金を払えば手に入るし、交通機関の発達で、簡単に山の入り口までは行けてしまう。だから、初心者でも、装備も準備しないで登山する人が出る始末。

これと同じことが、山菜取りを目的に、野生動物（主に熊）と重なるテリトリーに人間が入り込んで、野生動物と遭遇したトラブルが起きている。一方、私の伊豆のみかん山での経験だが、通常、逃げ場のない状態で、相手がよほど驚いて人間と遭遇しなければ、イノシシは滅多に人間に向かってこない。

国立公園内では、人間が踏み入れるのは登山道だけにして、山菜取りはしないと人間の側が自主規制する必要があるのではないか。また、メタン発酵の発電と里山の管理を抱き合わせて、発電の対価を地域住民に還元することで、里山の管理の行き届かない持ち主の山林などを管理していく方法もあり、これによって、里山と民家の境界に緩衝地帯を設けることもあっていいと思う。さらに放置山林は、地域住民が管理責任者を決めて、樹木の間伐伐採と販売をして利益を得ることを認めるのも手だろう。そうすれば、山林崩壊を防げて、動物のテリトリーを維持できるというもの。ただし、無謀な伐採によって山林崩壊を招いた場合は、その管理者に補償させることにする。伐採の後は、動物のえさになる樹木を混ぜた植林もする。

一番の問題は、ペットの動物の扱いにある。飼育放棄で、日本の川や湖などに放置した外来の水生生物が、繁殖しているし、都市近郊でも、放置されたアライグマやハクビシンなどの外来動物が繁殖・定着して生息数を増やしている。外来の生物を輸入販売する業者には、販売した生物の種類と販売先の氏名・住所・電話などの記録を行政に届け出ると同時に、飼えなくなった生物の回収を義務付けることまで法律で定めないと、飼育放棄はなくならないのかもしれない。。

10. 付録 いのち助ける梅・きなこ・生姜・重曹

梅のエッセンスが毛細血管の血流を改善

特に左足にむくみがでて体全体の新陳代謝が不活発だった

私は、子供の頃から塩漬けの梅をほとんど食べない。しかも、私には、盟友の遠藤滋さんと伊豆に山林（甘夏のミカン山）を1990年4月に手に入れて何年かしてから、梅の実を毎年収穫して手にできる立場になった。しかし、これまでは、塩漬けの梅を作るしかなく、知人にあげていたが、梅が豊作の時は、配っても配りきれず、梅を入れたガラス瓶がたまる一方だった。

そこで、私がめったに食べない塩漬けでない梅にして、自分が100%食べるにはどうするか考えた。私は長年、朝食は簡単に済ませ、ジャムを塗ったパンと牛乳を食していたから、梅をジャムにして食べれば、梅を100%利用できるようになると思いついた。

私の場合、梅は、完熟に近い状態で収穫してから水洗いし、次にヘタをすべて取った後で、梅を入れた鍋に水を少し入れ煮込み、梅が軟らかくドロドロになってから、今度は目の粗いこし器で梅と種を分離し、種を除いた梅（5 kg分）に砂糖（1 kg）を加えて、梅の水分を飛ばして煮詰めてジャムにした。この時、煮詰める時間が短く、梅があめ色に変化して充分水分を飛ばしていないと、あとで発酵してしまうので、注意が必要。私は、ある程度水分を飛ばしていても、心配だから冷凍してストックしている。

初めは、梅を食すことで、体調に効果があるとは思っていなかった。梅ジャムを初めて毎朝パンにつけて食べる4～5年も前から、足の爪が伸びないので、それ以前に伊豆での作業中、重いものを足の指先に落として、両足の親指などが根元から変形したままの爪が、足の指を覆っていた。おまけに、いつからそうなったのか記憶にないが、両足の太ももがむくんでいた。

伊豆の梅を塩漬けにしないで、全部ジャム作りにまわすようになって、毎日パンに塗って梅ジャムを食べだした年、7月初めからほぼ3ヵ月食べた9月の終り頃には、足のむくみは消え、その後、だんだん新陳代謝が活発になり、次の年ぐらいから足の爪が伸び始め、それまで何年も足の爪を切らないで済んでいたものが、足の爪を切るようになったり、ひげをそる間隔が短くなったり、回数も増えた。ほかにも、足のかかとに分厚く老化して白く分厚くガサガサしていた皮膚が、垢がボロボロ落ちるようになって、新陳代謝が活発になり、様々な変化があった。

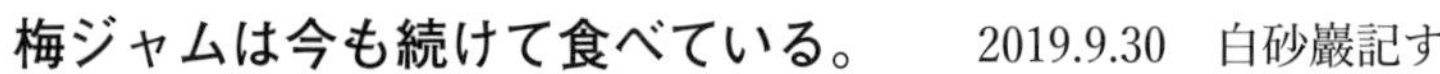

梅ジャムは今も続けて食べている。　2019.9.30　白砂巖記す

この梅ジャムの効果を実感した体験から、私は、私の足にむくみが出たのは、実は静脈の毛細血管が詰まり気味になり、細胞からでる老廃物を流して腎臓に送り出せなくなったことが原因で起きたと思った。それで、足がむくむようになったが、梅をジャムにすることで、梅に含まれるエッセンスが凝縮され、梅に含まれるエッセンスが、動脈や静脈の毛細血管のところで詰まり気味だったものを融かすかして、血液のながれがスムーズになったのではないだろうか。

この体験から、人が病気になる多くの端緒は、この動脈や静脈の毛細血管の流れがとどこおることで、酸素や養分が充分の細胞に供給されにくくなったり、細胞が酸素や養分を消費して生まれる炭酸ガスや老廃物が、細胞から排泄されにくくなったりすることにある、と私は思った。

だから､脳にまつわる様々な病気も､脳に酸素や養分が供給されなくなって神経細胞の一部が死滅したり、静脈の毛細血管がつまって老廃物が滞留して、神経細胞の連絡を阻害したりして引き起こされていると思うようになりました。これは、脳にまつわる病気だけでなく、体の臓器が損傷を受ける病気の多くも、同様に動脈からの栄養分や酸素の供給がとどこおったり、老廃物の排出がとどこおって臓器の細胞内に滞留したりして、臓器が損傷を受けることで病気が発生しているのではないだろうか。

梅ジャムにしたことで濃縮された梅のエッセンスが、動脈や静脈の詰まり気味になっている毛細血管の流れを本当にスムーズにしてくれているなら、多くの病気を改善させる万能薬ではないにしても、病気になった臓器や脳の血流をスムーズにして、少なくと病気をこれ以上悪化させない効果を期待できるかもしれないと私は思うようになった。

ただし、手や足の先など、時々でも、血流の悪化で、赤黒くなったり、現に赤黒くなっていたりする人は、医師に相談して、検査を受け、血液がさらさらになる薬などの処方を受けてください。

きなこを毎日食べだしたら

日々筋肉組織は、破壊（分断）と再生を繰り返しているという。しかし、筋肉組織の再生を邪魔するたんぱく質もあって、分断された筋肉細胞の結合を妨害しているという（ためしてガッテンの受け売り）。そこに登場するのが、筋肉組織の再生を妨害するたんぱく質と同じ組成をもっている、大豆たんぱくで、妨害するたんぱく質よりも先に、分断された筋肉細胞にとりついた大豆たんぱくが、筋肉組織の再生を助けることによって筋肉が再

生し、筋力が回復するそうだ。

私が試して現在も続けている、大豆たんぱくの摂取法は、砂糖など糖分を追加した「黄粉」を、（ためしてガッテンでは、毎日24gずつ食べるとよいという）、そのまま口にしないで、水やお湯に浸して食べやすいようにして食している。黄粉なら、安いスーパーなら1kg 300円ほどで買える。なお、私の場合、黄粉を2週間ほど食べた頃、幼少時に小児マヒのウイルスに罹患し、さらに、「日本列島がどのように形成されたのか」調べるため、内外を問わず目にできた地球の地層の生成データを使って、日本列島の形成過程を分析する生活で、座ることが多い4年に及ぶ生活の運動不足で、弱い左足の筋力がさらに低下して、階段を上がる時、手すりを使って体を引き上げないと階段を上がれなかったのが、全面的に手すりを使って体を引き上げなくても、左足の踏ん張りも使って階段が上がれるようになった。

風邪やインフルエンザに罹患したときに生姜で

普段から、私は、生姜をすって、製氷皿で凍らせておいて、風邪のひき際や、ひいた後でも、凍らせてあるすった生姜を3個〜重傷の時は4個を、コップにいれて、蜂蜜を垂らして、沸騰したお湯で凍った生姜を融かした上で、お湯が冷めてから飲んでいる。そうすると次の日にはたいがいけだるさがとれて体調もほとんど回復してくれる。生姜には、酸性化した体液を中和する効果があると私は思う。

重曹の効用

これも、ためしてガッテンの放送で始めたことだが、最初は、過炭酸ナトリウムでの話だったと思うが、その後、私は重曹と出会い、使ってみると、白いタオル類や衣類を、重曹を融かしたお湯に漬け置きするだけで、しばらくしてタオルなどを引っ掻き回すと、重曹を融かしたお湯が、色づいて濁ってくる。洗濯の時に重曹を混ぜて衣類を洗うと、繊維に絡みついている雑菌を殺す効果と漂白作用もあってか、色物の衣類などは、それ相応の色落ちをするし、効果のほどは遜色ないと見られるし、何よりも値段が安いのが利点だと、私は気に入っている。

子供のころの重曹は、酸っぱい夏みかんを食べる時、つけるものと、ふくらし粉というのが相場で、殺菌効果があるとは思いもしなかった。この話をもっと若い時に知っていれば、私の虫歯の進行を抑え、歯が溶けてなくなるのを遅くできたのにと思う一方で、いまでもこれは使えると思い、油断するとひどくなる口臭だけでなく、口の中の虫歯菌退治にも効果があ

ると思って、口臭退治に使うことにした。小さじの先で掬った重曹を口に入れ、そのあと出てくる唾で溶かして、口を漱ぐと（少量の重曹を水に溶かしてもよい)、口臭は最悪の状態から軽減されるのを実感できた。

重曹は、衣類やシーツ・毛布などの洗濯での使用に止まらず、靴の洗濯などにも応用すれば、靴の悪臭も軽減できるのではないかと、ほんのたまに洗濯後の水に漬け置きしてみたりしている。

私と同じことをやるにしても、くれぐれも過度の使用はやめ、限度をわきまえて、自己責任で。

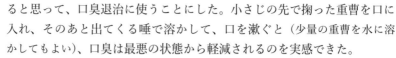

11. 頚椎の骨のズレが体質を悪化させることも

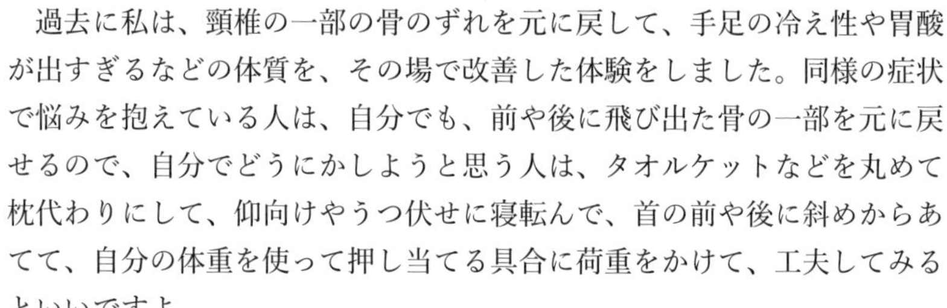

過去に私は、頚椎の一部の骨のずれを元に戻して、手足の冷え性や胃酸が出すぎるなどの体質を、その場で改善した体験をしました。同様の症状で悩みを抱えている人は、自分でも、前や後に飛び出た骨の一部を元に戻せるので、自分でどうにかしようと思う人は、タオルケットなどを丸めて枕代わりにして、仰向けやうつ伏せに寝転んで、首の前や後に斜めからあてて、自分の体重を使って押し当てる具合に荷重をかけて、工夫してみるといいですよ。

12. ガスコンロの炎の温度

ガスが燃えるコンロの火が、青白い火は、その先端が 3000° になっているという。したがって、鍋の底に火が当たる時、炎の先端が着くか着かないかぐらいが最高の温度変換ができる状態で、お湯やお汁が沸騰してからは、炎の長さを半分にするとよい。

13. 塩化ビニールに含まれる環境ホルモン剤

女性ホルモン作用を引き起こす化学物質（環境ホルモン＝欧米ではエストロゲン）が問題になっているが、この 2023 年 7 月に日本の研究者から、乳がんを引き起こす遺伝子のガン化変異が 10 代のころから始まっているという発表がなされた。ここでその原因として疑わなければならないのが、食品の包装などに使用されている塩化ビニールの可塑剤である。特に塩化ビニール系のラップとして食品を覆いレンジで温めたり、食品の油分に接触した際に、可塑剤が食品にしみ出して、その食品を人が口にすることで、

遺伝子にわずかずつ影響を与え、その変異が年を重ねるごとに限界に達して、乳がんを発症させるというシナリオが起こっている可能性を疑うべきである。

女性ホルモン作用は、分子レベルで、ダイオキシン同様の作用を、塩化ビニールの可塑剤も働かせているのであれば、問題はダイオキシン以上に問題だ。溶け出す量はダイオキシンの比ではないはずだから。日本の規制は、微妙な量は安全だとして規制されていないことが多々ある。しかも、この安全基準に累積された影響の有無までを問題にしていない。

したがって、食品への塩化ビニール系の包装材やラップの使用を、国として禁止していない以上、本当に人の健康を言葉にする食品製造企業や食品販売店なら、一切、塩化ビニール系ラップや袋を使わないことだし、家庭でも、家族の健康を口にする人は、環境ホルモン系の化学物質が食品に混ざらないよう、第１章の「６. 化学物質の放置が人体に与える影響」を参考に、知識を身に着け注意のアンテナを張った生活をしてください。特に子供の遺伝子のガン化を進める生活をさせないために。

後遺症を伴う者としての要求

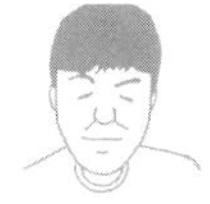

1. これまで、国や地方自治体の後遺症を伴う者の雇用をないがしろにし、後遺症を伴う者に支払われるべき収入を奪ってきたことや、重度の後遺症を伴う者が就労する際に厚生労働省は所管の「(障害者) 総合支援法」を通勤・就労の支援に使わせないとして、後遺症を伴う者の就労機会を奪ってきた現状に鑑み、後遺症を伴う者の「(障害) 基礎年金」の年金額を、生活保護に頼らず一人で生活を維持できる額に引き上げ、1級と2級の区別と差額を無くして一律月額「223,000円」とし、同額を支給すること。また支給年齢を18歳に引き下げること。

   但し、消費税が廃止された時には、月額「200,000円」とする。
2. なお、後遺症をもたらした病気や後遺症に起因する病気は、医療費を公費負担とする。
3. 「(障害) 基礎年金」の支給対象に関する資料として、対象になる後遺症の種類（図示したもの）を、社会保険庁のホームページで公開すること。
4. 後遺症の認定に関して、医師の証明は、過去に手術を担当した医師だけがするのではなく、現在の主治医が診察して確認したものも、その効力を認めること。
5. 過去に、医師の証明の件で、申請をあきらめていた人が、現在の医師の証明で年金の受給資格があると認められた者には、過去にさかのぼって、65歳の国民年金受給資格を得た年から支給すること。

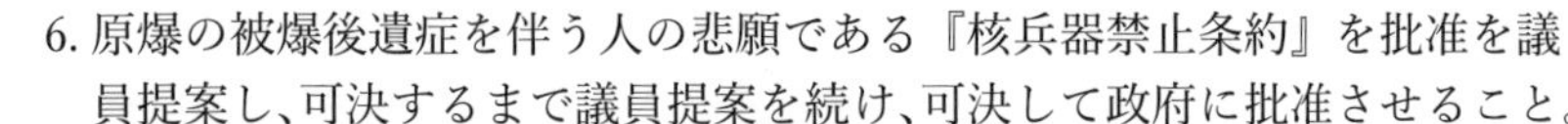

6. 原爆の被爆後遺症を伴う人の悲願である『核兵器禁止条約』を批准を議員提案し、可決するまで議員提案を続け、可決して政府に批准させること。

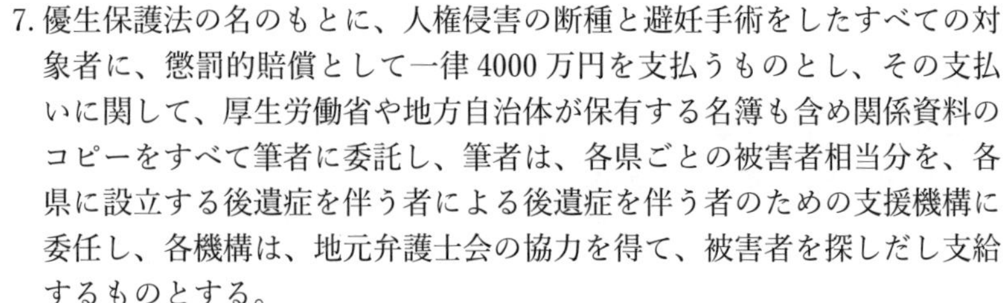

7. 優生保護法の名のもとに、人権侵害の断種と避妊手術をしたすべての対象者に、懲罰的賠償として一律4000万円を支払うものとし、その支払いに関して、厚生労働省や地方自治体が保有する名簿も含め関係資料のコピーをすべて筆者に委託し、筆者は、各県ごとの被害者相当分を、各県に設立する後遺症を伴う者による後遺症を伴う者のための支援機構に委任し、各機構は、地元弁護士会の協力を得て、被害者を探しだし支給するものとする。

 人間の基本的人権をないがしろにし、奪っておいて、見舞金とは不届きこのうえない。法文に謝罪の言葉をいれておいて、見舞いとはどういうことだ。謝罪にもなっていない。国や当時の地方自治体・国民への懲罰的賠償を行うのが筋である。集団接種でB型肝炎になった被害者に最高で3600万円支払うことに照らしてみれば、「優生保護法」により将来の可能性を遮断した人権侵害に対して、私は、一人当たり総額4000万円の賠償金を支払うのが筋と考える。

 支給に関する経費は、一人当たり総額4000万円の内の1%をあて、被害者を探し当てた時にのみ一件につき機構の経費として20万円、弁護士の経費として20万円を支払い、見舞金を受け取った金額を除き、残りの3960万円を被害者に支払うものとする。支給対象者が死亡したり、不明になったりして支払いができないで場合は、各県ごとに、後遺症を伴う者の住宅を確保する建設基金や、行政の援助の対象から外れる後遺症を伴う者に必要な補助具などの製作や開発の資金として、実費を援助するものとする。以上、政府は、優生保護法被害者に対する賠償金の一切の扱いの権限を、私と私が委任した後遺症を伴う者に委任するものとする。

9. 裁判で提訴されているハンセン病元患者家族の2019.6.27裁判の判決が出ても、患者家族への人権侵害の賠償額としてはあまりにも低い。収容した子供たちに対して「らい菌」注射を行うなど、（当時の厚生省が主導しようと黙認しようと医師が独断でやろうが）国家の名のもとに人体実験をした人権侵害・人権蹂躙だけでなく、家族として生活をおくる権利を奪い、患者の子として周囲の人間から差別される環境に放置した国家としての責任を認め、家族に謝罪し、償いをするのが筋だ。よって政府機関やそれをもたらし助長した政治家の懲罰的賠償として、判決内容やその後の厚生労働省との合意をご破算にして、すべての患者の子供一人につき総額3000万円を、それぞれの家族に支払うことを私は要求する。これらが受け入れられない限り、政府機関や政治家の著作物の使用は認めない。

10. この4000や3000万円の要求が不当だと思われるなら、あなた方官僚や政治家の孫子が知らぬ間に断種や子宮の摘出などにあい、いわれのない理由で、親から切り離されて生涯をおくるという、同じ目に会うことを想像してみてごらん。なお、ひとの能力は「平等」ではないが、私は人と人の関係が「対等」でないなら、それこそが差別だと指摘しておく。
11. これまで、何の躊躇もしないし、検証もしないで、差別語として、(健常者) のようにできない後遺症を伴った者を、「(障害)」がある「(障害者)」として呼び、記述して表現してきた、すべての国・地方自治体とその関連組織、放送局や新聞社などのマスコミや企業には、この責任をとってもらう。

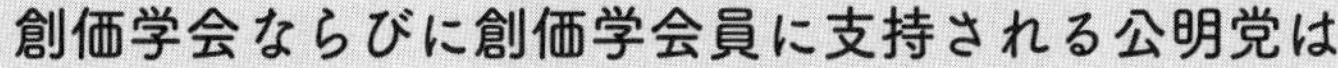

創価学会ならびに創価学会員に支持される公明党は

いまから56年前ころの1963年ころから、「創価学会」の信者が、私たち後遺症を伴う者に対して、「創価学会の信者になれば、あなたの（障害）が治る」などの、誤った認識を押し付け、執拗な勧誘で、私たち後遺症を伴う者やその家族の気分を害し、不愉快な思いをさせてきた。こう言われたのは私だけでなく、遠藤滋も同様だった。こうした創価学会の信者の言説と行為は、後遺症を伴う者全体に対する屈辱や精神的な不快をもたらした。創価学会の信者が今も、同様の主張を、後遺症を伴う者やその家族に喧伝しているかどうかは知らないが、これまでに、公式に創価学会が組織として、全国の後遺症を伴う者とその家族に謝罪し、慰謝料の支払いもしないで、50年以上も「ほおかぶり」をしてきた。

このことに関して、創価学会は公式に謝罪し、不愉快な思いをさせた後遺症を伴う者全体に慰謝料を、基金として支払うことを要求する。そして、この慰謝料の扱いを、筆者に委任し、筆者は各県の後遺症を伴う者の団体に支払いを委託するものとする。

創価学会が過去に行った後遺症を伴う者やその家族に対する勧誘で発した不愉快な言動に対する慰謝料の請求は、本人の手帳などのコピー、住民票・送金先の本人名義の通帳のコピーを送付すること。遺族（子供か両親）が請求する場合は、当事者との続柄のわかる戸籍謄本のコピーを添えること。なお、余った基金は、現存の後遺症を伴う者のサポートに使うことを私たちに一任すること。

したがって、戦後亡くなった後遺症を伴う者も含め全後遺症者に対する慰謝料として【推計500万人×（一人20万円＋事務経費2000円)】（総額1

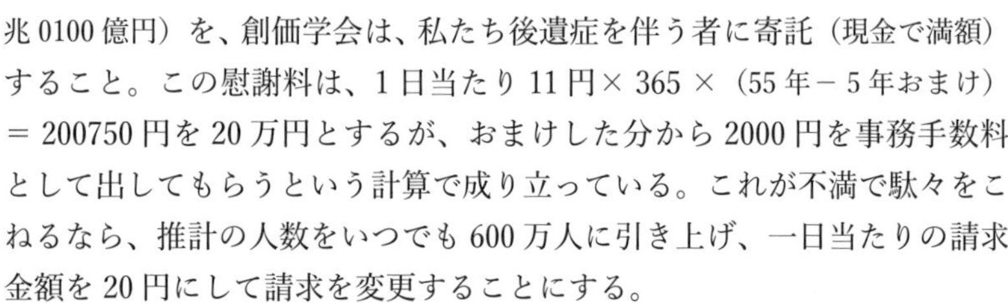

兆0100億円）を、創価学会は、私たち後遺症を伴う者に寄託（現金で満額）すること。この慰謝料は、1日当たり11円×365×（55年－5年おまけ）＝200750円を20万円とするが、おまけした分から2000円を事務手数料として出してもらうという計算で成り立っている。これが不満で駄々をこねるなら、推計の人数をいつでも600万人に引き上げ、一日当たりの請求金額を20円にして請求を変更することにする。

さらに、当方が求めた内容で、地方紙も含めすべての新聞に謝罪文を掲載すること。請求のない慰謝料分の処理は私たちに一任（各県の後遺症を伴う者の団体に分配する）すること。

また、「(障害)」・「(障害者)」表記にかわり、私たちが起案した表記を利用して変更する場合と、『日本列島の形成と日本の地震』で明らかになった著作内容に基づいて、記事を書いたり、地震の解説をしたり、プレートテクトニクス論が間違いで、ユーラシアプレートが日本海を延びてきていないなどと国際的に政治的主張をする場合には、著作権使用料を別途支払うものとする。

それをしない限り、創価学会ならびに関係する学校・大学、ならびに創価学会に支持される公明党と所属する国会議員をはじめすべての議員の活動や以上の団体が発行する新聞や書物に転用することを拒否する。なお、慰謝料の減額を口にした場合、その段階で慰謝料の請求額を増額することとする。

この条件を満たした上で、公明党の組織・ならびに議員は、私の提案のもと、法案ならびに『核兵器禁止条約』の批准決議案を、通常国会の度に可決されるまで国会に上程し続けること。これをしない公明党の組織・ならびに議員とは交渉しない。もっとも、「創価学会の信者になれば、あなたの（障害）が治る」などとのたまう人たちと、そうした人間に支持される議員が、差別語を使い続けても差別と思わないだろうし、日本列島の形成がどうしたとか、プレートテクトニクス論が間違っているなどということを、さほど重要に思わないだろうから、心いくまで私の提起を無視し続けているがいい。

私たちが提起した要求と「支え合う集合住宅」の実現について

私たちは、『日本列島の形成と日本の地震』と『誰もが「いのちにありがとう」と言って生き合う関係と差別』に書かれた問題点の指摘と、こう

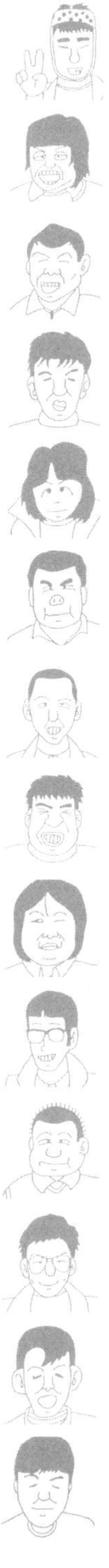

しようという改革に賛同し、すべてを実現することに賛同する意思を表明し、必要な時に行動してくれる人を募集します。

それに当たって、私たちは、あなたのこれまでの体験や生活の中で考えてきたことが、私たちに出会って話をしたり、本書など私たちが本にしたものを読んだりして、自分の考えがどう変わり、今後どう生きていくのか、何をしていきたいのかレポートを書いてください。箇条書きでも良いから、ぜひ、あなたが思ったことを書いて送ってください。

私たちはこのレポートをもとに、支え合う集合住宅建設が始められた時、支援先の責任者グループや候補地を決め資金の運用と集合住宅の建設に責任を持ち、支え合う集合住宅のネットワークを充実させていくことに責任を持って共にあたることになります。なお、専従方式はとらないので、報酬は出しません。ただし、経費の実費のみ受け取ることができます。

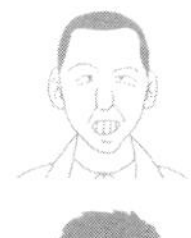
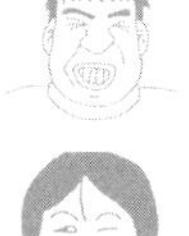

おわりに

「支え合う集合住宅の企画」の文章をまとめ、パンフレットにしてから起きたのが、2011年3月11日の東日本大震災だった。この年の4月の統一地方選挙で、温暖化対策と防災を兼ねて、生ごみ発電設備を備えた集合住宅の建設を問うが、選挙結果は3110票。その後、岩手県遠野市が拠点のボランティアグループに潜り込んで、その年の9月と翌年、遠野市で図書の整理を手伝ったりしていた。だが、2016年になって、日本で起きている地震の傾向を知りたくて、図書館に出向き、探すのを手伝ってもらって、見つけたのが「理科年表」だった。

「理科年表」に記載の地震の記録を見て、わかりやすくするために、地域ごとに年表のデータを振り分けて編集し直してみると、東北地方の地震は判りやすいが、そのほかの地域の地震は、なぜそうなっているのか、地震のデータの分類からは見えてこなかった。それには、そもそも「日本列島」がどういう経過をたどって形成されたのかが判らなければ、理解できないと思ったので、日本列島の形成に関連する本を探して見てみると、あまりにも簡単な解説をする本はあったが、私には納得のできるものではなかった。そこで、改めて、日本の地層の生成過程から時代を追って調べる気になって、探しあてたのが平凡社の「地学事典」だった。

この事典を図書館で借りて、データを整理するのは問題があると思い、神保町の古本屋を当たって同じ本を探し出した。「地学事典」を自分の本として手に入れて、家で頁をめくって、最初は日本の地層に関連するデータを時代の流れでまとめていたが、途中で、日本の地層だけを追っていても、地球全体の地殻の生成とその後の動きの中で見ないと、日本列島のことも理解できないと判断して、改めて、地球の地殻の生成とその後の形成を、日本や海外のデータを取り込んで、時代順に整理し、国別にも振り分け、その後の分析を通してまとめたのが、別冊の「日本列島の形成と日本の地震」です。

また、地球の温暖化の影響で、伊豆大島の800㎜の集中豪雨があって以降、日本列島では、集中豪雨がどこで起こってもおかしくない時代に突入しており、広島や北部九州などで集中豪雨が起こるたびに、この地域ではかつてこんなことはなかった、想定外だという声が聞こえてくる。だが、どの地域で集中豪雨が起こっても、想定外にならないと私は考える。

そればかりか、鬼怒川の氾濫で常総地域が洪水に見舞われ、重ねて、

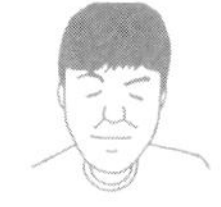

2019年の台風15号、19号の被害である。これらの被害を見ると、もはや、従来の日本家屋は屋根が持たず、堤防をかさ上げした川の川沿いの低地に無防備に住むことは、洪水の被害を覚悟しておかなければならない時代に改めて突入したと、私には思える。かつて（江戸時代）、木曽川などの河口一帯にすむ人たちは、洪水に備えて「輪中」を形成し、さらには和船を備えて暮らしてきたが、もはや、堤防をかさ上げすれば「安心・安全」という幻想を振り撒いてやり過ごそうとする、国や自治体の殺し文句に騙されずに、堤防を過信せず、どう対処するのか、改めて対策を考え、実行すべきだろう。

私は、ようやく歩き始めたまだ2歳になる前、小児マヒのウイルスにかかったため、左足が腰から下の神経の一部が機能しなくなり、骨も細く右足より5㎝以上短く変形し、筋肉組織も発達しなかったので、力は弱く、運動能力も低い。それでも、自分の歩きを支えてくれているところから、少年のころはさんざん「足がわるい」といわれ逆に劣等感をもったが、健気なすごい足だと思い直すようにしました。

また、私の出会った人で、少女の時に、心臓が悪いといわれたが、80歳を超えてその人の人生を支えてくれている心臓の持ち主だ。確かに、そういわれると、激しい運動をこれまで避けて生活してきたのかもしれないが、80歳を超えてその人を支えてくれている心臓はすごい心臓だと私は思う。

水俣に住んでいた親が、有機水銀を取り込んだ魚を食べたことで、母親の体の中で、生まれる前に、化学肥料会社のチッソが垂れ流した有機水銀にさらされ、運動神経を壊されたりして、産声を上げることができなかった赤ちゃんがいる中、有機水銀の中を潜り抜けて、生まれてきたのが胎児性水俣の被害者で、有機水銀で壊されずにいる運動神経を、総動員して生きているのが、彼ら彼女らだ。この原因を作った公害企業を指弾しながらも、その一人は、それでも自分を支えてくれている自分のいのちに「ありがとう」と思っていると話してくれた。

「健常」の体で、自分は勉強ができなかったという彼は、それで劣等感を抱いて子供のころから生きてきたのだろう。その悪い頭と思われている脳細胞が、彼の健康で頑丈な五体満足な体を支えてくれている。この脳細胞って、勉強という過程で、ほかの人よりのみこみは遅かったかもしれない、けれど優れた働きをしてくれているんじゃないか、と私は話した。五体満足を維持してくれているいのちに支えてもらっているあなたは、それ

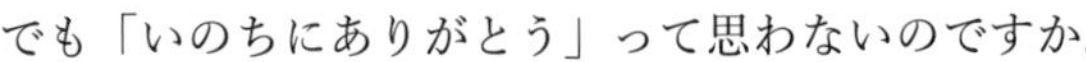

でも「いのちにありがとう」って思わないのですか。

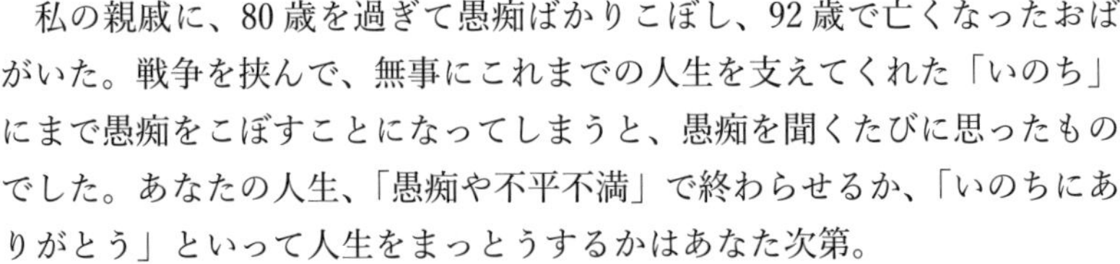

私の親戚に、80歳を過ぎて愚痴ばかりこぼし、92歳で亡くなったおばがいた。戦争を挟んで、無事にこれまでの人生を支えてくれた「いのち」にまで愚痴をこぼすことになってしまうと、愚痴を聞くたびに思ったものでした。あなたの人生、「愚痴や不平不満」で終わらせるか、「いのちにありがとう」といって人生をまっとうするかはあなた次第。

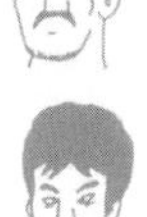

私たちは、私たちが出会った、「いのちにありがとう」といって暮らすことを、人は「いのちにありがとう」といって暮らさなければならないといって、自分たち以外の人に押し付けたりはしません。ただ、自分のいのちに、「ありがとう」の気持ちを持って生きる生き方もありますと、特に他者からの差別や虐待や病気や事故などでいのちの仕組みが壊れて、心や体が傷つき後遺症として残った人たちには、伝える努力は続けます。

それが、「いのちにありがとう」と思うだけでなく、「いのちにありがとう」といって、人と人が暮らし合う人間関係を築いていくことになれば、「いのちにありがとう」のその先の世界を、私たちは手にすることができるからです。

かつて、「災い」が起こることを前提に暮らして来た暮らしから、いつの間にか現代では、国や自治体、並びに企業の「安心・安全」のうたい文句を信じ込まされ、「災い」が起こることは想定外にしてきた。堤防のかさ上げをしたから安全だといって、それ以上の「災い」は起こらないと、実際には役立たなかったことにいいように税金を使ってきた。国や自治体を動かす政治家？　は、その上、無防備な宅地開発（山沿いや江戸時代に開発された新田地帯の宅地化など）を放任し、さらなる被害の拡大（2021年の熱海土石流災害）を招いてきた。「災い」が起こったら起こったで、住居の問題は個人の資産の問題だとして、長い間、行政の手抜きや不備で被害を拡大させてきても知らん顔。

私なら、国土利用方法を見直して、安心して暮らせる住宅の再配置と建設で、暮らし方を変え、人が「いのちにありがとう」と思って生活する場を、神聖な領域として築いていく努力をする。この国には、こんな考えに辿りつく人はいないのだろうか。

本書の趣旨に賛同いただける方で、著作権使用料の有無にかかわらず、『支え合う集合住宅』の建設を後押ししてくださる場合は、

みずほ銀行駒込支店・店番号559口座番号1071078　支え合う集合住宅建設基金　まで

追記　弥次喜多道中　大津留 直

私には、私と同じ脳性麻痺の友人Eがいる。都立光明養護学校小学部以来の友であるから、すでに六十年近い付き合いである。Eはすでに二十年近く、寝たきりの状態になっているが、それでも、自分で自分の介護グループを組織して、頑張っているつわものである。そのEが一年間浪人をして大学へ入った年の春のことであったと思うが、二人で京都旅行を企てたことがある。当時、Eは手こそ不自由であったが、足は山登りまでして鍛えていて、私より余程健脚であった。

その二人が、京都の街を歩いて回る様子は、今思い出しても、吹き出すくらい可笑しいものであったにちがいない。私の方は、足が不自由なので、杖を突きながら、彼のあとをやっとついてまわっていた。坂道などでは、Eがその不自由な手で、私を引っ張ってくれたこともあった。そんな弥次喜多に同情してか、入場料をまけてくれるお寺などもあったことを記憶している。

大原の三千院の裏手にある小さなお寺を訪ねたときのことであった。その竹林に囲まれた静かなお庭を二人で拝見していると、そこの住職とおぼしき一人の老僧が、抹茶茶碗を二つ盆にのせて、持ってきてくれたのである。そして、それをそこに置いて、黙ったまま、また引っ込んでしまった。嵯峨野を歩いてくたくたになっていた私たちにとっては、それはまことに最高のご馳走であり、あんなに美味しいお茶は金輪際飲んだことがない。その老僧とは、それっきりの出会いであったが、言葉も交わしていないその老僧との出会いが、歳をとるごとに重要に思えてくる。それは、Eにとっても同じらしいから、不思議なものである。

そのお茶をいただきながら、四肢をゆっくり休めてから、われわれは静かにそのお寺を辞した。それから、午後の嵯峨野を散策し、徒野の無縁仏の群に到着したのはすでに、丁度、夕陽が沈みかける頃であった。その風化した無縁仏の石に刻まれたやさしい顔が、夕陽に照らされているのを見ると、そこに、われわれ自身の一生が刻まれているように思えて、われわれを立ち去り難くしていた。

私もEも身体が衰えて、もはやあのような旅をすることは思いもよらない。それだけに、この思い出は私にとって一生の宝である。

自分の「いのちにありがとう」の言葉から見えてきた意識世界

私が29歳で、2022年に亡くなった遠藤滋と出会った二人は、生まれる時のちょっとした事故や病気の後遺症を伴って生きてきたが故に、出会った当時も、「(障害者）と（健常者）生きる世界が違う」と、語られてきたことを、何とかくつがえす立ち位置を見いだしてやろうと、考え付いたことをやり取りしてきた45年。その途上の2010年、これまでとりあえず無事に63歳になるまで支えてきてくれた自分たちの「いのち」に自分たちだけは「ありがとう」と言って、死ぬまで生きていこうという思いを語り合った。それ故に見えてきたことがある。「いのちにありがとう」と思わせなかった何かがあったのだと。それは何か、と問いかけた時、日本人の意識世界の現実の全体像が見えてきた。

2020年ころ、「いのちにありがとう」に関連した話を、遠藤滋としていた時、彼から、憲法を逆手にとって、人権の範囲を拡張・獲得できるという趣旨の言葉が返ってきた。だが、同じ会話をしていても、ひとが「いのちにありがとう」と言えることが、憲法の13条に関連付けて発想を飛ばす人に私はまだ出会えていない。他人の言葉であっても、これは使えるとか、これを何々に当てはめたらもっと明確に主張できるなどと発想を転換できないものなのかと、あきれている。これまで獲得した知識に基づくのはいいが、その言葉の枠をはずれると排除してしまう、硬直した知恵のひと（思い込みに安住する人）が何と多いことかと。

私たちのこの時の思いは、「誰もがいのちにありがとうと言って生き合う関係（社会）を人権の柱にする」というものだった。ところが、「いのちにありがとう」という言葉に出会っても、まだ、自分の血肉にしていない人は、つい、「障害」「障害者」という表現を使ってしまう。

ところが、日本社会のほとんどの人が、病気や事故などで負うことになってしまった後遺症を「障害」と呼び、後遺症を伴って生きる人間を「障害者」という言葉を、過去（少なくとも戦後）からの習慣で、自分が自分に対して使ったり、自分が他人（ひと）に対して使ったりしている。けれど、この二つの言葉がひとの「生命の尊厳」を表した言葉なら、自分には「障害」があるから「障害者」だと言った時、「おめでとう」という言葉や「いのちにありがとう」という言葉を言われても間違いではないことになる。

しかし、ひとが他人に対して、あの人には「障害」があるから「障害者」になったのであれば、後遺症を負って生きる相手に対して、「それはおめでとう」という言葉をかけることも、「いのちにありがとう」という言葉

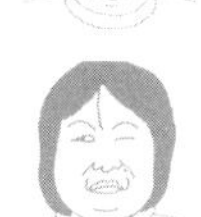

もかけることができるはずだが、実際にこの言葉を投げかけると、「何！」と言って拳が飛んでこないまでも、怒りの言葉が返ってくるだろう。このように、「障害」「障害者」という言葉は、それを言っているひとの「いのち」に「ありがとう」という言葉を生み出さない。また、「障害」「障害者」という言葉をいう「五体満足のひと」からは、「いのちにありがとう」という言葉を引き出さない。自分が後遺症を伴って生きることになって、「障害」「障害者」と言われることに恐れをいだくからだ。「障害」「障害者」という言葉は、後遺症の当事者だけでなく、この言葉を言う、いわゆる五体満足な体の人からも、「いのちにありがとう」と言って生き合う人間関係から遠ざける役割を果たしてきたのだ。

その上、「障害」「障害者」という言葉を使うひとは、「いのちにありがとう」と言って生き合わない人間関係や社会を再生産していることに気づけない。どういうことかという、人権を口にする人が、人権を主張しながら、「傷つくいのちは劣っている」として、後遺症を伴う人のいのちに対する尊厳を奪い、日本人の人権をおとしめる役割を果たしてきた。

高校生の時、同じ空間を共に過ごし、ある時から歩く道は分かれたが、生まれて75年、仲間の中には、病気と出会って、残念ながらいのちを閉じた者もいる。幸い、私や君には、まだ時が刻まれている。それなのに、君は「いまさらいのちにありがとうなんて言えない」ともらした。そして、「障害」「障害者」という言葉も君から出た。この言葉が、いのちの尊厳を奪わないというのなら、君のいのちが傷ついて後遺症をかかえる（障害者）になった時、私が「おめでとう」と言えば、君は「ありがとう」と答えるだろうか。君はたぶん、これまでの自分の「いのちの尊厳」が損なわれたと感じるのだろう。

私は、「いのちにありがとう」の言葉は、「人間の閉ざされた心を解放する」鍵になるとは書かなかったし、街で出会ったひとにも、「いのちにありがとう」と言ってみてとだけ言ってきた。そうすすめられた遠藤滋の介助者の一人からは、自分の言葉で自分の「いのち」に「ありがとう」と自分に言い聞かせたり、心の中でつぶやいたりしてみて、「（以前と比べて）明るくなった」という言葉が返ってきた。こうした気付きが必要なのだ。知識として、これまでのもやもやした感情や考えから「解放される」と知った上でつぶやいてみても、自分の生きた実感は味わえないと私は思う。実感のない体験は、その人にとって、この「いのちにありがとう」の言葉が、自分の血や肉に沁み込んでいかないと思うからだ。

ひとは黄色人種、それとも黒人、それとも白人だと区別し、自分は、アラブ民族、アンコレ族、グロ族 ザガワ族、トゥンブカ族、ヌバ族、マサイ族、ケルト系、ミャオ族、高砂族だと言い、自分は、アフリカ人、アメリカ人、イギリス人、イタリア人、ドイツ人、日本人、フランス人などと言う。また、自分は、イスラム教、キリスト教（カソリックだプロテスタントだとか）、ヒンズー教、仏教の信者と言う。またまた自分はおとこだ、おんなだ、大人だ、子供だなどという。

さらには、生まれた時代（とき）が良いとか悪いとか、運命（うん）が良いとか悪いとか、家柄を自慢し、裕福だとか貧しかったとか、大卒だとか中卒だとか、勉強の呑み込みが良かったとか悪かったとか、何のできが良かったとか悪かったとか、何に優れているとかいないとか心を奪われている。「いのちにありがとう」と思っていないから、ひとと比べて誰よりも成績がいいと自分は優秀だと自慢し、いじめや暴力（虐待）で相手を負かして優越感に浸るのは、もともと劣等感を持っているからに過ぎない。「自分は何々だ」と言って、何かのセイやオカゲにしている、こうしたすべてのひとにまとわりついている「自分は何々」という呼び名を一つ一つ剥いでいくと、最後に何が残る。

「いのち」が残る。でも君は君の「いのち」に向き合う言葉をもっていない。ホモサピエンス誕生から20万年。いのちは傷つき壊れやすい。そういう条件の中を、引き継いできた「いのち」の君は、君の「いのち」にどう向き合って、引き継いでいるの。君は君の「いのち」に不平不満を言っているのであれば、ま正面からその「いのち」を引き継いでいるとは言えない。正統な「いのち」の継承者とは‥‥、自分が自分の「いのち」に「ありがとう」と言って、「いのち」を受け継ぐことだとは思わないかい。「いのち」は傷つき壊れやすい。その自分の「いのち」が、例え傷ついていても、まだ大きな傷に見舞われていなくても、自分を支えてくれているなら、私は自分の「いのち」に「ありがとう」と言って、自分の思いを伝えることにした。君は？

ところで、私は、「いのちにありがとう」と言って生きる人を社会の中で目に見えるようにする手立てとして、「いのちにありがとう」と考える人の集まりとして「いのちにありがとう倶楽部」を設けることを提案する。そして、まずは集まった人と、「いのちにありがとう」とまだ言っていない人たちに伝えていくために出来ることをやります。その後、一定の人が集まった段階で、地域や職域ごとに集まりを作っていくのがいいのでは、と、いまは考えています。これが私の現在の結論。さて、私からの問題提

起を知っても、君はいままでの世界を生きて終わるのですか。君の生きる時間は、どこに、どんな世界につながるのですか。

最後に一言。私は、本書に登場したすべての「後遺症を伴って生きた者」とそれを支えた人の日々の営みの中で、直面したそれぞれの困難に対して、その一つ一つの解決策の積み重ねの学びが、私たち（遠藤滋と私）を「いのちにありがとう」の言葉とその世界の入り口に立たせてくれたと理解している。

「いのちにありがとう」への人類の旅は、まだ始まったばかり。本書を手にしたあなたも、この旅の道連れになって、あなたの人生を刻みませんか。

白砂巖（しらすな）

1947年6月、山梨県に生まれ、1歳4カ月の頃小児マヒにかかる。1954年、文京区立明化小学校入学。1965年、足関節の固定術をうける。1967年、都立文京高校卒業。1971年、写真植字業を自営。1975年6月　モナリザ・スプレー事件の高裁判決を契機に『上告審を共に闘う会』に参加。当時の（障害者）の活動にふれる。11月『障害者新聞』（はがき）を発行（80年2月まで）。1976年8月全障連（全国障害者解放運動連絡会議）の結成を契機に、脳性マヒの遠藤滋と出会い、また島田事件の赤堀政夫氏の支援運動に加わり、他のえん罪事件の関係者とも交流をもつ。1985年7月　遠藤滋と共編で、（障害者）の声を一冊にまとめた『だから人間なんだ』を自費出版。この本づくりが「ありのままのいのちを肯定（祝福）し、いのちを生かしあうことを自己決定して生きる」キッカケとなった。1987年7月、『雪冤　島田事件・赤堀政夫はいかに殺人犯にされたか』（社会評論社）を出版。1980年9月以降、袴田巖の支援活動にも加わる。1988年5月、詩集『鏡よ鏡』を自主製作。2004年10月、『障害者が語る現代人の生きざま　あなたの“いのち”が世界をひらく』（明石書店）を出版。2007年3月、『尊卑分脈』など家族の系図を組み替え『日本の家族』（800頁・3分冊）を自主製作。2020年1月、『日本列島の形成と日本の地震』の見本版と『「いのちにありがとう」人間宣言に辿りつくまで』の見本版を自主製作。2023年9月、『こがね味噌会社専務一家刺殺放火事件と袴田裁判の真実』白砂巖著・社会評論社刊（ブックレット）として出版。

遠藤滋（えんどう）

1947年5月　静岡県に生まれ、生まれた時のトラブルで上肢・言語傷該が残る。1歳のころ脳性マヒと診断。1954年、東京都世田谷区の都立光明養護学校入学（同級生に大津留直がいる）。1974年、立教大学文学部日本文学科卒業。母校である東京都立光明養護学校に国語教員として赴任。1980年、世田谷区に対して「身体障害者介護人派遣制度の改善を求める会」を組織。介助の公的な保障を求める運動を始める。1982年、『苦海をいかでか渡るべき　都立光明養護学校での六年間』（芝本博志との共編、社会評論社）出版。1985年、『だから人間なんだ』（白砂巖との共編）を自費出版。「ケア生活くらぶ」を発足。1989年、頚椎症の悪化により退職。1991年、寝たきり状態となる。「遠藤滋＆介助者グループ（えんとこ）」の場で介助者のネットワークを組織、ひとりぐらしを始める。1999年『えんとこ』（伊勢真一監督）上映。2002年より短歌をはじめ、2003年、歌誌『あけび』（大津留直が携わる）に入会。2019年『えんとこの歌　寝たきり歌人遠藤滋』（伊勢真一監督、毎日映画コンクールドキュメンタリー部門グランプリ、文化庁文化記録映画優秀賞）。35年間に24時間体制の介助には2000人ほどの人々がかかわってきた。2021年12月、短歌集『いのちゆいのちへ』（七月堂）を出版。

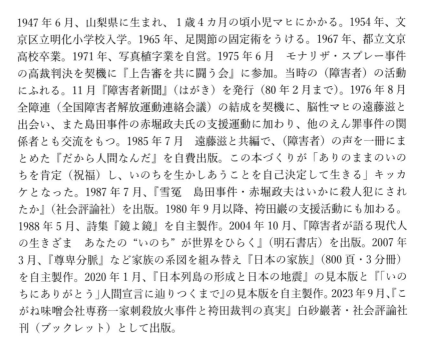

本書の著作権を行使する会
支え合う集合住宅建設基金を創る会　故遠藤滋・白砂巖
　みずほ銀行駒込支店 559 口座番号 1071078
　支え合う集合住宅建設基金
　当面の連絡先　文京区千石２－44－３　白砂巖
　議論の資料として本書の一部または全部をコピーして配布することを禁じる。
　本書とは、『日本列島の形成と日本の地震』ならびに『誰もが自分の「いのちにありがとう」と言って生き合う社会へ』の２冊をさす。

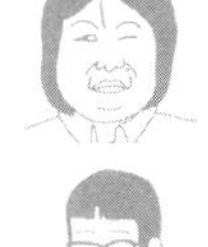

誰もが自分の「いのちにありがとう」と
言って生き合う社会へ
—遠藤滋とともに歩んだ45年—

2023年10月20日初版第1刷発行

著　者／白砂巖
カット／関口慎吾
発行者／松田健二
発行所／株式会社　社会評論社
〒113-0033　東京都文京区本郷2-3-10　お茶の水ビル
電話　03（3814）3861　FAX　03（3818）2808
印刷製本／倉敷印刷株式会社
感想・ご意見お寄せ下さい　book@shahyo.com

ISBN978-4-7845-2420-4

C0030 ¥1800E

社会評論社

定価（本体1,800円+税）

＊戦後の保守政治の

＊自分の「いのちにあ

＊『だから人間なんだ

＊自分の「いのちにあ　決めて

＊現代日本は保守政治のツケを払わされている

＊日本の気になった問題など